신협중앙회
필기전형

신협중앙회

필기전형

초판 발행		2021년 12월 24일
개정판 발행		2025년 1월 2일

편 저 자 | 취업적성연구소

발 행 처 | ㈜서원각

등록번호 | 1999-1A-107호

주　　소 | 경기도 고양시 일산서구 덕산로 88-45(가좌동)

교재주문 | 031-923-2051

팩　　스 | 031-923-3815

교재문의 | 카카오톡 플러스 친구[서원각]

홈페이지 | goseowon.com

PREFACE

우리나라 기업들은 1960년대 이후 현재까지 비약적인 발전을 이루었다. 이렇게 급속한 성장을 이룰 수 있었던 배경에는 우리나라 국민들의 근면성 및 도전정신이 있었다. 그러나 빠르게 변화하는 세계 경제의 환경에 적응하기 위해서는 근면성과 도전정신 이외에 또 다른 성장 요인이 필요하다.

최근 많은 공사·공단에서는 기존의 직무 관련성에 대한 고려 없이 인·적성, 지식 중심으로 치러지던 필기전형을 탈피하고, 산업현장에서 직무를 수행하기 위해 요구되는 능력을 산업부문별·수준별로 체계화 및 표준화한 NCS를 기반으로 하여 채용공고 단계에서 제시되는 '직무 설명자료'상의 직업기초능력과 직무수행능력을 측정하기 위한 직업기초능력평가, 직무수행능력평가 등을 도입하고 있다.

신협중앙회에서도 업무에 필요한 역량 및 책임감과 적응력 등을 구비한 인재를 선발하기 위하여 고유의 필기고사를 치르고 있다. 본서는 신협중앙회 신입사원 채용대비를 위한 필독서로 신협중앙회 필기고사의 출제경향을 철저히 분석하여 응시자들이 보다 쉽게 시험유형을 파악하고 효율적으로 대비할 수 있도록 구성하였다.

신념을 가지고 도전하는 사람은 반드시 그 꿈을 이룰 수 있습니다. 처음에 품은 신념과 열정이 취업 성공의 그 날까지 빛바래지 않도록 서원각이 수험생 여러분을 응원합니다.

STRUCTURE

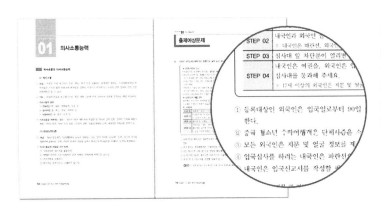

직업기초능력

NCS 직업기초능력 핵심이론을 체계적으로 정리하고 분류하여 효율적인 학습이 가능하도록 하였습니다. 또한 출제가 예상되는 다양한 유형과 난도의 문제를 수록하여 학습효과를 높일 수 있도록 하였습니다.

논술시험

다양한 주제에 대한 깊이 있는 사고와 논리적 전개 능력을 평가하는 논술시험에서, 방향성을 잡는데 도움이 될 수 있도록 논술의 예제 및 논술 논제 등을 수록하였습니다.

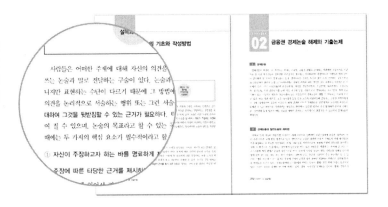

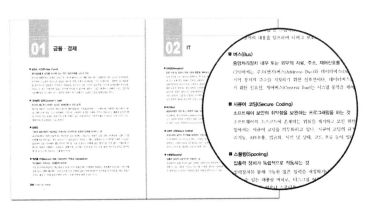

직무상식

광범위한 상식 분야에서 시험에 출제될 만한 주요 용어들을 요약하여 수록하였습니다. 이를 통해 출제 방향성을 파악하고 효과적으로 준비할 수 있도록 하였습니다.

CONTENTS

PART 01

신협중앙회 소개

CHAPTER 01

기업 소개

1 기업소개

(1) 신협과 신협중앙회

① 신협 … 신협은 한국의 서민, 중산층을 위한 대표적인 비영리금융기관이다.

② 신협의 사업분야

  ㉠ 금융사업 : 신협은 조합원을 위한 다양한 금융업무를 수행하고 있다. 조합원과 비조합원을 대상으로 한 예탁금과 적금의 수납, 조합원에 대한 대출, 내국환, 국가, 공공단체 및 금융기관의 대리업무, 유가증권, 귀금속 등을 보관해주는 보호 예수업무, 어음할인 업무 등을 수행한다.

  ㉡ 공제사업 : 공제(共濟)란 협동조합에서 운영하는 비영리 보험을 말한다. 신협은 조합원의 생활 안정과 재난 대비를 목적으로 공제사업을 실시하고 있다. 신협의 공제사업은 저축의 다양화와 위험 보장에 대한 조합원의 욕구를 만족시키고 있다.

  ㉢ 지역개발사업 : 신협은 유통사업과 공동구매 그리고 농산물 직거래 사업에 이르기까지 조합원의 생활의 질을 높이기 위해 여러 활동을 전개하고 있다.

  • 공동구매, 유통사업, 창고업 및 장의업, 기타 이에 준하는 사업

  • 생산자의 생활보장과 소비자의 안전한 먹거리를 위한 도시와 농촌 간의 농산물 직거래

  ㉣ 문화후생사업 : 신협은 이익의 사회환원을 위해 조합원과 비조합원 모두가 자유롭게 이용할 수 있는 각종 서비스와 편의시설을 제공하고 있다.

  • 주부대학 및 취미교실 등 사회교육 시설의 설치 및 운영

  • 탁구장, 테니스장 및 체력단련장 등 생활 체육시설의 설치 및 운영

  • 예식장, 독서실 등

  ㉤ 사회복지사업 : 신협은 이익의 사회환원을 위해 조합원과 비조합원 모두가 자유롭게 이용할 수 있는 각종 서비스와 편의시설을 제공하고 있다.

  • 보육시설, 노인 및 장애인 복지시설의 설치 및 운영

  • 재활용품 수거, 재생화장지 및 무공해 비누 공급 등 환경보전 운동

③ 신협중앙회 ··· 신협중앙회는 전국 869개(2023년 말 기준)조합을 회원으로 신협운동의 이념을 전파하고 조합의 건실한 발전을 위해 지도, 검사, 교육, 홍보 등의 지원업무와 협동조합보험인 공제업무를 수행한다. 이와 함께 조합의 여유자금을 예탁받아 대출과 자금운용 시장에 참여하여 유동성 조절기능을 수행하며, 전국 조합의 결제기능을 지원하는 등 조합의 금융업무를 보완하고 있다.

④ 신협중앙회의 주요업무

  ㉠ 경영지원 감독검사업무 : 중앙회는 조합의 여·수신, 회계, 세무 및 경영에 관한 지도를 통해 조합의 건전한 발전을 도모한다. 또한 설립과 합병 등 조직 지도를 통해 신협 운동의 확산을 꾀하며 감독업무를 통해 조합의 운영, 재정 및 손익상태를 파악해 문제점을 시정토록 지도해 경영개선을 유도한다. 나아가 검사업무를 통해 부실 운영을 예방 감시하는 기능을 수행 해 신협의 공신력을 높여 나가고 있다.

  ㉡ 홍보 및 마케팅 지원업무 : 중앙회는 신협운동의 범국민적 확산을 위해 다양한 홍보활동을 펼치고 있다. 언론보도, 신문·방송광고, 인터넷을 통한 대국민 인지도 제고에 총력을 기울이는 한편 각종 홍보인쇄물과 영상물의 제작 보급을 통해 조합별 홍보와 마케팅을 지원하고 있다. 또한 우수조합원을 위한 교양지인 "Happy story 신협"을 매월 발행하고 있다.

  ㉢ 신용공제업무 : 조합의 여유자금을 예치 받아 자금이 필요한 조합에 대출을 해주거나 높은 수익으로 운용해 회원조합의 자금 유동성, 수익성을 지원한다. 또한 조합원 복리증진과 미래에 대한 경제적 보장을 위해 비영리를 원칙으로 최대의 혜택을 보장하는 공제사업을 관장하고 있다.

  ㉣ 전산 : 중앙회는 조합원의 금융서비스 강화를 위해 전국 조합 간 온라인으로 금융결제원을 통한 전국 은행과의 타행 송수금, 현금 입출금(CD/ATM) 이용업무, 지로업무, 자금관리서비스(CMS)등의 전자금융업무를 지원하고 있다. 또한 인터넷과 전화 및 무선통신을 이용한 인터넷 뱅킹, 인터넷 공제, 휴대폰문자알림서비스, 텔레뱅킹, 텔레공제, FAX뱅킹, 모바일뱅킹 등을 제공함으로써 조합원이 가정이나 직장에서는 물론 시간과 장소에 제약 없이 언제 어디서나 24시간 365일 금융업무를 볼 수 있도록 각종 금융서비스를 제공하고 있다.

  ㉤ 연구개발 복지사업 : 국내외 경제 및 금융 정보를 수집, 분석해 조합의 경영정책 수립에 필요한 정보를 제공하고 있으며 조사 연구활동과 조합통계분석을 통해 합리적인 운영방안을 제시하고 있다. 또한 지역사회 발전을 위한 복지사업 참여를 지원하고 효율적인 사업수행을 위한 제도개선, 신규 참여, 조합의 지도 육성 등을 위해 각종 조사활동을 전개하고 있다.

ⓗ **교육사업** : 전 세계 신협 중 가장 성공적인 모델로 평가받는 한국신협의 성장 동력은 바로 신협연수원이다. 대전 유성구에 위치한 신협중앙연수원은 1981년 개원 이래 조합원 42만 명, 임직원 19만여 명을 교육했으며, MBA과정은 1,850명의 졸업생을 배출(2020년 2월 기준)하는 등 명실상부한 한국 신협운동실천가 양성의 요람이자 시민교육의 장으로 그 중추적 역할을 다하고 있다.

(2) 운영원칙

① 협동조합 조직구조

ⓐ **조합원 소유** : 신협 및 금융협동조합은 그 서비스를 사용하는 소비자가 소유한 금융기관이다. 모든 조합원은 협동조합금융기관의 주인이다. 신협은 자주적인 비영리 기관으로 법과 규정에 따라 협동조합으로 인정받고 있으며, 조합원을 위해 운영되며 조합원에 의해 관리된다.

ⓑ **조합원에 의한 관리** : 신협 및 금융협동조합은 조합원에 의해 관리되는 민주적 조직이다. 조합원은 대표자인 이사회 임원 선출과 기관의 운영에 적극적으로 참여한다. 조합의 대표로 선출된 남녀는 조합원의 대표로서의 책임이 있다.

ⓒ **민주적 관리** : 신협 조합원은 예적금 및 거래액 규모에 관계없이 1인 1표의 투표권을 가지며 조합 운영에 영향을 주는 의사결정을 동등하게 참여할 권리를 갖는다. 1인 1표 원칙은 협동조합이 더 다양한 조합원의 요구를 대응하도록 보장해주는 원칙이다. 조합을 지원하는 기구 또는 계통 조직에서의 투표권은 민주적 원칙에 따라 비례제 또는 대의원제로 할 수 있다.

② 조합원에 대한 서비스

ⓐ **금융 포용성** : 신협 조합원 가입은 자발적이며 공동유대에 소속되어 있고 조합원으로서 관련된 책임을 수용할 수 있는 자들은 모두 가입할 수 있다. 신협 및 금융협동조합은 인종, 국적, 성별, 종교, 정치 등의 영역을 포함하면서 (이에 한정되지 않고) 모든 영역에서 차별하지 않는다. 신협은 취약한 계층을 포함한 모든 이에게 적정한 금융 서비스를 제공한다.

ⓑ **재무적인 안정성** : 신협은 조합원들에게 계속적인 서비스 제공을 할 수 있도록 충분한 적립금을 확보하고 내부통제를 하는 등 재무구조를 강화하는데 주된 관심을 둔다. 신협의 경영 활동에 따라 남은 잉여금은(운영 및 잠정 비용 차감 후), 조합원 출자금에 대한 적정한 배당 및 조합원 저축 및 예금에 대한 적정 이자 지급 후, 적정 잉여금 수준을 유지해야 한다.

ⓒ **조합원의 경제적 효용 극대화** : 저축을 통한 근검절약을 장려하고 저축 및 예금에 공정한 이자를 지급하면서 여신 및 기타 서비스를 제공한다. 신협의 재무적 안정이 지속될 수 있는 요건을 충족하는 가운데, 모든 조합원이 경제적, 사회적 복지 향상을 추구할 수 있도록 적절한 가격의 서비스가 제공되어야 한다.

③ 사회적 책임

    ㉠ 금융에 대한 이해력 제고 : 신협은 조합원 및 임직원의 경제적, 사회적, 민주적 그리고 전문적 개발을 위해 적절한 교육을 제공한다. 금융에 대한 이해력 제고를 위한 훈련 및 교육은 조합원이 절약, 대출 및 여신 결정 과정 및 재무 계획과 예산수립 과정에서 현명한 결정을 내릴 수 있도록 도와준다. 조합원들이 금융 자산과 관련하여 효과적이고 현명한 결정을 내릴 수 있는 지식과 기술을 제공하는 것은 조합원 필요를 충족하기 위한 필수적인 조건이다. 신협은 또한 조합원의 권리와 책임에 대한 교육을 제공한다.

    ㉡ 네트워크를 통한 협동 : 신협 및 금융협동조합은 협동조합의 철학을 유지하면서 자원과 전문성의 공유로부터 발생하는 경제적, 효율적 우위의 이익을 향유하고, 조합원과 지역사회의 권익에 최대한 기여하기 위하여 다른 신협, 협동조합 및 그 계통조직들과 지역적 국가적 국제적 수준에서 적극적으로 협동한다.

    ㉢ 지역사회에 대한 책임 : 협동조합 정신은 자조, 상조 그리고 취약계층 경제권 강화의 이데올로기를 지원한다. 경제권 강화의 비전은 개별 조합원과 그들이 일하며 거주하는 지역사회까지 확대된다. 신협은 해당 조합과 조합원들이 소속된 지역사회가 더 확장되고, 건강하고, 정의롭고, 번영할 수 있도록 성장을 지원한다.

    ㉣ 세계적 비전 : 세계적 비전은 협동조합 금융기관들을 통해 개개인 삶의 질 향상을 가져올 수 있는 전지구적 사회를 구축하고, 옹호하고, 수호하고, 성장을 돕는 것이다.

(3) MISSION

"협동의 가치로 국민의 풍요로운 삶과 지역사회 발전에 기여한다."

① 협동조합 정체성 강화

    ㉠ 신협은 자발적 의사를 가지고, 공동체 정신에 따라 민주적으로 설립·운영되며 이윤추구 보다는 조합원의 공동복지를 추구한다.

    ㉡ 신협은 국내 토종자본으로 운영되는 국민 속의 조직이며 협동조합 본연의 역할에 충실함으로써 그 가치를 실현한다.

    ㉢ 신협은 이웃과의 연대를 통해 협동조합 정체성을 확보하고 복지사회 건설의 초석이 된다.

② 국민과 지역사회와 함께

    ㉠ 신협은 지역주민의 참여와 관심으로 운영되며 지역사회와 함께 성장함으로써 지속가능한 경영을 유지한다.

    ㉡ 신협은 사회적·금융적 취약계층에게 금융 및 복지서비스를 제공하여 정부의 복지기능을 보완하고 국민에게 풍요로운 삶과 경제활력을 제공하여 사회통합과 국민경제 발전에 기여한다.

③ 일인이 아닌 만인의 행복을 위하여 … 신협은 지역의 다수 구성원이 함께 만든 비영리단체로서, 신협이 얻은 수익을 조합원은 물론, 국민이 함께 누릴 수 있도록 경영한다.

(4) VISION 2030

국민과 함께 미래를 선도하는 글로벌 금융협동조합	
신협은 자본보다 사람을 중시하며, 수치가 아닌 가치를 추구함으로써 인간의 사회 · 경제적 차별과 소외를 극복하기 위하여 운영된다.	신협은 동질성과 결속력을 바탕으로 운영되며 생활 속의 열린 결사체로서 영리를 추구하는 금융회사와는 차별적인 특징을 지닌다.

① 국민과 함께 성장하는 금융협동조합 … 신협은 조합원이 소유하고 경영하는 민주적 운영원칙을 지키며 조합원의 경제적 · 사회적 · 문화적 성장을 촉진하여 국민의 삶이 향상되도록 금융의 든든한 버팀목 역할을 수행한다.

② 새 시대를 선도하는 금융협동조합
　㉠ 신협은 조합원을 금융파트너가 아닌 가치창조자(Value Creator)로 인식함으로써 새로운 환경변화에 선제적으로 대응하고 안정적인 성장기반을 구축한다.
　㉡ 신협은 협동조합의 비즈니스 모델과 가치 창출을 통해 국민과 함께 더 나은 미래를 선도한다.

③ 세계를 리드하는 금융협동조합
　㉠ 신협은 전 세계 120여개 국가에서 설치 · 운영되는 글로벌 공동체로서 한국신협은 세계신협의 공동 발전에 중추적인 역할을 함은 물론, 인류의 지속적인 번영을 위해 저개발국가를 지원한다.
　㉡ 아시아신협 1위, 자산규모 세계 4위의 한국신협은 협동조합의 가치와 철학을 바탕으로 세계신협을 이끌어가는 금융협동조합을 목표로 한다.

(5) 핵심가치

사람중심 금융으로 더불어 사는 따뜻한 지역사회 건설

WITH 가치실현	
사람중심 With Person 사람이 중심이 되는 따뜻한 금융협동조합	혁신가치 Innovation 혁신과 변화를 통해 더 큰 미래를 만드는 금융협동조합
사회가치	미래가치
신뢰지향 Trust 믿음과 희망을 나누는 금융협동조합	행복건설 Happiness 행복한 국민, 행복한 지역사회를 건설하는 금융협동조합
신뢰가치	성장가치

채용안내

(1) 신협인재상

① 신협의 인재상

    ㉠ 몰입하는 인재 : 매사에 집중과 몰입을 통해 속도감 있게 업무처리하여 조직에 활력을 불이 넣는 인재

    ㉡ 협동하는 인재 : 협동조합으로서의 정체성을 가지고 서민 금융 공급과 사회적 역할을 확대하여 지역사회에 도움이 되는 인재

    ㉢ 글로벌한 인재 : 국제금융협동조합인 신협의 국제적인 네트워크 협력 및 교류 확대를 이끌어 갈 글로벌 감각을 지닌 인재

    ㉣ 신뢰받는 인재 : 항상 투명하고 정직한 자세로 신협의 사회적 선명성과 대외신인도를 제고시킬 인재

    ㉤ 변화하는 인재 : 톡톡 튀는 아이디어를 제시하여 급변하는 금융환경에 능동적으로 대응하는 인재

② 신협이 제시하는 인사조직문화

소통문화 정착	+	일하는 자가 우대받는 문화 정착	+	자기계발을 통한 우수인력 양성
• 타인을 배려하는 문화 • 조합과 조합원의 입장에서 근무하는 인재양성 • 협동조합의 근본이념 이해		• 능력있는 직원이 우대받는 문화 정책 • 능력중심의 성과 배분 • 성과주의 정착 • 책임과 권한의 범위 확립		• 지속적인 교육을 통한 전문지식 함양 • 전문지식을 통한 대조합 서비스 제고 • 조직이 필요한 지식을 보유한 인재양성

(2) 채용안내

① 채용분야

채용분야 (직무)		지역 할당	채용 형태	채용 직급	채용 인원
일반 직군	기획 · 총무, 자금운용(채권/주식/간접투자), 여신지도 · 관리, 경영지도, 검사 · 감독	중부권(서울, 인천, 경기, 강원)	정규직	4급을 (주임)	0명
		영남권(부산, 울산, 경남, 대구, 경북)			0명
		호남권(광주, 전남, 전북)			0명
		충청권(대전, 세종, 충남, 충북)			0명
		제주			0명
IT 직군	IT개발 · 관리	–			0명

② 평가사항

ㄱ 서류전형 : 입사지원서, 자기소개서 · 역량기술서

ㄴ 필기전형

과목	출제영역	비고
인적성검사	직군 공통 : 근면성, 책임감, 협동성, 자주성, 준법성, 지도성, 집중력, 정서, 감정	
직무능력시험	직군 공통 : 의사소통능력, 수리능력, 문제해결능력, 자원관리능력, 조직이해능력, 정보능력	
직무상식시험	• 일반직군 : 금융 · 경제 · 경영 또는 법 · 행정 중 선택 • IT직군 : 소프트웨어 설계 · 개발, 데이터베이스 구축, 프로그래밍 언어 활용, 정보시스템 구축 관리	
논술시험	일반직군 : 금융 · 경제 · 경영 또는 법 · 행정 중 선택	일반직군 지원자에 한함

ㄷ 1차 면접전형(실무진)

 • 일반직군 : 실무면접, 개인PT면접, 집단PT면접, 집단토론면접

 • IT직군 : 실무면접, 개인PT면접

ㄹ 2차 면접전형(임원진) : (직군 공통) 인성면접

ㅁ 채용건강검진 : 국 · 공립병원 또는 한국건강관리협회 발행 채용건강검진서

PART

02

인성검사

인성검사의 개요

1 인성(성격)검사의 개념과 목적

인성(성격)이란 개인을 특징짓는 평범하고 일상적인 사회적 이미지, 즉 지속적이고 일관된 공적 성격(Public − personality)이며, 환경에 대응함으로써 선천적 · 후천적 요소의 상호작용으로 결정화된 심리적 · 사회적 특성 및 경향을 의미한다.

인성검사는 직무적성검사를 실시하는 대부분의 기업체에서 병행하여 실시하고 있으며, 인성검사만 독자적으로 실시하는 기업도 있다.

기업체에서는 인성검사를 통하여 각 개인이 어떠한 성격 특성이 발달되어 있고, 어떤 특성이 얼마나 부족한지, 그것이 해당 직무의 특성 및 조직문화와 얼마나 맞는지를 알아보고 이에 적합한 인재를 선발하고자 한다. 또한 개인에게 적합한 직무 배분과 부족한 부분을 교육을 통해 보완하도록 할 수 있다.

인성검사의 측정요소는 검사방법에 따라 차이가 있다. 또한 각 기업체들이 사용하고 있는 인성검사는 기존에 개발된 인성검사방법에 각 기업체의 인재상을 적용하여 자신들에게 적합하게 재개발하여 사용하는 경우가 많다. 그러므로 기업체에서 요구하는 인재상을 파악하여 그에 따른 대비책을 준비하는 것이 바람직하다. 본서에서 제시된 인성검사는 크게 '특성'과 '유형'의 측면에서 측정하게 된다.

2 성격의 특성

(1) 정서적 측면

정서적 측면은 평소 마음의 당연시하는 자세나 정신상태가 얼마나 안정되어 있는지 또는 불안정한지를 측정한다.

정서의 상태는 직무수행이나 대인관계와 관련하여 태도나 행동으로 드러난다. 그러므로 정서적 측면을 측정하는 것에 의해, 장래 조직 내의 인간관계에 어느 정도 잘 적응할 수 있을까(또는 적응하지 못할까)를 예측하는 것이 가능하다.

그렇기 때문에, 정서적 측면의 결과는 채용 시에 상당히 중시된다. 아무리 능력이 좋아도 장기적으로 조직 내의 인간관계에 잘 적응할 수 없다고 판단되는 인재는 기본적으로는 채용되지 않는다.

일반적으로 인성(성격)검사는 채용과는 관계없다고 생각하나 정서적으로 조직에 적응하지 못하는 인재는 채용단계에서 가려내지는 것을 유의하여야 한다.

① 민감성(신경도) … 꼼꼼함, 섬세함, 성실함 등의 요소를 통해 일반적으로 신경질적인지 또는 자신의 존재를 위협받는다는 불안을 갖기 쉬운지를 측정한다.

질문	전혀 그렇지 않다	그렇지 않다	그렇다	매우 그렇다
• 배려적이라고 생각한다. • 어지러진 방에 있으면 불안하다. • 실패 후에는 불안하다. • 세세한 것까지 신경쓴다. • 이유 없이 불안할 때가 있다.				

▶측정결과

㉠ '그렇다'가 많은 경우(상처받기 쉬운 유형) : 사소한 일에 신경 쓰고 다른 사람의 사소한 한마디 말에 상처를 받기 쉽다.

• 면접관의 심리 : '동료들과 잘 지낼 수 있을까?', '실패할 때마다 위축되지 않을까?'

• 면접대책 : 다소 신경질적이라도 능력을 발휘할 수 있다는 평가를 얻도록 한다. 주변과 충분한 의사소통이 가능하고, 결정한 것을 실행할 수 있다는 것을 보여주어야 한다.

㉡ '그렇지 않다'가 많은 경우(정신적으로 안정적인 유형) : 사소한 일에 신경 쓰지 않고 금방 해결하며, 주위 사람의 말에 과민하게 반응하지 않는다.

• 면접관의 심리 : '계약할 때 필요한 유형이고, 사고 발생에도 유연하게 대처할 수 있다.'

• 면접대책 : 일반적으로 '민감성'의 측정치가 낮으면 플러스 평가를 받으므로 더욱 자신감 있는 모습을 보여준다.

② **자책성(과민도)** … 자신을 비난하거나 책망하는 정도를 측정한다.

질문	전혀 그렇지 않다	그렇지 않다	그렇다	매우 그렇다
• 후회하는 일이 많다.				
• 자신이 하찮은 존재라 생각된다.				
• 문제가 발생하면 자기의 탓이라고 생각한다.				
• 무슨 일이든지 끙끙대며 진행하는 경향이 있다.				
• 온순한 편이다.				

▶측정결과

㉠ '그렇다'가 많은 경우(자책하는 유형) : 비관적이고 후회하는 유형이다.

• 면접관의 심리 : '끙끙대며 괴로워하고, 일을 진행하지 못할 것 같다.'

• 면접대책 : 기분이 저조해도 항상 의욕을 가지고 생활하는 것과 책임감이 강하다는 것을 보여준다.

㉡ '그렇지 않다'가 많은 경우(낙천적인 유형) : 기분이 항상 밝은 편이다.

• 면접관의 심리 : '안정된 대인관계를 맺을 수 있고, 외부의 압력에도 흔들리지 않는다.'

• 면접대책 : 일반적으로 '자책성'의 측정치가 낮아야 좋은 평가를 받는다.

③ **기분성(불안도)** … 기분의 굴곡이나 감정적인 면의 미숙함이 어느 정도인지를 측정하는 것이다.

질문	전혀 그렇지 않다	그렇지 않다	그렇다	매우 그렇다
• 다른 사람의 의견에 자신의 결정이 흔들리는 경우가 많다.				
• 기분이 쉽게 변한다.				
• 종종 후회한다.				
• 다른 사람보다 의지가 약한 편이라고 생각한다.				
• 금방 싫증을 내는 성격이라는 말을 자주 듣는다.				

▶측정결과

㉠ '그렇다'가 많은 경우(감정의 기복이 많은 유형) : 의지력보다 기분에 따라 행동하기 쉽다.

• 면접관의 심리 : '감정적인 것에 약하며, 상황에 따라 생산성이 떨어지지 않을까?'

• 면접대책 : 주변 사람들과 항상 협조한다는 것을 강조하고 한결같은 상태로 일할 수 있다는 평가를 받도록 한다.

㉡ '그렇지 않다'가 많은 경우(감정의 기복이 적은 유형) : 감정의 기복이 없고, 안정적이다.

• 면접관의 심리 : '안정적으로 업무에 임할 수 있다.'

• 면접대책 : 기분성의 측정치가 낮으면 플러스 평가를 받으므로 자신감을 가지고 면접에 임한다.

④ **독자성(개인도)** … 주변에 대한 견해나 관심, 자신의 견해나 생각에 어느 정도의 속박감을 가지고 있는지를 측정한다.

질문	전혀 그렇지 않다	그렇지 않다	그렇다	매우 그렇다
• 창의적 사고방식을 가지고 있다. • 융통성이 없는 편이다. • 혼자 있는 편이 많은 사람과 있는 것보다 편하다. • 개성적이라는 말을 듣는다. • 교제는 번거로운 것이라고 생각하는 경우가 많다.				

▶측정결과

㉠ '그렇다'가 많은 경우 : 자기의 관점을 중요하게 생각하는 유형으로, 주위의 상황보다 자신의 느낌과 생각을 중시한다.

• 면접관의 심리 : '제멋대로 행동하지 않을까?'

• 면접대책 : 주위 사람과 협조하여 일을 진행할 수 있다는 것과 상식에 얽매이지 않는다는 인상을 심어준다.

㉡ '그렇지 않다'가 많은 경우 : 상식적으로 행동하고 주변 사람의 시선에 신경을 쓴다.

• 면접관의 심리 : '다른 직원들과 협조하여 업무를 진행할 수 있겠다.'

• 면접대책 : 협조성이 요구되는 기업체에서는 플러스 평가를 받을 수 있다.

⑤ **자신감**(자존심도) … 자기 자신에 대해 얼마나 긍정적으로 평가하는지를 측정한다.

질문	전혀 그렇지 않다	그렇지 않다	그렇다	매우 그렇다
• 다른 사람보다 능력이 뛰어나다고 생각한다. • 다소 반대의견이 있어도 나만의 생각으로 행동할 수 있다. • 나는 다른 사람보다 기가 센 편이다. • 동료가 나를 모욕해도 무시할 수 있다. • 대개의 일을 목적한 대로 헤쳐나갈 수 있다고 생각한다.				

▶ **측정결과**

㉠ '그렇다'가 많은 경우 : 자기 능력이나 외모 등에 자신감이 있고, 비판당하는 것을 좋아하지 않는다.
 • 면접관의 심리 : '자만하여 지시에 잘 따를 수 있을까?'
 • 면접대책 : 다른 사람의 조언을 잘 받아들이고, 겸허하게 반성하는 면이 있다는 것을 보여주고, 동료들과 잘 지내며 리더의 자질이 있다는 것을 강조한다.

㉡ '그렇지 않다'가 많은 경우 : 자신감이 없고 다른 사람의 비판에 약하다.
 • 면접관의 심리 : '패기가 부족하지 않을까?', '쉽게 좌절하지 않을까?'
 • 면접대책 : 극도의 자신감 부족으로 평가되지는 않는다. 그러나 마음이 약한 면은 있지만 의욕적으로 일을 하겠다는 마음가짐을 보여준다.

⑥ **고양성**(분위기에 들뜨는 정도) … 자유분방함, 명랑함과 같이 감정(기분)의 높고 낮음의 정도를 측정한다.

질문	전혀 그렇지 않다	그렇지 않다	그렇다	매우 그렇다
• 침착하지 못한 편이다. • 다른 사람보다 쉽게 우쭐해진다. • 모든 사람이 아는 유명인사가 되고 싶다. • 모임이나 집단에서 분위기를 이끄는 편이다. • 취미 등이 오랫동안 지속되지 않는 편이다.				

▶측정결과

㉠ '그렇다'가 많은 경우 : 자극이나 변화가 있는 일상을 원하고 기분을 들뜨게 하는 사람과 친밀하게 지내는 경향이 강하다.

• 면접관의 심리 : '일을 진행하는 데 변덕스럽지 않을까?'
• 면접대책 : 밝은 태도는 플러스 평가를 받을 수 있지만, 착실한 업무능력이 요구되는 직종에서는 마이너스 평가가 될 수 있다. 따라서 자기조절이 가능하다는 것을 보여준다.

㉡ '그렇지 않다'가 많은 경우 : 감정이 항상 일정하고, 속을 드러내 보이지 않는다.

• 면접관의 심리 : '안정적인 업무 태도를 기대할 수 있겠다.'
• 면접대책 : '고양성'의 낮음은 대체로 플러스 평가를 받을 수 있다. 그러나 '무엇을 생각하고 있는지 모르겠다' 등의 평을 듣지 않도록 주의한다.

⑦ 허위성(진위성) … 필요 이상으로 자기를 좋게 보이려 하거나 기업체가 원하는 '이상형'에 맞춘 대답을 하고 있는지, 없는지를 측정한다.

질문	전혀 그렇지 않다	그렇지 않다	그렇다	매우 그렇다
• 약속을 깨뜨린 적이 한 번도 없다. • 다른 사람을 부럽다고 생각해 본 적이 없다. • 꾸지람을 들은 적이 없다. • 사람을 미워한 적이 없다. • 화를 낸 적이 한 번도 없다.				

▶측정결과

㉠ '그렇다'가 많은 경우 : 실제의 자기와는 다른, 말하자면 원칙으로 해답할 가능성이 있다.

• 면접관의 심리 : '거짓을 말하고 있다.'
• 면접대책 : 조금이라도 좋게 보이려고 하는 '거짓말쟁이'로 평가될 수 있다. '거짓을 말하고 있다.'는 마음 따위가 전혀 없다 해도 결과적으로는 정직하게 답하지 않는다는 것이 되어 버린다. '허위성'의 측정 질문은 구분되지 않고 다른 질문 중에 섞여 있다. 그러므로 모든 질문에 솔직하게 답하여야 한다. 또한 자기 자신과 너무 동떨어진 이미지로 답하면 좋은 결과를 얻지 못한다. 그리고 면접에서 '허위성'을 기본으로 한 질문을 받게 되므로 당황하거나 또다른 모순된 답변을 하게 된다. 겉치레를 하거나 무리한 욕심을 부리지 말고 '이런 사회인이 되고 싶다.'는 현재의 자신보다, 조금 성장한 자신을 표현하는 정도가 적당하다.

㉡ '그렇지 않다'가 많은 경우 : 냉정하고 정직하며, 외부의 압력과 스트레스에 강한 유형이다. '대쪽 같음'의 이미지가 굳어지지 않도록 주의한다.

(2) 행동적인 측면

행동적 측면은 인격 중에 특히 행동으로 드러나기 쉬운 측면을 측정한다. 사람의 행동 특징 자체에는 선도 악도 없으나, 일반적으로는 일의 내용에 의해 원하는 행동이 있다. 때문에 행동적 측면은 주로 직종과 깊은 관계가 있는데 자신의 행동 특성을 살려 적합한 직종을 선택한다면 플러스가 될 수 있다.

행동 특성에서 보여 지는 특징은 면접장면에서도 드러나기 쉬운데 본서의 모의 TEST의 결과를 참고하여 자신의 태도, 행동이 면접관의 시선에 어떻게 비치는지를 점검하도록 한다.

① 사회적 내향성 … 대인관계에서 나타나는 행동경향으로 '낯가림'을 측정한다.

질문	선택
A : 파티에서는 사람을 소개받은 편이다. B : 파티에서는 사람을 소개하는 편이다.	
A : 처음 보는 사람과는 어색하게 시간을 보내는 편이다. B : 처음 보는 사람과는 즐거운 시간을 보내는 편이다.	
A : 친구가 적은 편이다. B : 친구가 많은 편이다.	
A : 자신의 의견을 말하는 경우가 적다. B : 자신의 의견을 말하는 경우가 많다.	
A : 사교적인 모임에 참석하는 것을 좋아하지 않는다. B : 사교적인 모임에 항상 참석한다.	

▶측정결과

㉠ 'A'가 많은 경우 : 내성적이고 사람들과 접하는 것에 소극적이다. 자신의 의견을 말하지 않고 조심스러운 편이다.
- 면접관의 심리 : '소극적인데 동료와 잘 지낼 수 있을까?'
- 면접대책 : 대인관계를 맺는 것을 싫어하지 않고 의욕적으로 일을 할 수 있다는 것을 보여준다.

㉡ 'B'가 많은 경우 : 사교적이고 자기의 생각을 명확하게 전달할 수 있다.
- 면접관의 심리 : '사교적이고 활동적인 것은 좋지만, 자기주장이 너무 강하지 않을까?'
- 면접대책 : 협조성을 보여주고, 자기주장이 너무 강하다는 인상을 주지 않도록 주의한다.

② 내성성(침착도) … 자신의 행동과 일에 대해 침착하게 생각하는 정도를 측정한다.

질문	선택
A : 시간이 걸려도 침착하게 생각하는 경우가 많다. B : 짧은 시간에 결정을 하는 경우가 많다.	
A : 실패의 원인을 찾고 반성하는 편이다. B : 실패를 해도 그다지(별로) 개의치 않는다.	
A : 결론이 도출되어도 몇 번 정도 생각을 바꾼다. B : 결론이 도출되면 신속하게 행동으로 옮긴다.	
A : 여러 가지 생각하는 것이 능숙하다. B : 여러 가지 일을 재빨리 능숙하게 처리하는 데 익숙하다.	
A : 여러 가지 측면에서 사물을 검토한다. B : 행동한 후 생각을 한다.	

▶측정결과

㉠ 'A'가 많은 경우 : 행동하기 보다는 생각하는 것을 좋아하고 신중하게 계획을 세워 실행한다.
• 면접관의 심리 : '행동으로 실천하지 못하고, 대응이 늦은 경향이 있지 않을까?'
• 면접대책 : 발로 뛰는 것을 좋아하고, 일을 더디게 한다는 인상을 주지 않도록 한다.

㉡ 'B'가 많은 경우 : 차분하게 생각하는 것보다 우선 행동하는 유형이다.
• 면접관의 심리 : '생각하는 것을 싫어하고 경솔한 행동을 하지 않을까?'
• 면접대책 : 계획을 세우고 행동할 수 있는 것을 보여주고 '사려깊다'라는 인상을 남기도록 한다.

③ 신체활동성 … 몸을 움직이는 것을 좋아하는가를 측정한다.

질문	선택
A : 민첩하게 활동하는 편이다. B : 준비행동이 없는 편이다.	
A : 일을 척척 해치우는 편이다. B : 일을 더디게 처리하는 편이다.	
A : 활발하다는 말을 듣는다. B : 얌전하다는 말을 듣는다.	
A : 몸을 움직이는 것을 좋아한다. B : 가만히 있는 것을 좋아한다.	
A : 스포츠를 하는 것을 즐긴다. B : 스포츠를 보는 것을 좋아한다.	

▶측정결과

㉠ 'A'가 많은 경우 : 활동적이고, 몸을 움직이게 하는 것이 컨디션이 좋다.
 • 면접관의 심리 : '활동적으로 활동력이 좋아 보인다.'
 • 면접대책 : 활동하고 얻은 성과 등과 주어진 상황의 대응능력을 보여준다.
㉡ 'B'가 많은 경우 : 침착한 인상으로, 차분하게 있는 타입이다.
 • 면접관의 심리 : '좀처럼 행동하려 하지 않아 보이고, 일을 빠르게 처리할 수 있을까?'

④ 지속성(노력성) … 무슨 일이든 포기하지 않고 끈기 있게 하려는 정도를 측정한다.

질문	선택
A : 일단 시작한 일은 시간이 걸려도 끝까지 마무리한다. B : 일을 하다 어려움에 부딪히면 단념한다.	
A : 끈질긴 편이다. B : 바로 단념하는 편이다.	
A : 인내가 강하다는 말을 듣는다. B : 금방 싫증을 낸다는 말을 듣는다.	
A : 집념이 깊은 편이다. B : 담백한 편이다.	
A : 한 가지 일에 구애되는 것이 좋다고 생각한다. B : 간단하게 체념하는 것이 좋다고 생각한다.	

▶측정결과

㉠ 'A'가 많은 경우 : 시작한 것은 어려움이 있어도 포기하지 않고 인내심이 높다.
　• 면접관의 심리 : '한 가지의 일에 너무 구애되고, 업무의 진행이 원활할까?'
　• 면접대책 : 인내력이 있는 것은 플러스 평가를 받을 수 있지만 집착이 강해 보이기도 한다.
㉡ 'B'가 많은 경우 : 뒤끝이 없고 조그만 실패로 일을 포기하기 쉽다.
　• 면접관의 심리 : '질리는 경향이 있고, 일을 정확히 끝낼 수 있을까?'
　• 면접대책 : 지속적인 노력으로 성공했던 사례를 준비하도록 한다.

⑤ 신중성(주의성) … 자신이 처한 주변상황을 즉시 파악하고 자신의 행동이 어떤 영향을 미치는지를 측정한다.

질문	선택
A : 여러 가지로 생각하면서 완벽하게 준비하는 편이다. B : 행동할 때부터 임기응변적인 대응을 하는 편이다.	
A : 신중해서 타이밍을 놓치는 편이다. B : 준비 부족으로 실패하는 편이다.	
A : 자신은 어떤 일에도 신중히 대응하는 편이다. B : 순간적인 충동으로 활동하는 편이다.	
A : 시험을 볼 때 끝날 때까지 재검토하는 편이다. B : 시험을 볼 때 한 번에 모든 것을 마치는 편이다.	
A : 일에 대해 계획표를 만들어 실행한다. B : 일에 대한 계획표 없이 진행한다.	

▶측정결과

㉠ 'A'가 많은 경우 : 주변 상황에 민감하고, 예측하여 계획 있게 일을 진행한다.
　• 면접관의 심리 : '너무 신중해서 적절한 판단을 할 수 있을까?', '앞으로의 상황에 불안을 느끼지 않을까?'
　• 면접대책 : 예측을 하고 실행을 하는 것은 플러스 평가가 되지만, 너무 신중하면 일의 진행이 정체될 가능성을 보이므로 추진력이 있다는 강한 의욕을 보여준다.
㉡ 'B'가 많은 경우 : 주변 상황을 살펴보지 않고 착실한 계획 없이 일을 진행시킨다.
　• 면접관의 심리 : '사려 깊지 않고, 실패하는 일이 많지 않을까?', '판단이 빠르고 유연한 사고를 할 수 있을까?'
　• 면접대책 : 사전준비를 중요하게 생각하고 있다는 것 등을 보여주고, 경솔한 인상을 주지 않도록 한다. 또한 판단력이 빠르거나 유연한 사고 덕분에 일 처리를 잘 할 수 있다는 것을 강조한다.

(3) 의욕적인 측면

의욕적인 측면은 의욕의 정도, 활동력의 유무 등을 측정한다. 여기서의 의욕이란 우리들이 보통 말하고 사용하는 '하려는 의지'와는 조금 뉘앙스가 다르다. '하려는 의지'란 그 때의 환경이나 기분에 따라 변화하는 것이지만, 여기에서는 조금 더 변화하기 어려운 특징, 말하자면 정신적 에너지의 양으로 측정하는 것이다.

의욕적 측면은 행동적 측면과는 다르고, 전반적으로 어느 정도 점수가 높은 쪽을 선호한다. 모의검사의 의욕적 측면의 결과가 낮다면, 평소 일에 몰두할 때 조금 의욕 있는 자세를 가지고 서서히 개선하도록 노력해야 한다.

① 달성의욕 … 목적의식을 가지고 높은 이상을 가지고 있는지를 측정한다.

질문	선택
A : 경쟁심이 강한 편이다. B : 경쟁심이 약한 편이다.	
A : 어떤 한 분야에서 제 1 인자가 되고 싶다고 생각한다. B : 어느 분야에서든 성실하게 임무를 진행하고 싶다고 생각한다.	
A : 규모가 큰 일을 해보고 싶다. B : 맡은 일에 충실히 임하고 싶다.	
A : 아무리 노력해도 실패한 것은 아무런 도움이 되지 않는다. B : 가령 실패했을 지라도 나름대로의 노력이 있었으므로 괜찮다.	
A : 높은 목표를 설정하여 수행하는 것이 의욕적이다. B : 실현 가능한 정도의 목표를 설정하는 것이 의욕적이다.	

▶측정결과

㉠ 'A'가 많은 경우 : 큰 목표와 높은 이상을 가지고 승부욕이 강한 편이다.
  • 면접관의 심리 : '열심히 일을 해줄 것 같은 유형이다.'
  • 면접대책 : 달성의욕이 높다는 것은 어떤 직종이라도 플러스 평가가 된다.
㉡ 'B'가 많은 경우 : 현재의 생활을 소중하게 여기고 비약적인 발전을 위하여 기를 쓰지 않는다.
  • 면접관의 심리 : '외부의 압력에 약하고, 기획입안 등을 하기 어려울 것이다.'
  • 면접대책 : 일을 통하여 하고 싶은 것들을 구체적으로 어필한다.

② **활동의욕** … 자신에게 잠재된 에너지의 크기로, 정신적인 측면의 활동력이라 할 수 있다.

질문	선택
A : 하고 싶은 일을 실행으로 옮기는 편이다. B : 하고 싶은 일을 좀처럼 실행할 수 없는 편이다.	
A : 어려운 문제를 해결해 가는 것이 좋다. B : 어려운 문제를 해결하는 것을 잘하지 못한다.	
A : 일반적으로 결단이 빠른 편이다. B : 일반적으로 결단이 느린 편이다.	
A : 곤란한 상황에도 도전하는 편이다. B : 사물의 본질을 깊게 관찰하는 편이다.	
A : 시원시원하다는 말을 잘 듣는다. B : 꼼꼼하다는 말을 잘 듣는다.	

▶측정결과

㉠ 'A'가 많은 경우 : 꾸물거리는 것을 싫어하고 재빠르게 결단해서 행동하는 타입이다.
 • 면접관의 심리 : '일을 처리하는 솜씨가 좋고, 일을 척척 진행할 수 있을 것 같다.'
 • 면접대책 : 활동의욕이 높은 것은 플러스 평가가 된다. 사교성이나 활동성이 강하다는 인상을 준다.
㉡ 'B'가 많은 경우 : 안전하고 확실한 방법을 모색하고 차분하게 시간을 아껴서 일에 임하는 타입이다.
 • 면접관의 심리 : '재빨리 행동을 못하고, 일의 처리속도가 느린 것이 아닐까?'
 • 면접대책 : 활동성이 있는 것을 좋아하고 움직임이 더디다는 인상을 주지 않도록 한다.

3 성격의 유형

(1) 인성검사유형의 4가지 척도

  정서적인 측면, 행동적인 측면, 의욕적인 측면의 요소들은 성격 특성이라는 관점에서 제시된 것들로 각 개인의 장·단점을 파악하는 데 유용하다. 그러나 전체적인 개인의 인성을 이해하는 데는 한계가 있다.

  성격의 유형은 개인의 '성격적인 특색'을 가리키는 것으로, 사회인으로서 적합한지, 아닌지를 말하는 관점과는 관계가 없다. 따라서 채용의 합격 여부에는 사용되지 않는 경우가 많으며, 입사 후의 적정 부서 배치의 자료가 되는 편이라 생각하면 된다. 그러나 채용과 관계가 없다고 해서 아무런 준비도 필요없는 것은 아니다. 자신을 아는 것은 면접 대책의 밑거름이 되므로 모의검사 결과를 충분히 활용하도록 하여야 한다.

본서에서는 4개의 척도를 사용하여 기본적으로 16개의 패턴으로 성격의 유형을 분류하고 있다. 각 개인의 성격이 어떤 유형인지 재빨리 파악하기 위해 사용되며, '적성'에 맞는지, 맞지 않는지의 관점에 활용된다.

- 흥미·관심의 방향 : 내향형 ◄────────► 외향형
- 사물에 대한 견해 : 직관형 ◄────────► 감각형
- 판단하는 방법 : 감정형 ◄────────► 사고형
- 환경에 대한 접근방법 : 지각형 ◄────────► 판단형

(2) 성격유형

① 흥미·관심의 방향(내향⇆외향) … 흥미·관심의 방향이 자신의 내면에 있는지, 주위환경 등 외면에 향하는 지를 가리키는 척도이다.

질문	선택
A : 내성적인 성격인 편이다. B : 개방적인 성격인 편이다.	
A : 항상 신중하게 생각을 하는 편이다. B : 바로 행동에 착수하는 편이다.	
A : 수수하고 조심스러운 편이다. B : 자기 표현력이 강한 편이다.	
A : 다른 사람과 함께 있으면 침착하지 않다. B : 혼자서 있으면 침착하지 않다.	

▶측정결과
㉠ 'A'가 많은 경우(내향) : 관심의 방향이 자기 내면에 있으며, 조용하고 낯을 가리는 유형이다. 행동력은 부족하나 집중력이 뛰어나고 신중하고 꼼꼼하다.
㉡ 'B'가 많은 경우(외향) : 관심의 방향이 외부환경에 있으며, 사교적이고 활동적인 유형이다. 꼼꼼함이 부족하여 대충하는 경향이 있으나 행동력이 있다.

② 일(사물)을 보는 방법(직감⇆감각) … 일(사물)을 보는 법이 직감적으로 형식에 얽매이는지, 감각적으로 상식적인지를 가리키는 척도이다.

질문	선택
A : 현실주의적인 편이다. B : 상상력이 풍부한 편이다.	
A : 정형적인 방법으로 일을 처리하는 것을 좋아한다. B : 만들어진 방법에 변화가 있는 것을 좋아한다.	
A : 경험에서 가장 적합한 방법으로 선택한다. B : 지금까지 없었던 새로운 방법을 개척하는 것을 좋아한다.	
A : 성실하다는 말을 듣는다. B : 호기심이 강하다는 말을 듣는다.	

▶측정결과
㉠ 'A'가 많은 경우(감각) : 현실적이고 경험주의적이며 보수적인 유형이다.
㉡ 'B'가 많은 경우(직관) : 새로운 주제를 좋아하며, 독자적인 시각을 가진 유형이다.

③ 판단하는 방법(감정⇆사고) … 일을 감정적으로 판단하는지, 논리적으로 판단하는지를 가리키는 척도이다.

질문	선택
A : 인간관계를 중시하는 편이다. B : 일의 내용을 중시하는 편이다.	
A : 결론을 자기의 신념과 감정에서 이끌어내는 편이다. B : 결론을 논리적 사고에 의거하여 내리는 편이다.	
A : 다른 사람보다 동정적이고 눈물이 많은 편이다. B : 다른 사람보다 이성적이고 냉정하게 대응하는 편이다.	
A : 남의 이야기를 듣고 감정몰입이 빠른 편이다. B : 고민 상담을 받으면 해결책을 제시해주는 편이다.	

▶측정결과
㉠ 'A'가 많은 경우(감정) : 일을 판단할 때 마음·감정을 중요하게 여기는 유형이다. 감정이 풍부하고 친절하나 엄격함이 부족하고 우유부단하며, 합리성이 부족하다.
㉡ 'B'가 많은 경우(사고) : 일을 판단할 때 논리성을 중요하게 여기는 유형이다. 이성적이고 합리적이나 타인에 대한 배려가 부족하다.

④ 환경에 대한 접근방법 ··· 주변상황에 어떻게 접근하는지, 그 판단기준을 어디에 두는지를 측정한다.

질문	선택
A : 사전에 계획을 세우지 않고 행동한다. B : 반드시 계획을 세우고 그것에 의거해서 행동한다.	
A : 자유롭게 행동하는 것을 좋아한다. B : 조직적으로 행동하는 것을 좋아한다.	
A : 조직성이나 관습에 속박당하지 않는다. B : 조직성이나 관습을 중요하게 여긴다.	
A : 계획 없이 낭비가 심한 편이다. B : 예산을 세워 물건을 구입하는 편이다.	

▶측정결과

㉠ 'A'가 많은 경우(지각) : 일의 변화에 융통성을 가지고 유연하게 대응하는 유형이다. 낙관적이며 질서보다는 자유를 좋아하나 임기응변식의 대응으로 무계획적인 인상을 줄 수 있다.

㉡ 'B'가 많은 경우(판단) : 일의 진행시 계획을 세워서 실행하는 유형이다. 순차적으로 진행하는 일을 좋아하고 끈기가 있으나 변화에 대해 적절하게 대응하지 못하는 경향이 있다.

4 **인성검사의 대책**

(1) 미리 알아두어야 할 점

① 출제 문항 수 … 인성검사의 출제 문항 수는 특별히 정해진 것이 아니며 각 기업체의 기준에 따라 달라질 수 있다. 보통 100문항 이상에서 500문항까지 출제된다고 예상하면 된다.

② 출제형식

　㉠ 1Set로 묶인 세 개의 문항 중 자신에게 가장 가까운 것(Most)과 가장 먼 것(Least)을 하나씩 고르는 유형(72Set, 1Set당 3문항)

다음 세 가지 문항 중 자신에게 가장 가까운 것은 Most, 가장 먼 것은 Least에 체크하시오.

질문	Most	Least
① 자신의 생각이나 의견은 좀처럼 변하지 않는다.	✔	
② 구입한 후 끝까지 읽지 않은 책이 많다.		✔
③ 여행가기 전에 계획을 세운다.		

　㉡ '예' 아니면 '아니오'의 유형(178문항)

다음 문항을 읽고 자신에게 해당되는지 안 되는지를 판단하여 해당될 경우 '예'를, 해당되지 않을 경우 '아니오'를 고르시오.

질문	예	아니오
① 걱정거리가 있어서 잠을 못 잘 때가 있다.	✔	
② 시간에 쫓기는 것이 싫다.		✔

　㉢ 그 외의 유형

다음 문항에 대해서 평소에 자신이 생각하고 있는 것이나 행동하고 있는 것에 체크하시오.

질문	전혀 그렇지 않다	그렇지 않다	그렇다	매우 그렇다
① 머리를 쓰는 것보다 땀을 흘리는 일이 좋다.			✔	
② 자신은 사교적이 아니라고 생각한다.	✔			

(2) 임하는 자세

① **솔직하게 있는 그대로 표현한다** … 인성검사는 평범한 일상생활 내용들을 다룬 짧은 문장과 어떤 대상이나 일에 대한 선로를 선택하는 문장으로 구성되었으므로 평소에 자신이 생각한 바를 너무 골똘히 생각하지 말고 문제를 보는 순간 떠오른 것을 표현한다.

② **모든 문제를 신속하게 대답한다** … 인성검사는 시간 제한이 없는 것이 원칙이지만 기업체들은 일정한 시간 제한을 두고 있다. 인성검사는 개인의 성격과 자질을 알아보기 위한 검사이기 때문에 정답이 없다. 다만, 기업체에서 바람직하게 생각하거나 기대되는 결과가 있을 뿐이다. 따라서 시간에 쫓겨서 대충 대답을 하는 것은 바람직하지 못하다.

③ **일관성 있게 대답한다** … 간혹 반복되는 문제들이 출제되기 때문에 일관성 있게 답하지 않으면 감점될 수 있으므로 유의한다. 실제로 공기업 인사부 직원의 인터뷰에 따르면 일관성이 없게 대답한 응시자들이 감점을 받아 탈락했다고 한다. 거짓된 응답을 하다보면 일관성 없는 결과가 나타날 수 있으므로, 위에서 언급한 대로 신속하고 솔직하게 답해 일관성 있는 응답을 하는 것이 중요하다.

④ **마지막까지 집중해서 검사에 임한다** … 장시간 진행되는 검사에 지치지 않고 마지막까지 집중해서 정확히 답할 수 있도록 해야 한다.

02 실전 인성검사

>> 유형 Ⅰ

┃1~30┃ 다음 질문에 대해서 평소 자신이 생각하고 있는 것이나 행동하고 있는 것에 대해 주어진 응답요령에 따라 박스에 답하시오.

응답요령

• 응답 Ⅰ : 제시된 문항들을 읽은 다음 각각의 문항에 대해 자신이 동의하는 정도를 ①(전혀 그렇지 않다)~⑤(매우 그렇다)로 표시하면 된다.
• 응답 Ⅱ : 제시된 문항들을 비교하여 상대적으로 자신의 성격과 가장 가까운 문항 하나와 가장 거리가 먼 문항 하나를 선택하여야 한다(응답 Ⅱ의 응답은 가깝다 1개, 멀다 1개, 무응답 2개이어야 한다).

1

문항	응답 Ⅰ					응답 Ⅱ	
	①	②	③	④	⑤	멀다	가깝다
A. 몸을 움직이는 것을 좋아하지 않는다.							
B. 쉽게 질리는 편이다.							
C. 경솔한 편이라고 생각한다.							
D. 인생의 목표는 손이 닿을 정도면 된다.							

2

문항	응답 Ⅰ					응답 Ⅱ	
	①	②	③	④	⑤	멀다	가깝다
A. 무슨 일도 좀처럼 시작하지 못한다.							
B. 초면인 사람과도 바로 친해질 수 있다.							
C. 행동하고 나서 생각하는 편이다.							
D. 쉬는 날은 집에 있는 경우가 많다.							

3

문항	응답 I					응답 II	
	①	②	③	④	⑤	멀다	가깝다
A. 조금이라도 나쁜 소식은 절망의 시작이라고 생각해 버린다.							
B. 언제나 실패가 걱정이 되어 어쩔 줄 모른다.							
C. 다수결의 의견에 따르는 편이다.							
D. 혼자서 술집에 들어가는 것은 전혀 두려운 일이 아니다.							

4

문항	응답 I					응답 II	
	①	②	③	④	⑤	멀다	가깝다
A. 승부근성이 강하다.							
B. 자주 흥분해서 침착하지 못하다.							
C. 지금까지 살면서 타인에게 폐를 끼친 적이 없다.							
D. 소곤소곤 이야기하는 것을 보면 자기에 대해 험담하고 있는 것으로 생각된다.							

5

문항	응답 I					응답 II	
	①	②	③	④	⑤	멀다	가깝다
A. 무엇이든지 자기가 나쁘다고 생각하는 편이다.							
B. 자신을 변덕스러운 사람이라고 생각한다.							
C. 고독을 즐기는 편이다.							
D. 자존심이 강하다고 생각한다.							

6

문항	응답 I					응답 II	
	①	②	③	④	⑤	멀다	가깝다
A. 금방 흥분하는 성격이다.							
B. 거짓말을 한 적이 없다.							
C. 신경질적인 편이다.							
D. 끙끙대며 고민하는 타입이다.							

7

문항	응답 I					응답 II	
	①	②	③	④	⑤	멀다	가깝다
A. 감정적인 사람이라고 생각한다.							
B. 자신만의 신념을 가지고 있다.							
C. 다른 사람을 바보 같다고 생각한 적이 있다.							
D. 금방 말해버리는 편이다.							

8

문항	응답 I					응답 II	
	①	②	③	④	⑤	멀다	가깝다
A. 싫어하는 사람이 없다.							
B. 대재앙이 오지 않을까 항상 걱정을 한다.							
C. 쓸데없는 고생을 하는 일이 많다.							
D. 자주 생각이 바뀌는 편이다.							

9

문항	응답 I					응답 II	
	①	②	③	④	⑤	멀다	가깝다
A. 문제점을 해결하기 위해 여러 사람과 상의한다.							
B. 내 방식대로 일을 한다.							
C. 영화를 보고 운 적이 많다.							
D. 어떤 것에 대해서도 화낸 적이 없다.							

10

문항	응답 I					응답 II	
	①	②	③	④	⑤	멀다	가깝다
A. 사소한 충고에도 걱정을 한다.							
B. 자신은 도움이 안 되는 사람이라고 생각한다.							
C. 금방 싫증을 내는 편이다.							
D. 개성적인 사람이라고 생각한다.							

11

문항	응답 I					응답 II	
	①	②	③	④	⑤	멀다	가깝다
A. 자기주장이 강한 편이다.							
B. 뒤숭숭하다는 말을 들은 적이 있다.							
C. 학교를 쉬고 싶다고 생각한 적이 한 번도 없다.							
D. 사람들과 관계 맺는 것을 보면 잘하지 못한다.							

12

문항	응답 I					응답 II	
	①	②	③	④	⑤	멀다	가깝다
A. 사려 깊은 편이다.							
B. 몸을 움직이는 것을 좋아한다.							
C. 끈기가 있는 편이다.							
D. 신중한 편이라고 생각한다.							

13

문항	응답 I					응답 II	
	①	②	③	④	⑤	멀다	가깝다
A. 인생의 목표는 큰 것이 좋다.							
B. 어떤 일이라도 바로 시작하는 타입이다.							
C. 낯가림을 하는 편이다.							
D. 생각하고 나서 행동하는 편이다.							

14

문항	응답 I					응답 II	
	①	②	③	④	⑤	멀다	가깝다
A. 쉬는 날은 밖으로 나가는 경우가 많다.							
B. 시작한 일은 반드시 완성시킨다.							
C. 면밀한 계획을 세운 여행을 좋아한다.							
D. 야망이 있는 편이라고 생각한다.							

15

문항	응답 I					응답 II	
	①	②	③	④	⑤	멀다	가깝다
A. 활동력이 있는 편이다.							
B. 많은 사람들과 왁자지껄하게 식사하는 것을 좋아하지 않는다.							
C. 돈을 허비한 적이 없다.							
D. 운동회를 아주 좋아하고 기대했다.							

16

문항	응답 I					응답 II	
	①	②	③	④	⑤	멀다	가깝다
A. 하나의 취미에 열중하는 타입이다.							
B. 모임에서 회장에 어울린다고 생각한다.							
C. 입신출세의 성공이야기를 좋아한다.							
D. 어떠한 일도 의욕을 가지고 임하는 편이다.							

17

문항	응답 I					응답 II	
	①	②	③	④	⑤	멀다	가깝다
A. 학급에서는 존재가 희미했다.							
B. 항상 무언가를 생각하고 있다.							
C. 스포츠는 보는 것보다 하는 게 좋다.							
D. 잘한다라는 말을 자주 듣는다.							

18

문항	응답 I					응답 II	
	①	②	③	④	⑤	멀다	가깝다
A. 흐린 날은 반드시 우산을 가지고 간다.							
B. 주연상을 받을 수 있는 배우를 좋아한다.							
C. 공격하는 타입이라고 생각한다.							
D. 리드를 받는 편이다.							

19

문항	응답 I					응답 II	
	①	②	③	④	⑤	멀다	가깝다
A. 너무 신중해서 기회를 놓친 적이 있다.							
B. 시원시원하게 움직이는 타입이다.							
C. 야근을 해서라도 업무를 끝낸다.							
D. 누군가를 방문할 때는 반드시 사전에 확인한다.							

20

문항	응답 I					응답 II	
	①	②	③	④	⑤	멀다	가깝다
A. 노력해도 결과가 따르지 않으면 의미가 없다.							
B. 무조건 행동해야 한다.							
C. 유행에 둔감하다고 생각한다.							
D. 정해진 대로 움직이는 것은 시시하다.							

21

문항	응답 I					응답 II	
	①	②	③	④	⑤	멀다	가깝다
A. 꿈을 계속 가지고 있고 싶다.							
B. 질서보다 자유를 중요시하는 편이다.							
C. 혼자서 취미에 몰두하는 것을 좋아한다.							
D. 직관적으로 판단하는 편이다.							

22

문항	응답 I					응답 II	
	①	②	③	④	⑤	멀다	가깝다
A. 영화나 드라마를 보면 등장인물의 감정에 이입된다.							
B. 시대의 흐름에 역행해서라도 자신을 관철하고 싶다.							
C. 다른 사람의 소문에 관심이 없다.							
D. 창조적인 편이다.							

23

문항	응답 I					응답 II	
	①	②	③	④	⑤	멀다	가깝다
A. 비교적 눈물이 많은 편이다.							
B. 융통성이 있다고 생각한다.							
C. 친구의 휴대전화 번호를 잘 모른다.							
D. 스스로 고안하는 것을 좋아한다.							

24

문항	응답 I					응답 II	
	①	②	③	④	⑤	멀다	가깝다
A. 정이 두터운 사람으로 남고 싶다.							
B. 조직의 일원으로 별로 안 어울린다.							
C. 세상의 일에 별로 관심이 없다.							
D. 변화를 추구하는 편이다.							

25

문항	응답 I					응답 II	
	①	②	③	④	⑤	멀다	가깝다
A. 업무는 인간관계로 선택한다.							
B. 환경이 변하는 것에 구애되지 않는다.							
C. 불안감이 강한 편이다.							
D. 인생은 살 가치가 없다고 생각한다.							

26

문항	응답 I					응답 II	
	①	②	③	④	⑤	멀다	가깝다
A. 의지가 약한 편이다.							
B. 다른 사람이 하는 일에 별로 관심이 없다.							
C. 사람을 설득시키는 것은 어렵지 않다.							
D. 심심한 것을 못 참는다.							

27

문항	응답 I					응답 II	
	①	②	③	④	⑤	멀다	가깝다
A. 다른 사람을 욕한 적이 한 번도 없다.							
B. 다른 사람에게 어떻게 보일지 신경을 쓴다.							
C. 금방 낙심하는 편이다.							
D. 다른 사람에게 의존하는 경향이 있다.							

28

문항	응답 I					응답 II	
	①	②	③	④	⑤	멀다	가깝다
A. 그다지 융통성이 있는 편이 아니다.							
B. 다른 사람이 내 의견에 간섭하는 것이 싫다.							
C. 낙천적인 편이다.							
D. 숙제를 잊어버린 적이 한 번도 없다.							

29

문항	응답 I					응답 II	
	①	②	③	④	⑤	멀다	가깝다
A. 밤길에는 발소리가 들리기만 해도 불안하다.							
B. 상냥하다는 말을 들은 적이 있다.							
C. 자신은 유치한 사람이다.							
D. 잡담을 하는 것보다 책을 읽는게 낫다.							

30

문항	응답 I					응답 II	
	①	②	③	④	⑤	멀다	가깝다
A. 나는 영업에 적합한 타입이라고 생각한다.							
B. 술자리에서 술을 마시지 않아도 흥을 돋울 수 있다.							
C. 한 번도 병원에 간 적이 없다.							
D. 나쁜 일은 걱정이 되어서 어쩔 줄을 모른다.							

〉〉 유형 II

┃1~30┃ 다음 각 문제에서 제시된 4개의 질문 중 자신의 생각과 일치하거나 자신을 가장 잘 나타내는 질문과 가장 거리가 먼 질문을 각각 하나씩 고르시오.

	질문	가깝다	멀다
1	나는 계획적으로 일을 하는 것을 좋아한다.		
	나는 꼼꼼하게 일을 마무리 하는 편이다.		
	나는 새로운 방법으로 문제를 해결하는 것을 좋아한다.		
	나는 빠르고 신속하게 일을 처리해야 마음이 편하다.		
2	나는 문제를 해결하기 위해 여러 사람과 상의한다.		
	나는 어떠한 결정을 내릴 때 신중한 편이다.		
	나는 시작한 일은 반드시 완성시킨다.		
	나는 문제를 현실적이고 객관적으로 해결한다.		
3	나는 글보다 말로 표현하는 것이 편하다.		
	나는 논리적인 원칙에 따라 행동하는 것이 좋다.		
	나는 집중력이 강하고 매사에 철저하다.		
	나는 자기능력을 뽐내지 않고 겸손하다.		
4	나는 융통성 있게 업무를 처리한다.		
	나는 질문을 받으면 충분히 생각하고 나서 대답한다.		
	나는 긍정적이고 낙천적인 사고방식을 갖고 있다.		
	나는 매사에 적극적인 편이다.		
5	나는 기발한 아이디어를 많이 낸다.		
	나는 새로운 일을 하는 것이 좋다.		
	나는 타인의 견해를 잘 고려한다.		
	나는 사람들을 잘 설득시킨다.		
6	나는 종종 화가 날 때가 있다.		
	나는 화를 잘 참지 못한다.		
	나는 단호하고 통솔력이 있다.		
	나는 집단을 이끌어가는 능력이 있다.		
7	나는 조용하고 성실하다.		
	나는 책임감이 강하다.		
	나는 독창적이며 창의적이다.		
	나는 복잡한 문제도 간단하게 해결한다.		

질문		가깝다	멀다
8	나는 관심 있는 분야에 몰두하는 것이 즐겁다.		
	나는 목표를 달성하는 것을 중요하게 생각한다.		
	나는 상황에 따라 일정을 조율하는 융통성이 있다.		
	나는 의사결정에 신속함이 있다.		
9	나는 정리 정돈과 계획에 능하다.		
	나는 사람들의 관심을 받는 것이 기분 좋다.		
	나는 때로는 고집스러울 때도 있다.		
	나는 원리원칙을 중시하는 편이다.		
10	나는 맡은 일에 헌신적이다.		
	나는 타인의 감정에 민감하다.		
	나는 목적과 방향은 변화할 수 있다고 생각한다.		
	나는 다른 사람과 의견의 충돌은 피하고 싶다.		
11	나는 구체적인 사실을 잘 기억하는 편이다.		
	나는 새로운 일을 시도하는 것이 즐겁다.		
	나는 겸손하다.		
	나는 다른 사람과 별다른 마찰이 없다.		
12	나는 나이에 비해 성숙한 편이다.		
	나는 유머감각이 있다.		
	나는 다른 사람의 생각이나 의견을 중요시 생각한다.		
	나는 솔직하고 단호한 편이다.		
13	나는 낙천적이고 긍정적이다.		
	나는 집단을 이끌어가는 능력이 있다.		
	나는 사람들에게 인기가 많다.		
	나는 활동을 조직하고 주도해나가는데 능하다.		
14	나는 사람들에게 칭찬을 잘 한다.		
	나는 사교성이 풍부한 편이다.		
	나는 동정심이 많다.		
	나는 정보에 밝고 지식에 대한 욕구가 높다.		
15	나는 호기심이 많다.		
	나는 다수결의 의견에 쉽게 따른다.		
	나는 승부근성이 강하다.		
	나는 자존심이 강한 편이다.		
16	나는 한번 생각한 것은 자주 바뀌지 않는다.		
	나는 개성 있다는 말을 자주 듣는다.		
	나는 나만의 방식으로 업무를 풀어나가는데 능하다.		
	나는 신중한 편이라고 생각한다.		

질문		가깝다	멀다
17	나는 문제를 해결하기 위해 많은 사람의 의견을 참고한다.		
	나는 몸을 움직이는 것을 좋아한다.		
	나는 시작한 일은 반드시 완성시킨다.		
	나는 문제 상황을 객관적으로 대처하는데 자신이 있다.		
18	나는 목표를 향해 계속 도전하는 편이다.		
	나는 실패하는 것이 두렵지 않다.		
	나는 친구들이 많은 편이다.		
	나는 다른 사람의 시선을 고려하여 행동한다.		
19	나는 추상적인 이론을 잘 기억하는 편이다.		
	나는 적극적으로 행동하는 편이다.		
	나는 말하는 것을 좋아한다.		
	나는 꾸준히 노력하는 타입이다.		
20	나는 실행력이 있는 편이다.		
	나는 조직 내 분위기 메이커이다.		
	나는 세심하지 못한 편이다.		
	나는 모임에서 지원자 역할을 맡는 것이 좋다.		
21	나는 현실적이고 실용적인 것을 추구한다.		
	나는 계획을 세우고 실행하는 것이 재미있다.		
	나는 꾸준한 취미를 갖고 있다.		
	나는 성급하게 결정하지 않는다.		
22	나는 싫어하는 사람과도 아무렇지 않게 이야기 할 수 있다.		
	내 책상은 항상 깔끔히 정돈되어 있다.		
	나는 실패보다 성공을 먼저 생각한다.		
	나는 동료와의 경쟁도 즐긴다.		
23	나는 능력을 칭찬받는 경우가 많다.		
	나는 논리정연하게 말을 하는 편이다.		
	나는 사물의 근원과 배경에 대해 관심이 많다.		
	나는 문제에 부딪히면 스스로 해결하는 편이다.		
24	나는 부지런한 편이다.		
	나는 일을 하는 속도가 빠르다.		
	나는 독특하고 창의적인 생각을 잘한다.		
	나는 약속한 일은 어기지 않는다.		
25	나는 환경의 변화에도 쉽게 적응할 수 있다.		
	나는 망설이는 것보다 도전하는 편이다.		
	나는 완벽주의자이다.		
	나는 팀을 짜서 일을 하는 것이 재미있다.		

	질문	가깝다	멀다
26	나는 조직을 위해서 내 이익을 포기할 수 있다.		
	나는 상상력이 풍부하다.		
	나는 여러 가지 각도로 사물을 분석하는 것이 좋다.		
	나는 인간관계를 중시하는 편이다.		
27	나는 경험한 방법 중 가장 적합한 방법으로 일을 해결한다.		
	나는 독자적인 시각을 갖고 있다.		
	나는 시간이 걸려도 침착하게 생각하는 경우가 많다.		
	나는 높은 목표를 설정하고 이루기 위해 노력하는 편이다.		
28	나는 성격이 시원시원하다는 말을 자주 듣는다.		
	나는 자기 표현력이 강한 편이다.		
	나는 일의 내용을 중요시 여긴다.		
	나는 다른 사람보다 동정심이 많은 편이다.		
29	나는 하기 싫은 일을 맡아도 표시내지 않고 마무리 한다.		
	나는 누가 시키지 않아도 일을 계획적으로 진행한다.		
	나는 한 가지 일에 집중을 잘 하는 편이다.		
	나는 남을 설득하고 이해시키는데 자신이 있다.		
30	나는 비합리적이거나 불의를 보면 쉽게 지나치지 못한다.		
	나는 무엇이던 시작하면 이루어야 직성이 풀린다.		
	나는 사람을 가리지 않고 쉽게 사귄다.		
	나는 어렵고 힘든 일에 도전하는 것에 쾌감을 느낀다.		

〉〉 유형 III

|1~200| 다음 (　　) 안에 당신에게 해당사항이 있으면 'YES', 그렇지 않다면 'NO'를 선택하시오.

	YES	NO
1. 사람들이 붐비는 도시보다 한적한 시골이 좋다.	( )	( )
2. 전자기기를 잘 다루지 못하는 편이다.	( )	( )
3. 인생에 대해 깊이 생각해 본 적이 없다.	( )	( )
4. 혼자서 식당에 들어가는 것은 전혀 두려운 일이 아니다.	( )	( )
5. 남녀 사이의 연애에서 중요한 것은 돈이다.	( )	( )
6. 걸음걸이가 빠른 편이다.	( )	( )
7. 육류보다 채소류를 더 좋아한다.	( )	( )
8. 소곤소곤 이야기하는 것을 보면 자기에 대해 험담하고 있는 것으로 생각된다.	( )	( )
9. 여럿이 어울리는 자리에서 이야기를 주도하는 편이다.	( )	( )
10. 집에 머무는 시간보다 밖에서 활동하는 시간이 더 많은 편이다.	( )	( )
11. 무엇인가 창조해내는 작업을 좋아한다.	( )	( )
12. 자존심이 강하다고 생각한다.	( )	( )
13. 금방 흥분하는 성격이다.	( )	( )
14. 거짓말을 한 적이 많다.	( )	( )
15. 신경질적인 편이다.	( )	( )
16. 끙끙대며 고민하는 타입이다.	( )	( )
17. 자신이 맡은 일에 반드시 책임을 지는 편이다.	( )	( )
18. 누군가와 마주하는 것보다 통화로 이야기하는 것이 더 편하다.	( )	( )
19. 운동신경이 뛰어난 편이다.	( )	( )
20. 생각나는 대로 말해버리는 편이다.	( )	( )
21. 싫어하는 사람이 없다.	( )	( )
22. 학창시절 국·영·수보다는 예체능 과목을 더 좋아했다.	( )	( )
23. 쓸데없는 고생을 하는 일이 많다.	( )	( )
24. 자주 생각이 바뀌는 편이다.	( )	( )

25. 갈등은 대화로 해결한다. ···( )( )

26. 내 방식대로 일을 한다. ···( )( )

27. 영화를 보고 운 적이 많다. ···( )( )

28. 어떤 것에 대해서도 화낸 적이 없다. ·······································( )( )

29. 좀처럼 아픈 적이 없다. ···( )( )

30. 자신은 도움이 안 되는 사람이라고 생각한다. ·························( )( )

31. 어떤 일이든 쉽게 싫증을 내는 편이다. ···································( )( )

32. 개성적인 사람이라고 생각한다. ···( )( )

33. 자기주장이 강한 편이다. ···( )( )

34. 뒤숭숭하다는 말을 들은 적이 있다. ···( )( )

35. 인터넷 사용이 아주 능숙하다. ···( )( )

36. 사람들과 관계 맺는 것을 보면 잘하지 못한다. ·····················( )( )

37. 사고방식이 독특하다. ···( )( )

38. 대중교통보다는 걷는 것을 더 선호한다. ·································( )( )

39. 끈기가 있는 편이다. ···( )( )

40. 신중한 편이라고 생각한다. ···( )( )

41. 인생의 목표는 큰 것이 좋다. ···( )( )

42. 어떤 일이라도 바로 시작하는 타입이다. ·································( )( )

43. 낯가림을 하는 편이다. ···( )( )

44. 생각하고 나서 행동하는 편이다. ···( )( )

45. 쉬는 날은 밖으로 나가는 경우가 많다. ···································( )( )

46. 시작한 일은 반드시 완성시킨다. ···( )( )

47. 면밀한 계획을 세운 여행을 좋아한다. ·······································( )( )

48. 야망이 있는 편이라고 생각한다. ···( )( )

49. 활동력이 있는 편이다. ···( )( )

50. 많은 사람들과 왁자지껄하게 식사하는 것을 좋아하지 않는다. ·······( )( )

51. 장기적인 계획을 세우는 것을 꺼려한다. ···································( )( )

52. 자기 일이 아닌 이상 무심한 편이다. ···(   )(   )

53. 하나의 취미에 열중하는 타입이다. ···(   )(   )

54. 스스로 모임에서 회장에 어울린다고 생각한다. ··(   )(   )

55. 입신출세의 성공이야기를 좋아한다. ···(   )(   )

56. 어떠한 일도 의욕을 가지고 임하는 편이다. ··(   )(   )

57. 학급에서는 존재가 희미했다. ··(   )(   )

58. 항상 무언가를 생각하고 있다. ··(   )(   )

59. 스포츠는 보는 것보다 하는 게 좋다. ···(   )(   )

60. 문제 상황을 바르게 인식하고 현실적이고 객관적으로 대처한다. ················(   )(   )

61. 흐린 날은 반드시 우산을 가지고 간다. ···(   )(   )

62. 여러 명보다 1 : 1로 대화하는 것을 선호한다. ··(   )(   )

63. 공격하는 타입이라고 생각한다. ···(   )(   )

64. 리드를 받는 편이다. ··(   )(   )

65. 너무 신중해서 기회를 놓친 적이 있다. ···(   )(   )

66. 시원시원하게 움직이는 타입이다. ··(   )(   )

67. 야근을 해서라도 업무를 끝낸다. ···(   )(   )

68. 누군가를 방문할 때는 반드시 사전에 확인한다. ·····································(   )(   )

69. 아무리 노력해도 결과가 따르지 않는다면 의미가 없다. ··························(   )(   )

70. 솔직하고 타인에 대해 개방적이다. ··(   )(   )

71. 유행에 둔감하다고 생각한다. ··(   )(   )

72. 정해진 대로 움직이는 것은 시시하다. ···(   )(   )

73. 꿈을 계속 가지고 있고 싶다. ··(   )(   )

74. 질서보다 자유를 중요시하는 편이다. ··(   )(   )

75. 혼자서 취미에 몰두하는 것을 좋아한다. ···(   )(   )

76. 직관적으로 판단하는 편이다. ··(   )(   )

77. 영화나 드라마를 보며 등장인물의 감정에 이입된다. ·······························(   )(   )

78. 시대의 흐름에 역행해서라도 자신을 관철하고 싶다. ·······························(   )(   )

YES　NO

79. 다른 사람의 소문에 관심이 없다. ···(　)(　)

80. 창조적인 편이다. ···(　)(　)

81. 비교적 눈물이 많은 편이다. ···(　)(　)

82. 융통성이 있다고 생각한다. ···(　)(　)

83. 친구의 휴대전화 번호를 잘 모른다. ·································(　)(　)

84. 스스로 고안하는 것을 좋아한다. ·····································(　)(　)

85. 정이 두터운 사람으로 남고 싶다. ···································(　)(　)

86. 새로 나온 전자제품의 사용방법을 익히는 데 오래 걸린다. ······(　)(　)

87. 세상의 일에 별로 관심이 없다. ·······································(　)(　)

88. 변화를 추구하는 편이다. ···(　)(　)

89. 업무는 인간관계로 선택한다. ···(　)(　)

90. 환경이 변하는 것에 구애되지 않는다. ·······························(　)(　)

91. 다른 사람들에게 첫인상이 좋다는 이야기를 자주 듣는다. ·····(　)(　)

92. 인생은 살 가치가 없다고 생각한다. ·································(　)(　)

93. 의지가 약한 편이다. ···(　)(　)

94. 다른 사람이 하는 일에 별로 관심이 없다. ·························(　)(　)

95. 자주 넘어지거나 다치는 편이다. ·····································(　)(　)

96. 심심한 것을 못 참는다. ···(　)(　)

97. 다른 사람을 욕한 적이 한 번도 없다. ·······························(　)(　)

98. 몸이 아프더라도 병원에 잘 가지 않는 편이다. ···················(　)(　)

99. 금방 낙심하는 편이다. ···(　)(　)

100. 평소 말이 빠른 편이다. ···(　)(　)

101. 어려운 일은 되도록 피하는 게 좋다. ·······························(　)(　)

102. 다른 사람이 내 의견에 간섭하는 것이 싫다. ·····················(　)(　)

103. 낙천적인 편이다. ···(　)(　)

104. 남을 돕다가 오해를 산 적이 있다. ···································(　)(　)

105. 모든 일에 준비성이 철저한 편이다. ·································(　)(　)

106. 상냥하다는 말을 들은 적이 있다. ··( )( )

107. 맑은 날보다 흐린 날을 더 좋아한다. ···( )( )

108. 많은 친구들을 만나는 것보다 단 둘이 만나는 것이 더 좋다. ·················( )( )

109. 평소에 불평불만이 많은 편이다. ···( )( )

110. 가끔 나도 모르게 엉뚱한 행동을 하는 때가 있다. ·······························( )( )

111. 생리현상을 잘 참지 못하는 편이다. ··( )( )

112. 다른 사람을 기다리는 경우가 많다. ··( )( )

113. 술자리나 모임에 억지로 참여하는 경우가 많다. ···································( )( )

114. 결혼과 연애는 별개라고 생각한다. ···( )( )

115. 노후에 대해 걱정이 될 때가 많다. ···( )( )

116. 잃어버린 물건은 쉽게 찾는 편이다. ··( )( )

117. 비교적 쉽게 감격하는 편이다. ··( )( )

118. 어떤 것에 대해서는 불만을 가진 적이 없다. ··( )( )

119. 걱정으로 밤에 못 잘 때가 많다. ···( )( )

120. 자주 후회하는 편이다. ··( )( )

121. 쉽게 학습하지만 쉽게 잊어버린다. ··( )( )

122. 낮보다 밤에 일하는 것이 좋다. ···( )( )

123. 많은 사람 앞에서도 긴장하지 않는다. ··( )( )

124. 상대방에게 감정 표현을 하기가 어렵게 느껴진다. ·································( )( )

125. 인생을 포기하는 마음을 가진 적이 한 번도 없다. ································( )( )

126. 규칙에 대해 드러나게 반발하기보다 속으로 반발한다. ·························( )( )

127. 자신의 언행에 대해 자주 반성한다. ···( )( )

128. 활동범위가 좁아 늘 가던 곳만 고집한다. ··( )( )

129. 나는 끈기가 다소 부족하다. ··( )( )

130. 좋다고 생각하더라도 좀 더 검토하고 나서 실행한다. ··························( )( )

131. 위대한 인물이 되고 싶다. ··( )( )

132. 한 번에 많은 일을 떠맡아도 힘들지 않다. ··( )( )

133. 사람과 약속은 부담스럽다. ··( )( )

134. 질문을 받으면 충분히 생각하고 나서 대답하는 편이다. ·······················( )( )

135. 머리를 쓰는 것보다 땀을 흘리는 일이 좋다. ·····································( )( )

136. 결정한 것에는 철저히 구속받는다. ···( )( )

137. 아무리 바쁘더라도 자기관리를 위한 운동을 꼭 한다. ·······················( )( )

138. 이왕 할 거라면 일등이 되고 싶다. ···( )( )

139. 과감하게 도전하는 타입이다. ···( )( )

140. 자신은 사교적이 아니라고 생각한다. ···( )( )

141. 무심코 도리에 대해서 말하고 싶어진다. ··( )( )

142. 목소리가 큰 편이다. ···( )( )

143. 단념하기보다 실패하는 것이 낫다고 생각한다. ·······························( )( )

144. 예상하지 못한 일은 하고 싶지 않다. ··( )( )

145. 파란만장하더라도 성공하는 인생을 살고 싶다. ·······························( )( )

146. 활기찬 편이라고 생각한다. ···( )( )

147. 자신의 성격으로 고민한 적이 있다. ···( )( )

148. 무심코 사람들을 평가 한다. ···( )( )

149. 때때로 성급하다고 생각한다. ···( )( )

150. 자신은 꾸준히 노력하는 타입이라고 생각한다. ·······························( )( )

151. 터무니없는 생각이라도 메모한다. ···( )( )

152. 리더십이 있는 사람이 되고 싶다. ···( )( )

153. 열정적인 사람이라고 생각한다. ···( )( )

154. 다른 사람 앞에서 이야기를 하는 것이 조심스럽다. ·······················( )( )

155. 세심하기보다 통찰력이 있는 편이다. ···( )( )

156. 엉덩이가 가벼운 편이다. ··( )( )

157. 여러 가지로 구애받는 것을 견디지 못한다. ·····································( )( )

158. 돌다리도 두들겨 보고 건너는 쪽이 좋다. ······································( )( )

159. 자신에게는 권력욕이 있다. ···( )( )

160. 자신의 능력보다 과중한 업무를 할당받으면 기쁘다. ……………………( )( )

161. 사색적인 사람이라고 생각한다. ………………………………………( )( )

162. 비교적 개혁적이다. ………………………………………………………( )( )

163. 좋고 싫음으로 정할 때가 많다. ………………………………………( )( )

164. 전통에 얽매인 습관은 버리는 것이 적절하다. ……………………( )( )

165. 교제 범위가 좁은 편이다. ………………………………………………( )( )

166. 발상의 전환을 할 수 있는 타입이라고 생각한다. …………………( )( )

167. 주관적인 판단으로 실수한 적이 있다. ………………………………( )( )

168. 현실적이고 실용적인 면을 추구한다. …………………………………( )( )

169. 타고난 능력에 의존하는 편이다. ………………………………………( )( )

170. 다른 사람을 의식하여 외모에 신경을 쓴다. ………………………( )( )

171. 마음이 담겨 있으면 선물은 아무 것이나 좋다. ……………………( )( )

172. 여행은 내 마음대로 하는 것이 좋다. …………………………………( )( )

173. 추상적인 일에 관심이 있는 편이다. …………………………………( )( )

174. 큰일을 먼저 결정하고 세세한 일을 나중에 결정하는 편이다. ……( )( )

175. 괴로워하는 사람을 보면 답답하다. ……………………………………( )( )

176. 자신의 가치기준을 알아주는 사람은 아무도 없다. …………………( )( )

177. 인간성이 없는 사람과는 함께 일할 수 없다. ………………………( )( )

178. 상상력이 풍부한 편이라고 생각한다. …………………………………( )( )

179. 의리, 인정이 두터운 상사를 만나고 싶다. …………………………( )( )

180. 인생은 앞날을 알 수 없어 재미있다. …………………………………( )( )

181. 조직에서 분위기 메이커다. ……………………………………………( )( )

182. 반성하는 시간에 차라리 실수를 만회할 방법을 구상한다. ………( )( )

183. 늘 하던 방식대로 일을 처리해야 마음이 편하다. …………………( )( )

184. 쉽게 이룰 수 있는 일에는 흥미를 느끼지 못한다. …………………( )( )

185. 좋다고 생각하면 바로 행동한다. ………………………………………( )( )

186. 후배들은 무섭게 가르쳐야 따라온다. ………………………………( )( )

187. 한 번에 많은 일을 떠맡는 것이 부담스럽다. ··( )( )

188. 능력 없는 상사라도 진급을 위해 아부할 수 있다. ·····································( )( )

189. 질문을 받으면 그때의 느낌으로 대답하는 편이다. ···································( )( )

190. 땀을 흘리는 것보다 머리를 쓰는 일이 좋다. ···( )( )

191. 단체 규칙에 그다지 구속받지 않는다. ···( )( )

192. 물건을 자주 잃어버리는 편이다. ···( )( )

193. 불만이 생기면 즉시 말해야 한다. ···( )( )

194. 안전한 방법을 고르는 타입이다. ···( )( )

195. 사교성이 많은 사람을 보면 부럽다. ···( )( )

196. 성격이 급한 편이다. ···( )( )

197. 갑자기 중요한 프로젝트가 생기면 혼자서라도 야근할 수 있다. ··············( )( )

198. 내 인생에 절대로 포기하는 경우는 없다. ···( )( )

199. 예상하지 못한 일도 해보고 싶다. ···( )( )

200. 평범하고 평온하게 행복한 인생을 살고 싶다. ···( )( )

〉〉 유형 Ⅳ

┃1~15┃ 다음 주어진 보기 중에서 자신과 가장 가깝다고 생각하는 것은 'ㄱ'에 표시하고, 자신과 가장 멀다고 생각하는 것은 'ㅁ'에 표시하시오.

1
① 모임에서 리더에 어울리지 않는다고 생각한다.
② 착실한 노력으로 성공한 이야기를 좋아한다.
③ 어떠한 일에도 의욕이 없이 임하는 편이다.
④ 학급에서는 존재가 두드러졌다.

ㄱ	① ② ③ ④
ㅁ	① ② ③ ④

2
① 아무것도 생각하지 않을 때가 많다.
② 스포츠는 하는 것보다는 보는 게 좋다.
③ 성격이 급한 편이다.
④ 비가 오지 않으면 우산을 가지고 가지 않는다.

ㄱ	① ② ③ ④
ㅁ	① ② ③ ④

3
① 1인자보다는 조력자의 역할을 좋아한다.
② 의리를 지키는 타입이다.
③ 리드를 하는 편이다.
④ 남의 이야기를 잘 들어준다.

ㄱ	① ② ③ ④
ㅁ	① ② ③ ④

4
① 여유 있게 대비하는 타입이다.
② 업무가 진행 중이라도 야근을 하지 않는다.
③ 즉흥적으로 약속을 잡는다.
④ 노력하는 과정이 결과보다 중요하다.

ㄱ	① ② ③ ④
ㅁ	① ② ③ ④

5

① 무리해서 행동할 필요는 없다.

② 유행에 민감하다고 생각한다.

③ 정해진 대로 움직이는 편이 안심된다.

④ 현실을 직시하는 편이다.

ㄱ	① ② ③ ④
ㅁ	① ② ③ ④

6

① 자유보다 질서를 중요시하는 편이다.

② 사람들과 이야기하는 것을 좋아한다.

③ 경험에 비추어 판단하는 편이다.

④ 영화나 드라마는 각본의 완성도나 화면구성에 주목한다.

ㄱ	① ② ③ ④
ㅁ	① ② ③ ④

7

① 혼자 자유롭게 생활하는 것이 편하다.

② 다른 사람의 소문에 관심이 많다.

③ 실무적인 편이다.

④ 비교적 냉정한 편이다.

ㄱ	① ② ③ ④
ㅁ	① ② ③ ④

8

① 협조성이 있다고 생각한다.

② 친한 친구의 휴대폰 번호는 대부분 외운다.

③ 정해진 순서에 따르는 것을 좋아한다.

④ 이성적인 사람으로 남고 싶다.

ㄱ	① ② ③ ④
ㅁ	① ② ③ ④

9
① 단체 생활을 잘 한다.
② 세상의 일에 관심이 많다.
③ 안정을 추구하는 편이다.
④ 도전하는 것이 즐겁다.

ㄱ	① ② ③ ④
ㅁ	① ② ③ ④

10
① 되도록 환경은 변하지 않는 것이 좋다.
② 밝은 성격이다.
③ 지나간 일에 연연하지 않는다.
④ 활동범위가 좁은 편이다.

ㄱ	① ② ③ ④
ㅁ	① ② ③ ④

11
① 자신을 시원시원한 사람이라고 생각한다.
② 좋다고 생각하면 바로 행동한다.
③ 세상에 필요한 사람이 되고 싶다.
④ 한 번에 많은 일을 떠맡는 것은 골칫거리라고 생각한다.

ㄱ	① ② ③ ④
ㅁ	① ② ③ ④

12
① 사람과 만나는 것이 즐겁다.
② 질문을 받으면 그때의 느낌으로 대답하는 편이다.
③ 땀을 흘리는 것보다 머리를 쓰는 일이 좋다.
④ 이미 결정된 것이라도 그다지 구속받지 않는다.

ㄱ	① ② ③ ④
ㅁ	① ② ③ ④

13
① 외출시 문을 잠갔는지 잘 확인하지 않는다.
② 권력욕이 있다.
③ 안전책을 고르는 타입이다.
④ 자신이 사교적이라고 생각한다.

ㄱ	① ② ③ ④
ㅁ	① ② ③ ④

14
① 예절 · 규칙 · 법 따위에 민감하다.
② '참 착하네요'라는 말을 자주 듣는다.
③ 내가 즐거운 것이 최고다.
④ 누구도 예상하지 못한 일을 해보고 싶다.

ㅣ	① ② ③ ④
ㅁ	① ② ③ ④

15
① 평범하고 평온하게 행복한 인생을 살고 싶다.
② 모험하는 것이 좋다.
③ 특별히 소극적이라고 생각하지 않는다.
④ 이것저것 평하는 것이 싫다.

ㄱ	① ② ③ ④
ㅁ	① ② ③ ④

〉〉 유형 V

┃1~20┃ 다음 중 자신이 선호하는 도형의 형태를 고르시오.

1. ① ② ③ ④ ⑤

2. ① ② ③ ④ ⑤

3. ① ② ③ ④ ⑤

4. ① ② ③ ④ ⑤

5. ① ② ③ ④ ⑤

6. ① ② ③ ④ ⑤

7. ① ② ③ ④ ⑤

8. ① ② ③ ④ ⑤

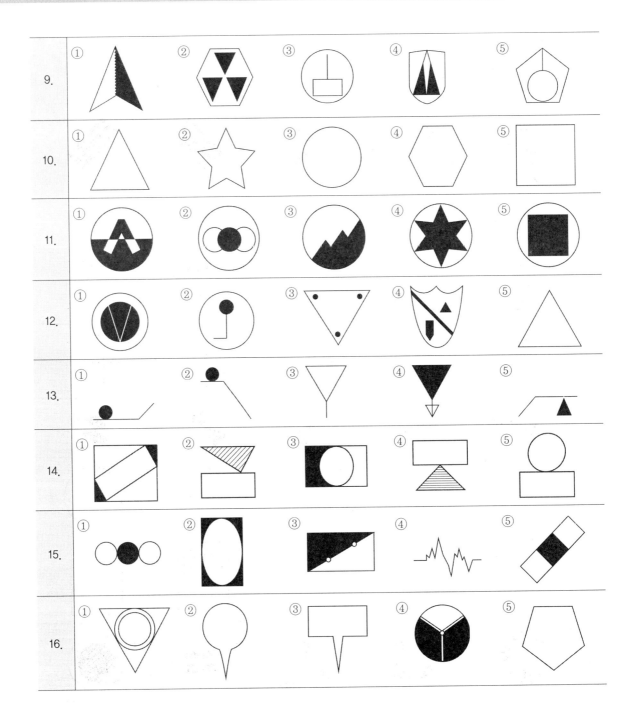

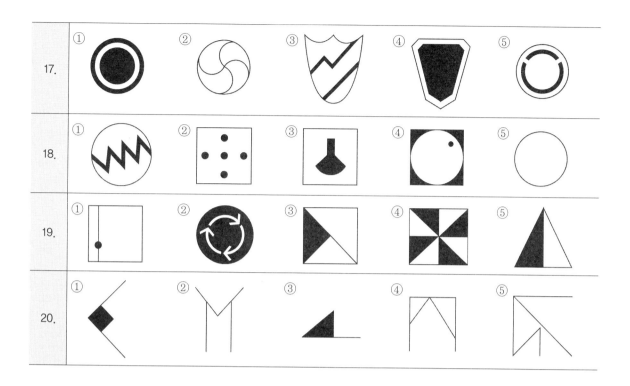

NCS 기반 직무능력시험

의사소통능력

1 의사소통과 의사소통능력

(1) 의사소통

① 개념 … 사람들 간에 생각이나 감정, 정보, 의견 등을 교환하는 총체적인 행위로, 직장생활에서의 의사소통은 조직과 팀의 효율성과 효과성을 성취할 목적으로 이루어지는 구성원 간의 정보와 지식 전달 과정이라고 할 수 있다.

② 기능 … 공동의 목표를 추구해 나가는 집단 내의 기본적 존재 기반이며 성과를 결정하는 핵심 기능이다.

③ 의사소통의 종류
    ㉠ 언어적인 것 : 대화, 전화통화, 토론 등
    ㉡ 문서적인 것 : 메모, 편지, 기획안 등
    ㉢ 비언어적인 것 : 몸짓, 표정 등

④ 의사소통을 저해하는 요인 … 정보의 과다, 메시지의 복잡성 및 메시지 간의 경쟁, 상이한 직위와 과업지향형, 신뢰의 부족, 의사소통을 위한 구조상의 권한, 잘못된 매체의 선택, 폐쇄적인 의사소통 분위기 등

(2) 의사소통능력

① 개념 … 의사소통능력은 직장생활에서 문서나 상대방이 하는 말의 의미를 파악하는 능력, 자신의 의사를 정확하게 표현하는 능력, 간단한 외국어 자료를 읽거나 외국인의 의사표시를 이해하는 능력을 포함한다.

② 의사소통능력 개발을 위한 방법
    ㉠ 사후검토와 피드백을 활용한다.
    ㉡ 명확한 의미를 가진 이해하기 쉬운 단어를 선택하여 이해도를 높인다.
    ㉢ 적극적으로 경청한다.
    ㉣ 메시지를 감정적으로 곡해하지 않는다.

2   의사소통능력을 구성하는 하위능력

(1) 문서이해능력

① 문서와 문서이해능력

 ㉠ 문서 : 제안서, 보고서, 기획서, 이메일, 팩스 등 문자로 구성된 것으로 상대방에게 의사를 전달하여 설득하는 것을 목적으로 한다.

 ㉡ 문서이해능력 : 직업현장에서 자신의 업무와 관련된 문서를 읽고, 내용을 이해하고 요점을 파악할 수 있는 능력을 말한다.

예제 1

다음은 신용카드 약관의 주요내용이다. 규정 약관을 제대로 이해하지 못한 사람은?

> **[부가서비스]**
> 카드사는 법령에서 정한 경우를 제외하고 상품을 새로 출시한 후 1년 이내에 부가서비스를 줄이거나 없앨 수가 없다. 또한 부가서비스를 줄이거나 없앨 경우에는 그 세부내용을 변경일 6개월 이전에 회원에게 알려주어야 한다.
> **[중도 해지 시 연회비 반환]**
> 연회비 부과기간이 끝나기 이전에 카드를 중도해지하는 경우 남은 기간에 해당하는 연회비를 계산하여 10 영업일 이내에 돌려줘야 한다. 다만, 카드 발급 및 부가서비스 제공에 이미 지출된 비용은 제외된다.
> **[카드 이용한도]**
> 카드 이용한도는 카드 발급을 신청할 때에 회원이 신청한 금액과 카드사의 심사기준을 종합적으로 반영하여 회원이 신청한 금액 범위 이내에서 책정되며 회원의 신용도가 변동되었을 때에는 카드사는 회원의 이용한도를 조정할 수 있다.
> **[부정사용 책임]**
> 카드 위조 및 변조로 인하여 발생된 부정사용 금액에 대해서는 카드사가 책임을 진다. 다만, 회원이 비밀번호를 다른 사람에게 알려주거나 카드를 다른 사람에게 빌려주는 등의 중대한 과실로 인해 부정사용이 발생하는 경우에는 회원이 그 책임의 전부 또는 일부를 부담할 수 있다.

① 혜수 : 카드사는 법령에서 정한 경우를 제외하고는 1년 이내에 부가서비스를 줄일 수 없어.

② 진성 : 카드 위조 및 변조로 인하여 발생된 부정사용 금액은 일괄 카드사가 책임을 지게 돼.

③ 영훈 : 회원의 신용도가 변경되었을 때 카드사가 이용한도를 조정할 수 있어.

④ 영호 : 연회비 부과기간이 끝나기 이전에 카드를 중도 해지하는 경우에는 남은 기간에 해당하는 연회비를 카드사는 돌려줘야 해.

[출제의도]
주어진 약관의 내용을 읽고 그에 대한 상세 내용의 정보를 이해하는 능력을 측정하는 문항이다.
[해설]
② 부정사용에 대해 고객의 과실이 있으면 회원이 그 책임의 전부 또는 일부를 부담할 수 있다.

답 ②

② 문서의 종류

    ㉠ **공문서** : 정부기관에서 공무를 집행하기 위해 작성하는 문서로, 단체 또는 일반회사에서 정부기관을 상대로 사업을 진행할 때 작성하는 문서도 포함된다. 엄격한 규격과 양식이 특징이다.

    ㉡ **기획서** : 아이디어를 바탕으로 기획한 프로젝트에 대해 상대방에게 전달하여 시행하도록 설득하는 문서이다.

    ㉢ **기안서** : 업무에 대한 협조를 구하거나 의견을 전달할 때 작성하는 사내 공문서이다.

    ㉣ **보고서** : 특정한 업무에 관한 현황이나 진행 상황, 연구·검토 결과 등을 보고하고자 할 때 작성하는 문서이다.

    ㉤ **설명서** : 상품의 특성이나 작동 방법 등을 소비자에게 설명하기 위해 작성하는 문서이다.

    ㉥ **보도자료** : 정부기관이나 기업체 등이 언론을 상대로 자신들의 정보를 기사화 되도록 하기 위해 보내는 자료이다.

    ㉦ **자기소개서** : 개인이 자신의 성장과정이나, 입사 동기, 포부 등에 대해 구체적으로 기술하여 자신을 소개하는 문서이다.

    ㉧ **비즈니스 레터**(E-mail) : 사업상의 이유로 고객에게 보내는 편지다.

    ㉨ **비즈니스 메모** : 업무상 확인해야 할 일을 메모형식으로 작성하여 전달하는 글이다.

③ **문서이해의 절차** … 문서의 목적 이해→문서 작성 배경·주제 파악→정보 확인 및 현안문제 파악→문서 작성자의 의도 파악 및 자신에게 요구되는 행동 분석→목적 달성을 위해 취해야 할 행동 고려→문서 작성자의 의도를 도표나 그림 등으로 요약·정리

(2) 문서작성능력

① 작성되는 문서에는 대상과 목적, 시기, 기대효과 등이 포함되어야 한다.

② **문서작성의 구성요소**

    ㉠ 짜임새 있는 골격, 이해하기 쉬운 구조

    ㉡ 객관적이고 논리적인 내용

    ㉢ 명료하고 설득력 있는 문장

    ㉣ 세련되고 인상적인 레이아웃

다음은 들은 내용을 구조적으로 정리하는 방법이다. 순서에 맞게 배열하면?

> ㉠ 관련 있는 내용끼리 묶는다.
> ㉡ 묶은 내용에 적절한 이름을 붙인다.
> ㉢ 전체 내용을 이해하기 쉽게 구조화한다.
> ㉣ 중복된 내용이나 덜 중요한 내용을 삭제한다.

① ㉠㉡㉢㉣   ② ㉠㉡㉣㉢
③ ㉡㉠㉢㉣   ④ ㉡㉠㉣㉢

③ 문서의 종류에 따른 작성방법

  ㉠ 공문서

- 육하원칙이 드러나도록 써야 한다.
- 날짜는 반드시 연도와 월, 일을 함께 언급하며, 날짜 다음에 괄호를 사용할 때는 마침표를 찍지 않는다.
- 대외문서이며, 장기간 보관되기 때문에 정확하게 기술해야 한다.
- 내용이 복잡할 경우 '-다음-', '-아래-'와 같은 항목을 만들어 구분한다.
- 한 장에 담아내는 것을 원칙으로 하며, 마지막엔 반드시 '끝'자로 마무리 한다.

  ㉡ 설명서

- 정확하고 간결하게 작성한다.
- 이해하기 어려운 전문용어의 사용은 삼가고, 복잡한 내용은 도표화 한다.
- 명령문보다는 평서문을 사용하고, 동어 반복보다는 다양한 표현을 구사하는 것이 바람직하다.

  ㉢ 기획서

- 상대를 설득하여 기획서가 채택되는 것이 목적이므로 상대가 요구하는 것이 무엇인지 고려하여 작성하며, 기획의 핵심을 잘 전달하였는지 확인한다.
- 분량이 많을 경우 전체 내용을 한눈에 파악할 수 있도록 목차구성을 신중히 한다.
- 효과적인 내용 전달을 위한 표나 그래프를 적절히 활용하고 산뜻한 느낌을 줄 수 있도록 한다.
- 인용한 자료의 출처 및 내용이 정확해야 하며 제출 전 충분히 검토한다.

ⓡ 보고서

- 도출하고자 한 핵심내용을 구체적이고 간결하게 작성한다.
- 내용이 복잡할 경우 도표나 그림을 활용하고, 참고자료는 정확하게 제시한다.
- 제출하기 전에 최종점검을 하며 질의를 받을 것에 대비한다.

예제 3

다음 중 공문서 작성에 대한 설명으로 가장 적절하지 못한 것은?

① 공문서나 유가증권 등에 금액을 표시할 때에는 한글로 기재하고 그 옆에 괄호를 넣어 숫자로 표기한다.
② 날짜는 숫자로 표기하되 년, 월, 일의 글자는 생략하고 그 자리에 온점(.)을 찍어 표시한다.
③ 첨부물이 있는 경우에는 붙임 표시문 끝에 1자 띄우고 "끝."이라고 표시한다.
④ 공문서의 본문이 끝났을 경우에는 1자를 띄우고 "끝."이라고 표시한다.

[출제의도]
업무를 할 때 필요한 공문서 작성법을 잘 알고 있는지를 측정하는 문항이다.
[해설]
공문서 금액 표시
아라비아 숫자로 쓰고, 숫자 다음에 괄호를 하여 한글로 기재한다.
예) 금 123,456원(금 일십이만삼천사백오십육원)

답 ①

---

④ 문서작성의 원칙
  ㉠ 문장은 짧고 간결하게 작성한다(간결체 사용).
  ㉡ 상대방이 이해하기 쉽게 쓴다.
  ㉢ 불필요한 한자의 사용을 자제한다.
  ㉣ 문장은 긍정문의 형식을 사용한다.
  ㉤ 간단한 표제를 붙인다.
  ㉥ 문서의 핵심내용을 먼저 쓰도록 한다(두괄식 구성).

⑤ 문서작성 시 주의사항
  ㉠ 육하원칙에 의해 작성한다.
  ㉡ 문서 작성시기가 중요하다.
  ㉢ 한 사안은 한 장의 용지에 작성한다.
  ㉣ 반드시 필요한 자료만 첨부한다.
  ㉤ 금액, 수량, 일자 등은 기재에 정확성을 기한다.
  ㉥ 경어나 단어사용 등 표현에 신경 쓴다.
  ㉦ 문서작성 후 반드시 최종적으로 검토한다.

⑥ 효과적인 문서작성 요령

   ㉠ **내용이해** : 전달하고자 하는 내용과 핵심을 정확하게 이해해야 한다.

   ㉡ **목표설정** : 전달하고자 하는 목표를 분명하게 설정한다.

   ㉢ **구성** : 내용 전달 및 설득에 효과적인 구성과 형식을 고려한다.

   ㉣ **자료수집** : 목표를 뒷받침할 자료를 수집한다.

   ㉤ **핵심전달** : 단락별 핵심을 하위목차로 요약한다.

   ㉥ **대상파악** : 대상에 대한 이해와 분석을 통해 철저히 파악한다.

   ㉦ **보충설명** : 예상되는 질문을 정리하여 구체적인 답변을 준비한다.

   ㉧ **문서표현의 시각화** : 그래프, 그림, 사진 등을 적절히 사용하여 이해를 돕는다.

(3) 경청능력

① **경청의 중요성** … 경청은 다른 사람의 말을 주의 깊게 들으며 공감하는 능력으로 경청을 통해 상대방을 한 개인으로 존중하고 성실한 마음으로 대하게 되며, 상대방의 입장에 공감하고 이해하게 된다.

② **경청을 방해하는 습관** … 짐작하기, 대답할 말 준비하기, 걸러내기, 판단하기, 다른 생각하기, 조언하기, 언쟁하기, 옳아야만 하기, 슬쩍 넘어가기, 비위 맞추기 등

③ 효과적인 경청방법

   ㉠ **준비하기** : 강연이나 프레젠테이션 이전에 나누어주는 자료를 읽어 미리 주제를 파악하고 등장하는 용어를 익혀둔다.

   ㉡ **주의 집중** : 말하는 사람의 모든 것에 집중해서 적극적으로 듣는다.

   ㉢ **예측하기** : 다음에 무엇을 말할 것인가를 추측하려고 노력한다.

   ㉣ **나와 관련짓기** : 상대방이 전달하고자 하는 메시지를 나의 경험과 관련지어 생각해 본다.

   ㉤ **질문하기** : 질문은 듣는 행위를 적극적으로 하게 만들고 집중력을 높인다.

   ㉥ **요약하기** : 주기적으로 상대방이 전달하려는 내용을 요약한다.

   ㉦ **반응하기** : 피드백을 통해 의사소통을 점검한다.

예제 4

다음은 면접스터디 중 일어난 대화이다. 민아의 고민을 해소하기 위한 조언으로 가장 적절한 것은?

지섭 : 민아씨, 어디 아파요? 표정이 안 좋아 보여요.

민아 : 제가 원서 넣은 공단이 내일 면접이어서요. 그동안 스터디를 통해서 면접 연습을 많이 했는데도 벌써부터 긴장이 되네요.

지섭 : 민아씨는 자기 의견도 명확히 피력할 줄 알고 조리 있게 설명을 잘 하시니 걱정 안하셔도 될 것 같아요. 아, 손에 꽉 쥐고 계신 건 뭔가요?

민아 : 아, 제가 예상 답변을 정리해서 모아둔거에요. 내용은 거의 외웠는데 이렇게 쥐고 있지 않으면 불안해서

지섭 : 그 정도로 준비를 철저히 하셨으면 걱정할 이유 없을 것 같아요.

민아 : 그래도 압박면접이거나 예상치 못한 질문이 들어오면 어떻게 하죠?

지섭 : _____

---

① 시선을 적절히 처리하면서 부드러운 어투로 말하는 연습을 해보는 건 어때요?

② 공식적인 자리인 만큼 옷차림을 신경 쓰는 게 좋을 것 같아요.

③ 당황하지 말고 질문자의 의도를 잘 파악해서 침착하게 대답하면 되지 않을까요?

④ 예상 질문에 대한 답변을 좀 더 정확하게 외워보는 건 어떨까요?

[출제의도]

상대방이 하는 말을 듣고 질문 의도에 따라 올바르게 답하는 능력을 측정하는 문항이다.

[해설]

민아는 압박질문이나 예상치 못한 질문에 대해 걱정을 하고 있으므로 침착하게 대응하라고 조언을 해주는 것이 좋다.

답 ③

(4) 의사표현능력

① 의사표현의 개념과 종류

   ㉠ 개념 : 화사가 자신의 생각과 감징을 칭자에게 음성언이니 신체언어로 표현하는 행위이다.

   ㉡ 종류
   • 공식적 말하기 : 사전에 준비된 내용을 대중을 대상으로 말하는 것으로 연설, 토의, 토론 등이 있다.
   • 의례적 말하기 : 사회·문화적 행사에서와 같이 절차에 따라 하는 말하기로 식사, 주례, 회의 등이 있다.
   • 친교적 말하기 : 친근한 사람들 사이에서 자연스럽게 주고받는 대화 등을 말한다.

② 의사표현의 방해요인

   ㉠ **연단공포증** : 연단에 섰을 때 가슴이 두근거리거나 땀이 나고 얼굴이 달아오르는 등의 현상으로 충분한 분석과 준비, 더 많은 말하기 기회 등을 통해 극복할 수 있다.

ⓛ 말 : 말의 장단, 고저, 발음, 속도, 쉼 등을 포함한다.

ⓒ 음성 : 목소리와 관련된 것으로 음색, 고저, 명료도, 완급 등을 의미한다.

ⓔ 몸짓 : 비언어적 요소로 화자의 외모, 표정, 동작 등이다.

ⓜ 유머 : 말하기 상황에 따른 적절한 유머를 구사할 수 있어야 한다.

③ 상황과 대상에 따른 의사표현법

  ⓝ 잘못을 지적할 때 : 모호한 표현을 삼가고 확실하게 지적하며, 당장 꾸짖고 있는 내용에만 한정한다.

  ⓛ 칭찬할 때 : 자칫 아부로 여겨질 수 있으므로 센스 있는 칭찬이 필요하다.

  ⓒ 부탁할 때 : 먼저 상대방의 사정을 듣고 응하기 쉽게 구체적으로 부탁하며 거절을 당해도 싫은 내색을 하지 않는다.

  ⓔ 요구를 거절할 때 : 먼저 사과하고 응해줄 수 없는 이유를 설명한다.

  ⓜ 명령할 때 : 강압적인 말투보다는 'ㅇㅇ을 이렇게 해주는 것이 어떻겠습니까?'와 같은 식으로 부드럽게 표현하는 것이 효과적이다.

  ⓗ 설득할 때 : 일방적으로 강요하기보다는 먼저 양보해서 이익을 공유하겠다는 의지를 보여주는 것이 좋다.

  ⓢ 충고할 때 : 충고는 가장 최후의 방법이다. 반드시 충고가 필요한 상황이라면 예화를 들어 비유적으로 깨우쳐주는 것이 바람직하다.

  ⓞ 질책할 때 : 샌드위치 화법(칭찬의 말 + 질책의 말 + 격려의 말)을 사용하여 청자의 반발을 최소화한다.

예제 5

당신은 팀장님께 업무 지시내용을 수행하고 결과물을 보고 드렸다. 하지만 팀장님께서는 "최대리 업무를 이렇게 처리하면 어떡하나? 누락된 부분이 있지 않은가."라고 말하였다. 이에 대해 당신이 행할 수 있는 가장 부적절한 대처 자세는?

① "죄송합니다. 제가 잘 모르는 부분이라 이수혁 과장님께 부탁을 했는데 과장님께서 실수를 하신 것 같습니다."

② "주의를 기울이지 못해 죄송합니다. 어느 부분을 수정보완하면 될까요?"

③ "지시하신 내용을 제가 충분히 이해하지 못하였습니다. 내용을 다시 한 번 여쭤보아도 되겠습니까?"

④ "부족한 내용을 보완하는 자료를 취합하기 위해서 하루정도가 더 소요될 것 같습니다. 언제까지 재작성하여 드리면 될까요?"

[출제의도]
상사가 잘못을 지적하는 상황에서 어떻게 대처해야 하는지를 묻는 문항이다.

[해설]
상사가 부탁한 지시사항을 다른 사람에게 부탁하는 것은 옳지 못하며 설사 그렇다고 해도 그 일의 과오에 대해 책임을 전가하는 것은 지양해야 할 자세이다.

답 ①

④ 원활한 의사표현을 위한 지침

  ㉠ 올바른 화법을 위해 독서를 하라.

  ㉡ 좋은 청중이 되라.

  ㉢ 칭찬을 아끼지 마라.

  ㉣ 공감하고, 긍정적으로 보이게 하라.

  ㉤ 겸손은 최고의 미덕임을 잊지 마라.

  ㉥ 과감하게 공개하라.

  ㉦ 뒷말을 숨기지 마라.

  ㉧ 첫마디 말을 준비하라.

  ㉨ 이성과 감성의 조화를 꾀하라.

  ㉩ 대화의 룰을 지켜라.

  ㉪ 문장을 완전하게 말하라.

⑤ 설득력 있는 의사표현을 위한 지침

  ㉠ 'Yes'를 유도하여 미리 설득 분위기를 조성하라.

  ㉡ 대비 효과로 분발심을 불러 일으켜라.

  ㉢ 침묵을 지키는 사람의 참여도를 높여라.

  ㉣ 여운을 남기는 말로 상대방의 감정을 누그러뜨려라.

  ㉤ 하던 말을 갑자기 멈춤으로써 상대방의 주의를 끌어라.

  ㉥ 호칭을 바꿔서 심리적 간격을 좁혀라.

  ㉦ 끄집어 말하여 자존심을 건드려라.

  ㉧ 정보전달 공식을 이용하여 설득하라.

  ㉨ 상대방의 불평이 가져올 결과를 강조하라.

  ㉩ 권위 있는 사람의 말이나 작품을 인용하라.

  ㉪ 약점을 보여 주어 심리적 거리를 좁혀라.

  ㉫ 이상과 현실의 구체적 차이를 확인시켜라.

  ㉬ 자신의 잘못도 솔직하게 인정하라.

  ㉭ 집단의 요구를 거절하려면 개개인의 의견을 물어라.

  ⓐ 동조 심리를 이용하여 설득하라.

  ⓑ 지금까지의 노고를 치하한 뒤 새로운 요구를 하라.

  ⓒ 담당자가 대변자 역할을 하도록 하여 윗사람을 설득하게 하라.

  ⓓ 겉치레 양보로 기선을 제압하라.

  ⓔ 변명의 여지를 만들어 주고 설득하라.

  ⓕ 혼자 말하는 척하면서 상대의 잘못을 지적하라.

(5) 기초외국어능력

① 기초외국어능력의 개념과 필요성

  ㉠ 개념 : 기초외국어능력은 외국어로 된 간단한 자료를 이해하거나, 외국인과의 전화응대와 간단한 대화 등 외국인의 의사표현을 이해하고, 자신의 의사를 기초외국어로 표현할 수 있는 능력이다.

  ㉡ 필요성 : 국제화·세계화 시대에 다른 나라와의 무역을 위해 우리의 언어가 아닌 국제적인 통용어를 사용하거나 그들의 언어로 의사소통을 해야 하는 경우가 생길 수 있다.

② 외국인과의 의사소통에서 피해야 할 행동

  ㉠ 상대를 볼 때 흘겨보거나, 노려보거나, 아예 보지 않는 행동

  ㉡ 팔이나 다리를 꼬는 행동

  ㉢ 표정이 없는 것

  ㉣ 다리를 흔들거나 펜을 돌리는 행동

  ㉤ 맞장구를 치지 않거나 고개를 끄덕이지 않는 행동

  ㉥ 생각 없이 메모하는 행동

  ㉦ 자료만 들여다보는 행동

  ㉧ 바르지 못한 자세로 앉는 행동

  ㉨ 한숨, 하품, 신음소리를 내는 행동

  ㉩ 다른 일을 하며 듣는 행동

  ㉪ 상대방에게 이름이나 호칭을 어떻게 부를지 묻지 않고 마음대로 부르는 행동

③ 기초외국어능력 향상을 위한 공부법

  ㉠ 외국어공부의 목적부터 정하라.

  ㉡ 매일 30분씩 눈과 손과 입에 밸 정도로 반복하라.

  ㉢ 실수를 두려워하지 말고 기회가 있을 때마다 외국어로 말하라.

  ㉣ 외국어 잡지나 원서와 친해져라.

  ㉤ 소홀해지지 않도록 라이벌을 정하고 공부하라.

  ㉥ 업무와 관련된 주요 용어의 외국어는 꼭 알아두자.

  ㉦ 출퇴근 시간에 외국어 방송을 보거나, 듣는 것만으로도 귀가 트인다.

  ㉧ 어린이가 단어를 배우듯 외국어 단어를 암기할 때 그림카드를 사용해 보라.

  ㉨ 가능하면 외국인 친구를 사귀고 대화를 자주 나눠 보라.

출제예상문제

1   다음은 유인입국심사에 대한 설명이다. 옳지 않은 것은?

◆ 유인입국심사 안내
- 입국심사는 국경에서 허가받는 행위로 내외국인 분리심사를 원칙으로 하고 있습니다.
- 외국인(등록외국인 제외)은 입국신고서를 작성하여야 하며, 등록대상인 외국인은 입국일로부터 90일 이내 관할 출입국관리사무소에 외국인 등록을 하여야 합니다.
- 단체사증을 소지한 중국 단체여행객은 입국신고서를 작성하지 않으셔도 됩니다.(청소년 수학여행객은 제외)
- 대한민국 여권을 위·변조하여 입국을 시도하는 외국인이 급증하고 있으므로 다소 불편하시더라도 입국심사관의 얼굴 대조, 질문 등에 적극 협조하여 주시기 바랍니다.
- 외국인 사증(비자) 관련 사항은 법무부 출입국 관리국으로 문의하시기 바랍니다.

◆ 입국신고서 제출 생략
내국인과 90일 이상 장기체류 할 목적으로 출입국사무소에 외국인 등록을 마친 외국인의 경우 입국신고서를 작성하실 필요가 없습니다.

◆ 심사절차

STEP 01	기내에서 입국신고서를 작성하지 않은 외국인은 심사 전 입국신고서를 작성해 주세요.
STEP 02	내국인과 외국인 심사 대기공간이 분리되어 있으니, 줄을 설 때 주의해 주세요. ※ 내국인은 파란선, 외국인은 빨간선으로 입장
STEP 03	심사대 앞 차단문이 열리면 입장해 주세요.
STEP 04	내국인은 여권을, 외국인은 입국신고서와 여권을 심사관에게 제시하고, 심사가 끝나면 심사대를 통과해 주세요. ※ 17세 이상의 외국인은 지문 및 얼굴 정보를 제공해야 합니다.

---

① 등록대상인 외국인은 입국일로부터 90일 이내 관할 출입국관리사무소에 외국인 등록을 하여야 한다.
② 중국 청소년 수학여행객은 단체사증을 소지하였더라도 입국신고서를 작성해야 한다.
③ 모든 외국인은 지문 및 얼굴 정보를 제공해야 한다.
④ 입국심사를 하려는 내국인은 파란선으로 입장해야 한다.
⑤ 내국인은 입국신고서를 작성할 필요가 없다.

✔**해설** ③ 지문 및 얼굴 정보 제공은 17세 이상의 외국인에 해당한다.

2 다음의 업무제휴협약서를 보고 이해한 내용을 기술한 것 중 가장 적절하지 않은 것을 고르면?

〈업무제휴협약〉

㈜○○○과 ★★ CONSULTING(이하 ★★)는 상호 이익 증진을 목적으로 신의성실의 원칙에 따라 다음과 같이 업무협약을 체결합니다.

1. 목적
양사는 각자 고유의 업무영역에서 최선을 다하고 영업의 효율적 진행과 상호 관계의 증진을 통하여 상호 발전에 기여하고 편의를 적극 도모하고자 한다.

2. 업무내용
① ㈜○○○의 A제품 관련 홍보 및 판매
② ★★ 온라인 카페에서 A제품 안내 및 판매
③ A제품 관련 마케팅 제반 정보 상호 제공
④ A제품 판매에 대한 합의된 수수료 지급
⑤ A제품 관련 무료 A/S 제공

3. 업체상호사용
양사는 업무제휴의 목적에 부합하는 경우에 한하여 상대의 상호를 마케팅에 사용 가능하나 사전에 협의된 내용을 변경할 수 없다.

4. 공동마케팅
양사는 상호 이익 증진을 위하여 공동으로 마케팅을 할 수 있다. 공동마케팅을 필요로 할 경우 그 일정과 방법을 상호 협의하여 진행하여야 한다.

5. 협약기간
본 협약의 유효기간은 1년으로 하며, 양사는 매년 초 상호 합의에 의해 유효기간을 1년 단위로 연장할 수 있고 필요 시 업무제휴 내용의 변경이 가능하다.

6. 기타사항
① 양사는 본 협약의 권리의무를 타인에게 양도할 수 없다.
② 양사는 상대방의 상호, 지적재산권 및 특허권 등을 절대 보장하며 침해할 수 없다.
③ 양사는 업무제휴협약을 통해 알게 된 정보에 대해 정보보안을 요청할 경우, 대외적으로 비밀을 유지하여야 한다.

2018년 1월 1일

㈜○○○   ★★ CONSULTING
대표이사 김XX   대표이사 이YY

① 해당 문서는 두 회사의 업무제휴에 대한 전반적인 사항을 명시하기 위해 작성되었다.

② ★★은 자사의 온라인 카페에서 ㈜○○○의 A제품을 판매하고 이에 대해 합의된 수수료를 지급 받는다.

③ ★★은 업무 제휴의 목적에 부합하는 경우에 ㈜○○○의 상호를 마케팅에 사용할 수 있으며 사전에 협의된 내용을 변경할 수 있다.

④ 협약기간에 대한 상호 합의가 없다면, 본 계약은 2018년 12월 31일부로 만료된다.

⑤ ★★은 ㈜○○○의 지적재산권 및 특허권을 절대 보장하며 침해할 수 없다.

✔ 해설 '3. 업체상호사용' 항목에 따르면, 양사는 업무제휴의 목적에 부합하는 경우에 한하여 상대의 상호를 마케팅에 사용 가능하나 사전에 협의된 내용을 변경할 수는 없다.

3 다음은 신협 한아름인터넷대출에 관한 내용이다. 다음의 자료를 참고한 설명 중 옳은 것은?

〈한아름인터넷대출〉

• 인터넷대출은 예 · 적금계좌를 담보로 하는 대출 서비스입니다.
• 인터넷대출 이용에 동의한 예 · 적금계좌가 있을 경우에만 이용 가능하며, 인터넷대출 이용에 동의 되어 있지 않은 경우 계좌개설조합으로 방문하시기 바랍니다.
• 대출 조합별 10만 원 이상 1만 원 단위로 한 계좌당 1회, 예 · 적금 담보계좌의 90% 금액 한도 내, 일일 최대 5천만 원까지 가능합니다.

㉠ 상품 설명
• 대출금 이자는 대출금입금계좌에서 월 1회 자동이체 됩니다.
• 만기일에 자동으로 해지되지 않으며, 인터넷대출 상환메뉴 또는 계좌개설조합을 방문하여 해지할 수 있습니다.

㉡ 대출 내용

대출 대상자	신협에서 인터넷뱅킹 이용 신청을 하신 분으로 공인인증서 이용 중인 실명의 개인
대출 방법	예 · 적금을 담보로 한 범위 내 대출 방식
대출 한도	조합별 예 · 적금 불입액의 90% 최소 10만 원부터 최대 5천만 원까지 1만 원 단위로 가능
대출 처리조합	담보 예 · 적금 개설조합(해당 조합의 금리 적용)
대출 금리	예 · 적금 금리 + 가산 금리
대출 개시일	대출금이 지급된 날
대출 만기일	담보 예 · 적금의 만기일

대출금 납부 방법	중도상환 또는 만기상환, 일부금 상환 또는 전액상환 가능(분할상환 대상 아님)
대출이자 납부 방법	대출거래약정서의 이자 지급 방법에 따라 대출금입금계좌에서 자동이체 처리
기타 유의사항	㉠ 다음의 경우에는 대출이 제한됩니다. • 이미 다른 대출의 담보로 제공되었거나 지급정지 등 권리침해가 있는 경우 • 부기명이 있는 예·적금(종중, 동창회, 종교단체, 공동명의 등) • 미성년자의 예·적금 • 인터넷뱅킹 신규개설 및 재신고(보안카드, OTP변경 등)한 경우 해당일 포함 3영업일 이내 • 예·적금 개설일 포함 2영업일 이내 ㉡ 대출금 지급 이후 대출 취소는 불가(대출금 완제 후 가능) ㉢ 대출금 상환 이후 상환 취소 불가

① 해당 상품의 경우 만기일에 자동으로 해지된다.

② 대출금 지급 후에도 대출 취소가 가능하다.

③ 적금 불입액이 3,000만 원인 甲은 최대 2,700만 원을 대출할 수 있다.

④ 대출금리는 예·적금 금리로 한다.

⑤ 인터넷뱅킹을 신규 개설한 후 다음날 바로 대출이 가능하다.

✔해설 ③ 대출 한도는 조합별 예·적금 불입액의 90% 최소 10만 원부터 최대 5천만 원까지 1만 원 단위로 가능하므로 최대 3,000만 원×0.9 = 2,700만 원을 대출할 수 있다.

① 만기일에 자동으로 해지되지 않으며, 인터넷대출 상환메뉴 또는 계좌개설조합을 방문하여 해지할 수 있다.

② 대출금 지급 이후 대출 취소는 불가능하다.(대출금 완제 후 가능)

④ 대출 금리는 예·적금 금리 + 가산 금리로 한다.

⑤ 인터넷뱅킹 신규개설 및 재신고(보안카드, OTP변경 등)한 경우 해당일 포함 3영업일 이내일 때 대출이 제한된다.

4 다음은 신협중앙회 임직원 윤리행동지침의 일부이다. 다음 내용을 참고한 설명 중 옳지 않은 것은?

제13조(재산의 사적사용·수익 금지)

임직원은 중앙회와 개인 또는 부서 간의 이해가 상충될 경우에는 중앙회의 이익을 우선적으로 고려하여야 하며, 조합원 또는 조합과 이해상충의 관계에 있거나 이해상충이 야기될 수 있는 상황에서 업무를 수행하여야 할 경우에는 준법감시인과 협의하도록 하여야 한다.

제14조(업무관련 정보를 이용한 거래 등의 제한)

임직원은 업무수행과 관련하여 알게 된 미공개 정보를 이용하여 주식 등 유가증권·부동산 등과 관련된 재산상 거래 또는 투자를 하거나 타인에게 그러한 정보를 제공하여 재산상 거래 또는 투자를 돕는 행위를 하여서는 아니 된다.

제15조(금품 등의 수수제한)

㉠ 임직원은 업무관련자로부터 금품 등을 받아서는 아니 된다. 다만, 다음의 어느 하나에 해당하는 경우에는 그러하지 아니한다.
  • 채무의 이행 등 정당한 권원에 의하여 제공되는 금품 등
  • 업무수행상 부득이한 경우에 한하여 제공되는 간소한 식사 또는 교통·통신 등의 편의
  • 업무와 관련된 공식적인 행사에서 주최자가 참석자에게 일률적으로 제공하는 교통·숙박 또는 음식물
  • 불특정 다수인에게 배포하기 위한 기념품 또는 홍보용 물품
  • 질병, 재난 등으로 인하여 어려운 처지에 있는 임직원을 돕기 위하여 공개적으로 제공되는 금품 등
  • 그 밖에 원활한 업무수행 등을 위하여 중앙회장이 허용하는 범위 안에서 제공되는 금품 등

㉡ 임직원은 업무관련임직원으로부터 금품 등을 받아서는 아니 된다. 다만, 다음의 어느 하나에 해당하는 경우에는 그러하지 아니하다.
  • ㉠의 각 호에 해당하는 경우.
  • 5만 원을 초과하지 아니하는 범위 안에서 제공되는 간소한 선물
  • 직원상조회 등에서 공개적으로 제공되는 금품 등
  • 상급자가 하급자에게 위로·격려·포상 등 사기앙양을 목적으로 제공하는 금품 등

㉢ 임직원은 업무관련자이었던 자 또는 업무관련임직원이었던 자로부터 그 당시의 업무와 관련하여 금품 등을 받아서는 아니 된다. 다만, ㉠ 및 ㉡ 각 호의 경우에는 그러하지 아니하다.

제16조(배우자 등의 금품수수 등 제한)

임직원은 배우자 또는 직계존·비속이 제15조의 규정에 의하여 수령이 금지되는 금품 등을 받지 아니하도록 하여야 한다.

① 임직원은 조합원과 이해상충이 야기될 수 있는 상황에서 업무를 수행하여야 할 경우에는 준법감시인과 협의해야 한다.

② 임직원은 불특정 다수인에게 배포하기 위한 기념품을 업무관련자로부터 받을 수 있다.

③ 임직원은 업무관련임직원으로부터 8만 원 상당의 선물은 받을 수 있다.

④ 임직원의 배우자 또한 수령이 금지되는 금품을 업무관련자로부터 받을 수 없다.

⑤ 임직원은 중앙회장이 허용하는 범위 안에서 제공되는 금품은 업무관련자로부터 받을 수 있다.

✔해설 임직원은 업무관련임직원으로부터 금품 등을 받아서는 아니 된다. 다만, 5만 원을 초과하지 아니하는 범위 안에서 제공되는 간소한 선물에 해당하는 경우에는 그러하지 아니하다.

5 다음은 A 출판사 B 대리의 업무보고서이다. 이 업무보고서를 통해 알 수 있는 내용이 아닌 것은?

업무 내용	비고
09:10~10:00 [실내 인테리어] 관련 신간 도서 저자 미팅	※ 외주 업무 진행 보고
10:00~12:30 시장 조사(시내 주요 서점 방문)	1. [보세사] 원고 도착
12:30~13:30 점심식사	2. [월간 무비스타] 영화평론 의뢰
13:30~17:00 시장 조사 결과 분석 및 보고서 작성	
17:00~18:00 영업부 회의 참석	※ 중단 업무
※ 연장근무 1. 문화의 날 사내 행사 기획 회의	1. [한국어교육능력] 기출문제 분석 2. [관광통역안내사] 최종 교정

① B 대리는 A 출판사 영업부 소속이다.

② [월간 무비스타]에 실리는 영화평론은 A 출판사 직원이 쓴 글이 아니다.

③ B 대리는 시내 주요 서점을 방문하고 보고서를 작성하였다.

④ A 출판사에서는 문화의 날에 사내 행사를 진행할 예정이다.

⑤ B 대리의 현재 중단 업무는 2개이다.

✔해설 ① B 대리가 영업부 회의에 참석한 것은 사실이나, 해당 업무보고서만으로 A 출판사 영업부 소속이라고 단정할 수는 없다.

6 〈보기〉를 참조할 때, ㉠과 유사한 예로 볼 수 없는 것은?

> 어머니가 세탁기 버튼을 눌러 놓고는 텔레비전 드라마를 보고 있다. 우리가 이러한 모습을 볼 수 있는 이유는 바로 전자동 세탁기의 등장 때문이다. 전자동 세탁기는 세탁조 안에 탈수조가 있으며 탈수조 바닥에는 물과 빨랫감을 회전시키는 세탁판이 있다. 그리고 세탁조 밑에 클러치가 있는데, 클러치는 모터와 연결되어 있어서 모터의 힘을 세탁판이나 탈수조에 전달한다. 마이크로컴퓨터는 이 장치들을 제어하여 빨래를 하게 한다. 그렇다면 빨래로부터 주부들의 ㉠손을 놓게 한 전자동 세탁기는 어떻게 빨래를 하는가?

> 〈보기〉
> ㉠은 '손(을)'과 '놓다'가 결합하여, 각 단어가 지닌 원래 의미와는 다른 새로운 의미, 즉 '하던 일을 그만두거나 잠시 멈추다.'의 뜻을 나타낸다. 이렇게 두 개 이상의 단어가 만나 새로운 의미를 가지는 경우가 있다.

① 어제부터 모두들 그 식당에 발을 끊었다.
② 모든 학생들이 선생님 말씀에 귀를 기울였다.
③ 결국은 결승전에서 우리 편이 무릎을 꿇었다.
④ 조용히 눈을 감고 미래의 자신의 모습을 생각했다.
⑤ 장에 가신 아버지가 오시기를 목을 빼고 기다렸다.

✔ **해설** ④ '눈을 감고'는 눈꺼풀을 내려 눈동자를 덮는 것을 의미한다. 단어의 본래의 의미가 사용되었으므로 관용적 표현이 아니다.

7 다음은 항공보안 자율신고제도의 FAQ이다. 잘못 이해한 사람은?

Q 누가 신고하나요?

A 누구든지 신고할 수 있습니다.
- 승객(공항이용자) : 여행 중에 항공보안에 관한 불편사항 및 제도개선에 필요한 내용 등을 신고해 주세요.
- 보안업무 종사자 : 업무 수행 중에 항공보안 위해요인 및 항공보안을 해칠 우려가 있는 사항 등을 신고해 주세요.
- 일반업무 종사자 : 공항 및 항공기 안팎에서 업무 수행 중에 항공보안 분야에 도움이 될 사항 등을 신고해 주세요.

Q 무엇을 신고하나요?

A 항공보안 관련 내용은 무엇이든지 가능합니다.
- 항공기내 반입금지 물품이 보호구역(보안검색대 통과 이후 구역) 또는 항공기 안으로 반입된 경우
- 승객과 승객이 소지한 휴대물품 등에 대해 보안검색이 미흡하게 실시된 경우
- 상주직원과 그 직원이 소지한 휴대물품 등에 대해 보안검색이 미흡하게 실시된 경우
- 검색 받은 승객과 받지 않은 승객이 섞이는 경우
- X-ray 및 폭발물흔적탐지장비 등 보안장비가 정상적으로 작동이 되지 않은 상태로 검색이 된 경우
- 공항운영자의 허가를 받지 아니하고 보호구역에 진입한 경우
- 항공기 안에서의 소란 · 흡연 · 폭언 · 폭행 · 성희롱 등 불법행위가 발생된 경우
- 항공보안 기준 위반사항을 인지하거나 국민불편 해소 및 제도개선이 필요한 경우

Q 신고자의 비밀은 보장되나요?

A 「항공보안법」 제33의2에 따라 다음과 같이 신고자와 신고내용이 철저히 보호됩니다.
- 누구든지 자율신고 내용 등을 이유로 신고자에게 불이익한 조치를 하는 경우 1천만 원 이하 과태료 부과
- 신고자의 의사에 반하여 개인정보를 공개할 수 없으며, 신고내용은 보안사고 예방 및 항공보안 확보 목적 이외의 용도로 사용금지

Q 신고한 내용은 어디에 활용되나요?

A 신고내용은 위험분석 및 평가와 개선대책 마련을 통해 국가항공보안 수준을 향상시키는데 활용됩니다.

Q 마시던 음료수는 보안검색대를 통과할 수 있나요?

A 국제선을 이용하실 때에는 100ml 이하 용기에 한해 투명지퍼백(1L)에 담아야 반입이 가능합니다.

---

① 甲 : 공항직원이 아니라도 공항이용자라면 누구든지 신고가 가능하군.

② 乙 : 기내에서 담배를 피우는 사람을 발견하면 신고해야겠네.

③ 丙 : 자율신고자에게 불이익한 조치를 하면 1천만 원 이하의 과태료에 처해질 수 있군.

④ 丁 : 500ml 물병에 물이 100ml 이하로 남았을 경우 1L 투명지퍼백에 담으면 국제선에 반입이 가능하네.

⑤ 戊 : 자율신고를 통해 국가항공보안 수준을 향상시키려는 좋은 제도구나.

✔ 해설 ④ 100ml 이하 용기에 한함으로 500ml 물병에 들어있는 물은 국제선 반입이 불가능하다.

8 다음은 '저출산 문제 해결 방안'에 대한 글을 쓰기 위한 개요이다. ㉠에 들어갈 내용으로 가장 적절한 것은?

Ⅰ. 서론 : 저출산 문제의 심각성
Ⅱ. 본론
  1. 저출산 문제의 원인
    ① 출산과 양육에 대한 부담 증가
    ② 직장 일과 육아 병행의 어려움
  2. 저출산 문제의 해결 방안
    ① 출산과 양육에 대한 사회적 책임 강화
    ② (㉠   )
Ⅲ. 결론 : 해결 방안의 적극적 실천 당부

① 저출산 실태의 심각성

② 미혼율 증가와 1인가구 증가

③ 저출산으로 인한 각종 사회문제 발생

④ 출산율 감소 원인

⑤ 가정을 배려하는 직장 문화 조성

✔ 해설 저출산 문제의 원인으로 '직장 일과 육아 병행의 어려움'이 있으므로 해결 방안으로 '가정을 배려하는 직장 문화 조성'이 들어가야 적절하다.

▌9~10 ▌다음은 어느 회사 약관의 일부이다. 약관을 읽고 물음에 답하시오.

제6조(보증사고)

① 보증사고라 함은 아래에 열거된 보증사고 사유 중 하나를 말합니다.

　1. 보증채권자가 전세계약기간 종료 후 1월까지 정당한 사유 없이 전세보증금을 반환받지 못하였을 때

　2. 전세계약 기간 중 전세목적물에 대하여 경매 또는 공매가 실시되어, 배당 후 보증채권자가 전세보증금을 반환받지 못하였을 때

② 제1항 제1호의 보증사고에 있어서는 전세계약기간이 갱신(묵시적 갱신을 포함합니다)되지 않은 경우에 한합니다.

제7조(보증이행 대상이 아닌 채무)

보증회사는 다음 각 호의 어느 하나에 해당하는 사유가 있는 경우에는 보증 채무를 이행하지 아니합니다.

　1. 천재지변, 전쟁, 내란 기타 이와 비슷한 사정으로 주채무자가 전세계약을 이행하지 못함으로써 발생한 채무

　2. 주채무자의 전세보증금 반환의무 지체에 따른 이자 및 지연손해금

　3. 주채무자가 실제 거주하지 않는 명목상 임차인 등 정상계약자가 아닌 자에게 부담하는 채무

　4. 보증채권자가 보증채무이행을 위한 청구서류를 제출하지 아니하거나 협력의무를 이행하지 않는 등 보증채권자의 책임 있는 사유로 발생하거나 증가된 채무 등

제9조(보증채무 이행청구시 제출서류)

① 보증채권자가 보증채무의 이행을 청구할 때에는 보증회사에 다음의 서류를 제출하여야 합니다.

　1. 보증채무이행청구서

　2. 신분증 사본

　3. 보증서 또는 그 사본(보증회사가 확인 가능한 경우에는 생략할 수 있습니다)

　4. 전세계약이 해지 또는 종료되었음을 증명하는 서류

　5. 명도확인서 또는 퇴거예정확인서

　6. 배당표 등 전세보증금 중 미수령액을 증명하는 서류(경·공매시)

　7. 회사가 요구하는 그 밖의 서류

② 보증채권자는 보증회사로부터 전세계약과 관계있는 서류사본의 교부를 요청받은 때에는 이에 응하여야 합니다.

③ 보증채권자가 제1항 내지 제2항의 서류 중 일부를 누락하여 이행을 청구한 경우 보증회사는 서면으로 기한을 정하여 서류보완을 요청할 수 있습니다.

제18조(분실·도난 등)

보증채권자는 이 보증서를 분실·도난 또는 멸실한 경우에는 즉시 보증회사에 신고하여야 합니다. 만일 신고하지 아니함으로써 일어나는 제반 사고에 대하여 보증회사는 책임을 부담하지 아니합니다.

9 이 회사의 사원 L은 약관을 읽고 질의응답에 답변을 했다. 질문에 대한 답변으로 옳지 않은 것은?

① Q : 2년 전세 계약이 만료되고 묵시적으로 계약이 연장되었는데, 이 경우도 보증사고에 해당하는 건가요?

A : 묵시적으로 전세계약기간이 갱신된 경우에는 보증사고에 해당하지 않습니다.

② Q : 보증서를 분실하였는데 어떻게 해야 하나요?

A : 즉시 보증회사에 신고하여야 합니다. 그렇지 않다면 제반 사고에 대하여 보증회사는 책임지지 않습니다.

③ Q : 주채무자가 전세보증금 반환의무를 지체하는 바람에 생긴 지연손해금도 보증회사에서 이행하는 건가요?

A : 네. 주채무자의 전세보증금 반환의무 지체에 따른 이자 및 지연손해금도 보증 채무를 이행하고 있습니다.

④ Q : 보증회사에 제출해야 하는 서류는 어떤 것들이 있나요?

A : 보증채무이행청구서, 신분증 사본, 보증서 또는 그 사본, 전세계약이 해지 또는 종료되었음을 증명하는 서류, 명도확인서 또는 퇴거예정확인서, 배당표 등 전세보증금중 미수령액을 증명하는 서류(경·공매시) 등이 있습니다.

⑤ Q : 여름 홍수로 인해서 주채무자가 전세계약을 이행하지 못하고 있습니다. 이 경우에도 보증회사가 보증 채무를 이행하는 건가요?

A : 천재지변의 사유가 있는 경우에는 보증 채무를 이행하지 아니합니다.

✔ **해설** ③ 주채무자의 전세보증금 반환의무 지체에 따른 이자 및 지연손해금은 보증 채무를 이행하지 아니한다 (제7조 제2호).

Answer 9.③

10 다음과 같은 상황이 발생하여 적용되는 약관을 찾아보려고 한다. 적용되는 약관의 조항과 그에 대한 대응방안으로 옳은 것은?

> 보증채권자인 A는 보증채무 이행을 청구하기 위하여 보증채무이행청구서, 신분증 사본, 보증서 사본, 명도확인서를 제출하였다. 이를 검토해 보던 사원 L은 A가 전세계약이 해지 또는 종료되었음을 증명하는 서류를 제출하지 않은 것을 알게 되었다. 이 때, 사원 L은 어떻게 해야 하는가?

① 제9조 제2항, 청구가 없었던 것으로 본다.
② 제9조 제2항, 기간을 정해 서류보완을 요청한다.
③ 제9조 제3항, 청구가 없었던 것으로 본다.
④ 제9조 제3항, 기간을 정해 서류보완을 요청한다.
⑤ 제9조 제3항, 처음부터 청구를 다시 하도록 한다.

✔ 해설 보증채권자가 서류 중 일부를 누락하여 이행을 청구한 경우 보증회사는 서면으로 기한을 정하여 서류보완을 요청할 수 있다.

11 다음 글의 밑줄 친 부분을 고쳐 쓰기 위한 방안으로 적절하지 않은 것은?

> 봉사는 자발적으로 이루어지는 것이므로 원칙적으로 아무런 보상이 주어지지 않는다. ㉠ 그리고 적절한 칭찬이 주어지면 자발적 봉사자들의 경우에도 더욱 적극적으로 활동하게 된다고 한다. ㉡ 그러나 이러한 칭찬 대신 일정액의 보상을 제공하면 어떻게 될까? ㉢ 오히려 봉사자들의 동기는 약화된다고 한다. ㉣ 나는 여름방학 동안에 봉사활동을 많이 해 왔다. 왜냐하면 봉사에 대해 주어지는 금전적 보상은 봉사자들에게 그릇된 메시지를 전달하기 때문이다. 봉사에 보수가 주어지면 봉사자들은 다른 봉사자들도 무보수로는 일하지 않는다고 생각할 것이고 언제나 보수를 기대하게 된다. 보수를 기대하게 되면 그것은 봉사라고 하기 어렵다. ㉤ 즉, 자발적 봉사가 사라진 자리를 이익이 남는 거래가 차지하고 만다.

① ㉠은 앞의 문장과는 상반된 내용이므로 '하지만'으로 고쳐 쓴다.

② ㉡에서 만일의 상황을 가정하므로 '그러나'는 '만일'로 고쳐 쓴다.

③ ㉢'오히려'는 뒤 내용이 일반적 예상과는 다른 결과가 될 것임을 암시하는데, 이는 적절하므로 그대로 둔다.

④ ㉣은 글의 내용과는 관련 없는 부분이므로 삭제한다.

⑤ ㉤의 '즉'은 '예를 들면'으로 고쳐 쓴다.

✔ 해설 ⑤ '즉'은 옳게 쓰여진 것으로 고쳐 쓰면 안 된다.

Answer 10.④ 11.⑤

12 다음 자료는 H전자 50주년 기념 프로모션에 대한 안내문이다. 안내문을 보고 이해한 내용으로 틀린 사람을 모두 고른 것은?

H전자 50주년 기념행사 안내

50년이라는 시간동안 저희 H전자를 사랑해주신 고객여러분들께 감사의 마음을 전하고자 아래와 같이 행사를 진행합니다. 많은 이용 부탁드립니다.

– 아래 –

1. 기간 : 20××년 12월 1일~ 12월 15일
2. 대상 : 전 구매고객
3. 내용 : 구매 제품별 혜택 상이

제품명		혜택	비고
노트북	H-100	• 15% 할인 • 2년 무상 A/S • 사은품 : 노트북 파우치 or 5GB USB(택1)	현금결제 시 할인금액의 5% 추가 할인
	H-105		
세탁기	H 휘롬	• 20% 할인 • 사은품 : 세제 세트, 고급 세탁기커버	전시상품 구매 시 할인금액의 5% 추가 할인
TV	스마트 H TV	• 46in 구매시 LED TV 21.5in 무상 증정	
스마트폰	H-Tab20	• 10만 원 할인(H카드 사용 시) • 사은품 : 샤오밍 10000mAh 보조배터리	–
	H-V10	• 8만 원 할인(H카드 사용 시) • 사은품 : 샤오밍 5000mAh 보조배터리	–

4. 기타 : 기간 내에 H카드로 매장 방문 20만 원 이상 구매고객에게 1만 서비스 포인트를 더 드립니다.
5. 추첨행사 안내 : 매장 방문고객 모두에게 추첨권을 드립니다(1인 1매).

등수	상품
1등상(1명)	H캠-500D
2등상(10명)	샤오밍 10000mAh 보조배터리
3등상(500명)	스타베네 상품권(1만 원)

※ 추첨권 당첨자는 20××년 12월 25일 www.H-digital.co.kr에서 확인하실 수 있습니다.

ㄱ 수미 : H-100 노트북을 현금으로 사면 20%나 할인 받을 수 있구나.

ㄴ 병진 : 스마트폰 할인을 받으려면 H카드가 있어야 해.

ㄷ 지수 : 46in 스마트 H TV를 사면 같은 기종의 작은 TV를 사은품으로 준대.

ㄹ 효정 : H전자에서 할인 혜택을 받으려면 H카드나 현금만 사용해야 하나봐.

① 수미

② 병진, 지수

③ 수미, 효정

④ 수미, 병진, 효정

⑤ 수미, 지수, 효정

> ✔ 해설 　ㄱ 15% 할인 후 가격에서 5%가 추가로 할인되는 것이므로 20%보다 적게 할인된다.
> 　　　　ㄴ 위 안내문과 일치한다.
> 　　　　ㄷ 같은 기종이 아닌 LED TV가 증정된다.
> 　　　　ㄹ 노트북, 세탁기, TV는 따로 H카드를 사용해야 한다는 항목이 없으므로 옳지 않다.

13~14 다음 글을 순서대로 바르게 배열한 것을 고르시오.

13

> 저소득 계층을 위한 지원 방안으로는 대상자에게 현금을 직접 지급하는 소득보조, 생활필수품의 가격을 할인해 주는 가격보조 등이 있다.
>
> ㈎ 특별한 조건이 없다면 최적의 소비선택은 무차별 곡선과 예산선의 접점에서 이루어진다.
>
> ㈏ 또한 X재, Y재를 함께 구매했을 때, 만족도가 동일하게 나타나는 X재와 Y재 수량을 조합한 선을 무차별 곡선이라고 한다.
>
> ㈐ 그런데 소득보조나 가격보조가 실시되면 실질 소득의 증가로 예산선이 변하고, 이에 따라 소비자마다 만족하는 상품 조합도 변하게 된다.
>
> ㈑ 이 제도들을 이해하기 위해서는 먼저 대체효과와 소득효과의 개념을 아는 것이 필요하다.
>
> ㈒ 어떤 소비자가 X재와 Y재만을 구입한다고 할 때, 한정된 소득 범위 내에서 최대로 구입 가능한 X재와 Y재의 수량을 나타낸 선을 예산선이라고 한다.
>
> 즉 예산선과 무차별 곡선의 변화에 따라 각 소비자의 최적 선택지점도 변하는 것이다.

① ㈎ – ㈏ – ㈑ – ㈒ – ㈐

② ㈐ – ㈒ – ㈎ – ㈏ – ㈑

③ ㈑ – ㈒ – ㈏ – ㈎ – ㈐

④ ㈒ – ㈎ – ㈏ – ㈐ – ㈑

⑤ ㈏ – ㈎ – ㈒ – ㈐ – ㈑

> ✔해설 ㈑ '이 제도'라는 것을 보아 앞에 제도에 대한 설명이 있음을 알 수 있다. 따라서 제시된 글의 바로 뒤에 와야 한다.
> ㈒ ㈑에서 개념을 아는 것이 필요하다고 했으므로 뒤에서 설명이 시작됨을 알 수 있다.
> ㈏ '또한'이라는 말을 통해 ㈒의 이야기에 연결된다는 것을 알 수 있다.
> ㈎ 예산선과 무차별 곡선에 대한 이야기가 나오고, 특별한 조건이 없다면 이 둘의 접점에서 최적의 소비선택이 이루어진다고 말하고 있다.
> ㈐ '그런데' 이후는 ㈎에서 제시된 특별한 조건에 해당한다.

14

제약 산업은 1960년대 냉전 시대부터 지금까지 이윤율 1위를 계속 고수해 온 고수익 산업이다.

(가) 또 미국은 미-싱가폴 양자 간 무역 협정을 통해 특허 기간을 20년에서 50년으로 늘렸고, 이를 다른 나라와의 무역 협정에도 적용하려 하고 있다.

(나) 다국적 제약사를 갖고 있는 미국 등 선진국들이 지적 재산권을 적극적으로 주장하는 핵심적인 이유도 이런 독점을 이용한 이윤 창출에 있다.

(다) 이 이윤율의 크기는 의약품 특허에 따라 결정되는데 독점적인 특허권을 바탕으로 '마음대로' 정해진 가격이 유지되고 있다.

(라) 이를 위해 다국적 제약 회사와 해당 국가들은 지적 재산권을 제도화하고 의약품 특허를 더욱 강화하고 있다.

(마) 제약 산업은 냉전 시대에는 군수 산업보다 높은 이윤을 창출하였고, 신자유주의 시대인 지금은 은행보다 더 높은 평균이윤율을 자랑하고 있다.

① (나) - (라) - (가) - (마) - (다)

② (다) - (가) - (라) - (나) - (마)

③ (다) - (라) - (나) - (가) - (마)

④ (마) - (나) - (다) - (라) - (가)

⑤ (마) - (다) - (나) - (라) - (가)

✔해설 첫 번째 문장에 제약 산업에 관한 글이 제시되었다. 제약 산업에 관한 연결된 글로 (마)가 적절하다. (마)에서 제시된 평균이윤율을 (다)에서 '이 이윤율'이라고 하여 설명하고 있으므로 (마) - (다)의 순서가 된다. (나)의 '이런 독점'이라는 단어를 통해 (다)의 독점을 이용한 이윤 창출이라는 말과 연결된다는 것을 알 수 있다. (라)의 '이를 위해'는 (나)의 '이런 독점을 이용한 이윤 창출'과 연결되고, (가)에서는 (라)의 구체적 사례를 들고 있다.

15 다음 글을 통해 답을 찾을 수 없는 질문은?

　　사진은 자신의 주관대로 끌고 가야 한다. 일정한 규칙이 없는 사진 문법으로 의사 소통을 하고자 할 때 필요한 것은 대상이 되는 사물의 객관적 배열이 아니라 주관적 조합이다. 어떤 사물을 어떻게 조합해서 어떤 생각이나 느낌을 나타내는가 하는 것은 작가의 주관적 판단에 의할 수밖에 없다. 다만 철저하게 주관적으로 엮어야 한다는 것만은 확실하다.

　　주관적으로 엮고, 사물을 조합한다고 해서 소위 '만드는 사진'처럼 합성을 하고 이중 촬영을 하라는 뜻은 아니다. 특히 요즈음 디지털 사진이 보편화되면서 포토샵을 이용한 합성이 많이 보이지만, 그런 것을 권하려는 것이 아니다. 사물을 있는 그대로 찍되, 주위 환경과 어떻게 어울리게 하여 어떤 의미로 살려 낼지를 살펴서 그들끼리 연관을 지을 줄 아는 능력을 키우라는 뜻이다.

　　사람들 중에는 아직도 사진이 객관적인 매체라고 오해하는 사람들이 퍽 많다. 그러나 사진의 형태만 보면 객관적일 수 있지만, 내용으로 들어가 보면 객관성은 한 올도 없다. 어떤 대상을 찍을 것인가 하는 것부터가 주관적인 선택 행위이다. 아름다움을 표현하기 위해서 꽃을 찍는 사람이 있는가 하면 꽃 위를 나는 나비를 찍는 사람도 있을 것이고 그 곁의 여인을 찍는 사람도 있을 것이다. 이처럼 어떤 대상을 택하는가 하는 것부터가 주관적인 작업이며, 이것이 사진이라는 것을 머리에 새겨 두고 사진에 임해야 한다. 특히 그 대상을 어떻게 찍을 것인가로 들어가면 이제부터는 전적으로 주관적인 행위일 수밖에 없다. 렌즈의 선택, 셔터 스피드나 조리개 값의 결정, 대상과의 거리 정하기 등 객관적으로는 전혀 찍을 수 없는 것이 사진이다. 그림이나 조각만이 주관적 예술은 아니다.

　　때로 객관적이고자 하는 마음으로 접근할 수도 있기는 하다. 특히 다큐멘터리 사진의 경우 상황을 객관적으로 파악, 전달하고자 하는 마음은 이해가 되지만, 어떤 사람도 완전히 객관적으로 접근할 수는 없다. 그 객관이라는 것도 그 사람 입장에서의 객관이지 절대적 객관이란 이 세상에 있을 수가 없는 것이다. 더구나 예술로서의 사진으로 접근함에 있어서야 말할 것도 없는 문제이다. 객관적이고자 하는 시도도 과거의 예술에서 있기는 했지만, 그 역시 객관적이고자 실험을 해 본 것일 뿐 객관적 예술을 이루었다는 것은 아니다.

　　예술이 아닌 단순 매체로서의 사진이라 해도 객관적일 수는 없다. 그 이유는 간단하다. 사진기가 저 혼자 찍으면 모를까, 찍는 사람이 있는 한 그 사람의 생각과 느낌은 어떻게든지 그 사진에 작용을 한다. 하다못해 무엇을 찍을 것인가 하는 선택부터가 주관적인 행위이다. 더구나 예술로서, 창작으로서의 사진은 주관을 배제하고는 존재조차 할 수 없다는 사실을 깊이 새겨서, 언제나 '나는 이렇게 보았다. 이렇게 생각한다. 이렇게 느꼈다.'라는 점에 충실하도록 노력해야 할 것이다.

① 사진의 주관성을 염두에 두어야 하는 까닭은 무엇인가?

② 사진으로 의사 소통을 하고자 할 때 필요한 것은 무엇인가?

③ 단순 매체로서의 사진도 객관적일 수 없는 까닭은 무엇인가?

④ 사진의 객관성을 살리기 위해서는 구체적으로 어떤 작업을 해야 하는가?

⑤ 사진을 찍을 때 사물을 주관적으로 엮고 조합하라는 것은 어떤 의미인가?

✔해설 ④ 이 글에서는 사진의 주관성에 대해 설명하면서 주관적으로 사진을 찍어야 함을 강조하고 있을 뿐, 사진을 객관적으로 찍으려면 어떻게 작업해야 한다는 구체적인 정보는 나와 있지 않다.

16 다음은 주문과 다른 물건을 배송 받은 Mr. Hopkins에게 보내는 사과문이다. 순서를 바르게 나열한 것은?

> Dear Mr. Hopkins
> a. We will send you the correct items free of delivery charge.
> b. We are very sorry to hear that you received the wrong order.
> c. Once again, please accept our apologies for the inconvenience, and we look forward to serving you again in the future.
> d. Thank you for your letter dated October 23 concerning your recent order.
> e. Apparently, this was caused by a processing error.

① c − e − a − d − b

② d − b − e − a − c

③ b − c − a − e − d

④ e − a − b − d − c

⑤ a − e − d − b − c

✔해설 「Mr. Hopkins에게
　　d. 당신의 최근 주문에 관한 10월 23일의 편지 감사합니다.
　　b. 당신이 잘못된 주문을 받았다니 매우 유감스럽습니다.
　　e. 듣자 하니, 이것은 프로세싱 오류로 인해 야기되었습니다.
　　a. 우리는 무료배송으로 당신에게 정확한 상품을 보낼 것입니다.
　　c. 다시 한 번, 불편을 드린 것에 대한 저희의 사과를 받아주시길 바라오며, 장래에 다시 서비스를 제공할 수 있기를 기대합니다.」

Answer 15.④ 16.②

17 다음은 안전한 스마트뱅킹을 위한 스마트폰 정보보호 이용자 6대 안전수칙이다. 다음 안전수칙에 따르지 않은 행동은?

1. 의심스러운 애플리케이션 다운로드하지 않기
   스마트폰용 악성코드는 위·변조된 애플리케이션에 의해 유포될 가능성이 있습니다. 따라서 의심스러운 애플리케이션의 다운로드를 자제하시기 바랍니다.

2. 신뢰할 수 없는 사이트 방문하지 않기
   의심스럽거나 알려지지 않은 사이트를 방문할 경우 정상 프로그램으로 가장한 악성 프로그램이 사용자 몰래 설치될 수 있습니다. 인터넷을 통해 단말기가 악성코드에 감염되는 것을 예방하기 위해서 신뢰할 수 없는 사이트에는 방문 하지 않도록 합니다.

3. 발신인이 불명확하거나 의심스러운 메시지 및 메일 삭제하기
   멀티미디어메세지(MMS)와 이메일은 첨부파일 기능을 제공하기 때문에 스마트폰 악성코드를 유포하기 위한 좋은 수단으로 사용되고 있습니다. 해커들은 게임이나 공짜 경품지급, 혹은 유명인의 사생활에 대한 이야기 등 자극적이거나 흥미로운 내용을 전달하여 사용자를 현혹하는 방법으로 악성코드를 유포하고 있습니다. 발신인이 불명확하거나 의심스러운 메시지 및 메일은 열어보지 마시고 즉시 삭제하시기 바랍니다.

4. 블루투스 등 무선인터페이스는 사용 시에만 켜놓기
   지금까지 국외에서 발생한 스마트폰 악성코드의 상당수가 무선인터페이스의 일종인 블루투스(Bluetooth) 기능을 통해 유포된 것으로 조사되고 있습니다. 따라서 블루투스나 무선랜을 사용하지 않을 경우에는 해당 기능을 비활성화(꺼놓음) 하는 것이 필요합니다. 이로써 악성코드 감염 가능성을 줄일 뿐만 아니라 단말기의 불필요한 배터리 소모를 막을 수 있습니다.

5. 다운로드한 파일은 바이러스 유무를 검사한 후 사용하기
   스마트폰용 악성프로그램은 인터넷을 통해 특정 프로그램이나 파일에 숨겨져 유포될 수 있으므로, 프로그램이나 파일을 다운로드하여 실행하고자 할 경우 가급적 스마트폰용 백신프로그램으로 바이러스 유무를 검사한 후 사용하는 것이 좋습니다.

6. 비밀번호 설정 기능을 이용하고 정기적으로 비밀번호 변경하기
   단말기를 분실 혹은 도난당했을 경우 개인정보가 유출되는 것을 방지하기 위하여 단말기 비밀번호를 설정하여야 합니다. 또한 단말기를 되찾은 경우라노 악의를 가진 누군가에 의해 악성코드가 설치될 수 있기 때문에 비밀번호 설정은 중요합니다. 제품출시 시 기본으로 제공되는 비밀번호(예 : "0000")를 반드시 변경하여 사용하시기 바라며, 비밀번호를 설정할 때에는 유추하기 쉬운 비밀번호(예 : "1111", "1234" 등)는 사용하지 않도록 합니다.

① 봉순이는 유명인 A씨에 대한 사생활 내용이 담긴 MMS를 받아서 열어보고선 삭제했다.
② 형식이는 개인정보 유출을 방지하기 위해 1개월에 한번 씩 비밀번호를 변경하고 있다.
③ 음악을 즐겨듣는 지수는 블루투스를 사용하지 않을 때에는 항상 블루투스를 꺼놓는다.
④ 평소 의심이 많은 봉기는 신뢰할 수 없는 사이트는 절대 방문하지 않는다.
⑤ 해진이는 스마트폰으로 파일을 다운로드 한 경우는 반드시 바이러스 유무를 검사한 후 사용한다.

✔해설 ① 발신인이 불명확하거나 의심스러운 메시지 및 메일은 열어보지 말고 즉시 삭제해야 한다.

18 다음 글의 문맥으로 보아 밑줄 친 단어의 쓰임이 올바른 것은?

> 우리나라의 저임금 근로자가 소규모 사업체 또는 자영업자에게 많이 고용되어 있기 때문에 최저임금의 급하고 과도한 인상은 많은 자영업자의 추가적인 인건비 인상을 ㉠표출할 것이다. 이것은 최저임금위원회의 심의 과정에서 지속적으로 논의된 사안이며 ㉡급박한 최저임금 인상에 대한 가장 강력한 반대 논리이기도 하다. 아마도 정부가 최저임금 결정 직후에 매우 포괄적인 자영업 지원 대책을 발표한 이유도 이것 때문으로 보인다. 정부의 대책에는 기존의 자영업 지원 대책을 비롯하여 1차 분배를 개선하기 위한 장·단기적인 대책과 단기적 충격 완화를 위한 현금지원까지 포함되어 있다. 현금지원의 1차적인 목적은 자영업자 보호이지만 최저임금제도가 근로자 보호를 위한 제도이기 때문에 궁극적인 목적은 근로자의 고용 안정 도모이다. 현금지원에 고용안정자금이라는 꼬리표가 달린 이유도 이 때문일 것이다.
>
> 정부의 현금지원 발표 이후 이에 대한 비판이 쏟아졌다. 비판의 요지는 자영업자에게 최저임금 인상으로 인한 추가적인 인건비 부담을 현금으로 지원할거면 최저임금을 덜 올리고 현금지원 예산으로 근로 장려세제를 ㉢축소하면 되지 않느냐는 것이다. 그러나 이는 두 정책의 대상을 ㉣혼동하기 때문에 제기되는 주장이라고 판단된다. 최저임금은 1차 분배 단계에서 임금근로자를 보호하기 위한 제도적 틀이고 근로 장려세제는 취업의 의지가 낮은 노동자의 노동시장 참여를 ㉤유보하기 위해 고안된 사회부조(2차 분배)라는 점을 기억해야 할 것이다. 물론 현실적으로 두 정책의 적절한 조합이 필요할 것이다.

① ㉠   ② ㉡
③ ㉢   ④ ㉣
⑤ ㉤

✔해설 '구별하지 못하고 뒤섞어서 생각하다.'의 '혼동'은 올바르게 사용된 단어이며, '혼돈'으로 잘못 쓰지 않도록 주의해야 한다.
① 최저임금 인상이 자영업자의 추가적인 인건비 인상을 발생시키는 원인이 된다는 내용이므로 '표출'이 아닌 '초래'하는 것이라고 표현해야 한다.
② 앞의 내용으로 보아 급하고 과도한 최저임금 인상에 대한 수식어가 될 것이므로 '급격한'이 올바른 표현이다.
③ 최저임금 인상 대신 그만큼에 해당하는 근로 장려세제를 '확대'하는 것의 의미를 갖는 문장이다.
⑤ 취업 의지가 낮은 노동자들을 노동시장으로 참여시킨다는 의미가 포함된 문장이므로 그대로 둔다는 의미의 '유보'가 아닌, '유인'이 적절한 표현이 된다.

19 다음 글의 핵심적인 논지를 바르게 정리한 것은?

주먹과 손바닥으로 상징되는 이항 대립 체계는 롤랑 바르트도 지적하고 있듯이 서구 문화의 뿌리를 이루고 있는 기본 체계이다. 천사와 악마, 영혼과 육신, 선과 악, 괴물을 죽여야 공주와 행복한 결혼을 한다는 이른바 세인트 조지 콤플렉스가 바로 서구 문화의 본질이었다고 할 수 있다. 그러니까 서양에는 이항 대립의 중간항인 가위가 결핍되어 있었던 것이다. 주먹과 보자기만 있는 대립항에서는 어떤 새로운 변화도 일어나지 않는다. 항상 이기는 보자기와 지는 주먹의 대립만이 존재한다.

서양에도 가위바위보와 같은 민속놀이가 있긴 하지만 그것은 동아시아에서 들어온 것이라고 한다. 그들은 이런 놀이를 들여옴으로써 서양 문화가 논리적 배중률이니 모순율이니 해서 극력 배제하려고 했던 가위의 힘, 말하자면 세 손가락은 닫혀 있고 두 손가락은 펴 있는 양쪽의 성질을 모두 갖춘 중간항을 발견하였다. 열려 있으면서도 닫혀 있는 가위의 존재, 그 때문에 이항 대립의 주먹과 보자기의 세계에 새로운 생기와 신상삼이 생겨난다. 주먹은 가위를 이기고 가위는 보자기를 이기며 보자기는 주먹을 이기는, 그 어느 것도 정상에 이를 수 없으며 그 어느 것도 밑바닥에 깔리지 않는 서열 없는 관계가 형성되는 것이다.

유교에서 말하는 중용(中庸)도 가위의 기호 체계로 보면 정태론이 아니라 강력한 동태적 생성력으로 해석될 수 있을 것이다. 그것은 단순한 균형이나 조화가 아니라 주먹과 보자기의 가치 시스템을 파괴하고 새로운 질서를 끌어내는 혁명의 원리라고도 볼 수 있다. 〈역경(易經)〉을 서양 사람들이 변화의 서(書)라고 부르듯이 중용 역시 변화를 전제로 한 균형이며 조화라는 것을 잊어서는 안 된다. 쥐구멍에도 볕들 날이 있다는 희망은 이와 같이 변화의 상황에서만 가능한 꿈이라고 할 수 있다.

요즘 서구에서 일고 있는 '제3의 길'이란 것은 평등과 자유가 이항 대립으로 치닫고 있는 것을 새로운 가위의 패러다임으로 바꾸려는 시도라고 풀이할 수 있다. 지난 냉전 체제는 바로 정치 원리인 평등을 극단적으로 추구하는 구소련의 체제와 경제 원리인 자유를 극대화한 미국 체제의 충돌이었다고 할 수 있다. 이 '바위-보'의 대립 구조에 새로운 가위가 끼어들면서 구소련은 붕괴하고 자본주의는 승리라기보다 새로운 패러다임의 전환점에 서 있게 된 것이다. 새 천년의 21세기는 새로운 게임, 즉 가위바위보의 게임으로 상징된다고도 볼 수 있다. 화식과 생식의 요리 모델밖에 모르는 서구 문화에 화식(火食)도 생식(生食)도 아닌 발효식의 한국 김치가 들어가게 되면 바로 그러한 가위 문화가 생겨나게 되는 것이다.

역사학자 홉스봄의 지적대로 20세기는 극단의 시대였다. 이런 대립적인 상황이 열전이나 냉전으로 나타나 1억 8천만 명의 전사자를 낳는 비극을 만들었다. 전쟁만이 아니라 정신과 물질의 양극화로 환경은 파괴되고 세대의 갈등과 양성의 대립은 가족의 붕괴, 윤리의 붕괴를 일으키고 있다. 원래 예술과 기술은 같은 것이었으나 그것이 양극화되어 이상과 현실의 간극처럼 되고 인간 생활의 균형을 깨뜨리고 말았다. 이런 위기에서 벗어나기 위해 우리는 주먹과 보자기의 대립을 조화시키고 융합하는 방법을 찾아야 할 것이다.

① 예술과 기술의 조화를 이룬 발전을 이루어야 한다.

② 미래의 사회는 자유와 평등을 함께 구현하여야 한다.

③ 동양 문화의 장점을 살려 새로운 문화를 창조해야 한다.

④ 이분법적인 사고에서 벗어나 새로운 발상을 하여야 한다.

⑤ 냉전 시대의 해체로 화합과 조화의 자세가 요구되고 있다.

✔ 해설 ④ 이분법적인 사고를 바탕으로 한 이항 대립의 한계(서구 문화)를 극복하고, 새로운 패러다임(중간항의 존재)으로 전환해야 한다는 논지를 전개하고 있다.

20 다음은 은행을 사칭한 대출 주의 안내문이다. 이에 대한 설명으로 옳지 않은 것은?

> 항상 ○○은행을 이용해 주시는 고객님께 감사드립니다.
>
> 최근 ○○은행을 사칭하면서 대출 협조문이 Fax로 불특정 다수에게 발송되고 있어 각별한 주의가 요망됩니다. ○○은행은 절대로 Fax를 통해 대출 모집을 하지 않으니 아래의 Fax 발견시 즉시 폐기하시기 바랍니다.
>
> > 아래 내용을 검토하시어 자금문제로 고민하는 대표이하 직원 여러분들에게 저의 은행의 금융정보를 공유할 수 있도록 업무협조 부탁드립니다.
> >
> > 수신 : 직장인 및 사업자
> > 발신 : ○○은행 여신부
> > 여신상담전화번호 : 070-xxxx-xxxx
> >
> > | 대상 | 직장인 및 개인/법인 사업자 |
> > |---|---|
> > | 금리 | 개인신용등급적용 (최저 4.8~) |
> > | 연령 | 만 20세~만 60세 |
> > | 상환 방식 | 1년만기일시상환, 원리금균등분할상환 |
> > | 대출 한도 | 100만 원~1억 원 |
> > | 대출 기간 | 12개월~최장 60개월까지 설정가능 |
> > | 서류 안내 | 공통서류 – 신분증
직장인 – 재직, 소득서류
사업자 – 사업자 등록증, 소득서류 |
>
> ※ 기타사항
> - 본 안내장의 내용은 법률 및 관련 규정 변경시 일부 변경될 수 있습니다.
> - 용도에 맞지 않을 시, 연락 주시면 수신거부 처리 해드리겠습니다.
>
> 현재 ○○은행을 사칭하여 문자를 보내는 불법업체가 기승입니다. ○○은행에서는 본 안내장 외엔 문자를 발송치 않으니 이점 유의하시어 대처 바랍니다.

① Fax 수신문에 의하면 최대 대출 한도는 1억 원까지이다.
② Fax로 수신되는 대출 협조문은 ○○은행에서 보낸 것이 아니다.
③ 대출 주의 안내문은 수신거부 처리가 가능하다.
④ Fax로 수신되는 대출 협조문은 즉시 폐기하여야 한다.
⑤ ○○은행에서는 대출 협조문을 문자로 발송한다.

✔해설 ⑤ ○○은행에서는 본 안내장 외엔 문자를 발송하지 않는다.

21 다음은 고령화 시대의 노인 복지 문제라는 제목으로 글을 쓰기 위해 수집한 자료이다. 자료를 모두 종합하여
    설정할 수 있는 논지 전개 방향으로 가장 적절한 것은?

⊙ 노령화 지수 추이(통계청)

연도	1990	2000	2010	2020	2030
노령화 지수	20.0	34.3	62.0	109.0	186.6

※ 노령화 지수 : 유년인구 100명당 노령인구

ⓒ 경제 활동 인구 한 명당 노인 부양 부담이 크게 증가할 것으로 예상된다. 노인 인구에 대한 의료
  비 증가로 건강 보험 재정도 위기 상황에 처할 수 있을 것으로 보인다. 향후 노인 요양 시설 및
  재가(在家) 서비스를 위해 부담해야 할 투자비용도 막대하다.

                                                           – 00월 00일 ○○뉴스 중

ⓒ 연금 보험이나 의료 보험 같은 혜택도 중요하지만 우리 같은 노인이 경제적으로 독립할 수 있도
  록 일자리를 만들어 주는 것이 더 중요한 것 같습니다.

                                                           – 정년 퇴직자의 인터뷰 중 –

---

① 노인 인구의 증가 속도에 맞춰 노인 복지 예산 마련이 시급한 상황이다. 노인 복지 예산을 마
   련하기 위한 구체적 방안은 무엇인가?

② 노인 인구의 급격한 증가로 여러 가지 사회 문제가 나타날 것으로 예상된다. 이러한 상황의 심
   각성을 사람들에게 어떻게 인식시킬 것인가?

③ 노인 인구의 증가가 예상되면서 노인 복지 대책 또한 절실히 요구되고 있다. 이러한 상황에서
   노인 복지 정책의 바람직한 방향은 무엇인가?

④ 노인 인구가 증가하면서 노인 복지 정책에 대한 노인들의 불만도 높아지고 있다. 이러한 불만
   을 해소하기 위해서 정부는 어떠한 노력을 해야 하는가?

⑤ 현재 정부의 노인 복지 정책이 마련되어 있기는 하지만 실질적인 복지 혜택으로 이어지지 않고
   있다. 이러한 현상이 나타나게 된 근본 원인은 무엇인가?

✔해설 ⊙ⓒ을 통해 노인인구 증가에 대한 문제제기를 제기하고, ⓒ을 통해 노인 복지 정책의 바람직한 방향을
       금전적인 복지보다는 경제적인 독립, 즉 일자리 창출 등으로 잡아야 한다고 논지를 전개해야 한다.

22 다음은 라디오 대담의 일부이다. 대담 참여자의 말하기 방식에 대한 설명으로 적절하지 않은 것은?

진행자 : 청취자 여러분, 안녕하세요. 오늘은 ○○ 법률 연구소에 계신 법률 전문가를 모시고 생활 법률 상식을 배워보겠습니다. 안녕하세요?

전문가 : 네, 안녕하세요. 오늘은 '정당행위'에 대해 말씀드리고자 합니다. 먼저 여러분께 문제 하나 내 보겠습니다. 만약 스파이더맨이 도시를 파괴하려는 악당들과 싸우다 남의 건물을 부쉈다면, 부서진 건물은 누가 배상해야 할까요?

진행자 : 일반적인 경우라면 건물을 부순 사람이 보상해야겠지만, 이런 경우에 정의를 위해 악당과 싸운 스파이더맨에게 보상을 요구하는 것은 좀 지나친 것 같습니다.

전문가 : 청취자 여러분들도 이와 비슷한 생각을 하실 것 같은데요, 이런 경우에는 스파이더맨의 행위를 악당으로부터 도시를 지키기 위한 행위로 보고 민법 761조 1항에 의해 배상책임을 면할 수 있도록 하고 있습니다. 이때 스파이더맨의 행위를 '정당행위'라고 합니다.

진행자 : 아, 그러니까 악당으로부터 도시를 지키기 위해 싸운 스파이더맨의 행위가 '정당행위'이고, 정당행위로 인한 부득이한 손해는 배상할 필요가 없다는 뜻이군요.

전문가 : 네, 맞습니다. 그래야 스파이더맨의 경우처럼 불의를 보고 나섰다가 오히려 손해를 보는 일 이 없겠죠.

진행자 : 그런데 문득 이런 의문이 드네요. 만약 스파이더맨에게 배상을 받을 수 없다면 건물 주인은 누구에게 배상을 받을 수 있을까요?

전문가 : 그래서 앞서 말씀드린 민법 동일 조항에서는 정당행위로 인해 손해를 입은 사람이 애초에 불 법행위를 저질러 손해의 원인을 제공한 사람에게 배상을 청구할 수 있도록 하고 있습니다. 즉 건물 주인은 악당에게 손해배상을 청구할 수 있습니다.

① 진행자는 화제와 관련된 질문을 던지며 대담을 진전시키고 있다.
② 진행자는 전문가가 한 말의 핵심 내용을 재확인함으로써 청취자들의 이해를 돕고 있다.
③ 전문가는 청취자가 관심을 가질 질문을 던져 화제에 집중도를 높이고 있다.
④ 전문가는 구체적인 법률 근거를 제시하여 신뢰성을 높이고 있다.
⑤ 전문가는 추가적인 정보를 제시함으로써 진행자의 오해를 바로 잡고 있다.

✔해설 제시문은 라디오 대담 상황으로, 진행자와 전문가의 대담을 통해 '정당행위'의 개념과 배상 책임 면제에 관한 법리를 쉽게 설명해 주고 있다. 전문가는 마지막 말에서 추가적인 정보를 제시하고 있지만 그것을 통해 진행자의 오해를 바로잡고 있는 것은 아니다.

23 문화체육관광부 홍보팀에 근무하는 김문화씨는 '탈춤'에 관한 영상물을 제작하는 프로젝트를 맡게 되었다. 제작계획서 중 다음의 제작 회의 결과가 제대로 반영되지 않은 것은?

- 제목 : 탈춤 체험의 기록임이 나타나도록 표현
- 주 대상층 : 탈춤에 무관심한 젊은 세대
- 내용 : 실제 경험을 통해 탈춤을 알아가고 가까워지는 과정을 보여 주는 동시에 탈춤에 대한 정보를 함께 제공
- 구성 : 간단한 이야기 형식으로 구성
- 전달방식 : 정보들을 다양한 방식으로 전달

〈제작계획서〉

제목	'기획 특집 – 탈춤 속으로 떠나는 10일간의 여행'	①
제작 의도	젊은 세대에게 우리 고유의 문화유산인 탈춤에 대한 관심을 불러일으킨다.	②
전체 구성	중심 얼개	• 대학생이 우리 문화 체험을 위해 탈춤이 전승되는 마을을 찾아가는 상황을 설정한다. • 탈춤을 배우기 시작하여 마지막 날에 공연으로 마무리한다는 줄거리로 구성한다.	③
	보조 얼개	탈춤에 대한 정보를 별도로 구성하여 중간 중간에 삽입한다.	
전달 방식	해설	내레이션을 통해 탈춤에 대한 학술적 이견들을 깊이 있게 제시하여 탈춤에 조예가 깊은 시청자들의 흥미를 끌도록 한다.	④
	영상 편집	• 탈에 대한 정보를 시각 자료로 제시한다. • 탈춤의 종류, 지역별 탈춤의 특성 등에 대한 그래픽 자료를 보여 준다. • 탈춤 연습 과정과 공연 장면을 현장감 있게 보여 준다.	⑤

✔**해설** ④ 해당 영상물의 제작 의도는 탈춤에 무관심한 젊은 세대를 대상으로 하여 우리 고유의 문화유산인 탈춤에 대한 관심을 불러일으키기 위한 것이다. 따라서 탈춤에 대한 학술적 이견들을 깊이 있게 제시하는 것은 제작 의도와 맞지 않는다.

Answer 22.⑤ 23.④

|24~25| 다음은 어느 공항의 〈교통약자 공항이용안내〉의 일부이다. 이를 읽고 물음에 답하시오.

패스트트랙
- Fast Track을 이용하려면 교통약자(보행장애인, 7세 미만 유소아, 80세 이상 고령자, 임산부, 동반여객 2인 포함)는 본인이 이용하는 항공사의 체크인카운터에서 이용대상자임을 확인 받고 'Fast Track Pass'를 받아 Fast Track 전용출국장인 출국장 1번, 6번 출국장입구에서 여권과 함께 제시하면 됩니다.
- 인천공항 동편 전용출국통로(Fast Track, 1번 출국장), 오전7시 ~ 오후7시까지 운영 중이며, 운영상의 미비점을 보완하여 정식운영(동·서편, 전 시간 개장)을 개시할 예정에 있습니다.

휠체어 및 유모차 대여
공항 내 모든 안내데스크에서 휠체어 및 유모차를 필요로 하는 분께 무료로 대여하여 드리고 있습니다.

장애인 전용 화장실
- 여객터미널 내 화장실마다 최소 1실의 장애인 전용화장실이 있습니다.
- 장애인분들의 이용 편의를 위하여 넓은 출입구와 내부공간, 버튼식자동문, 비상벨, 센서작동 물내림 시설을 설치하였으며 항상 깨끗하게 관리하여 편안한 공간이 될 수 있도록 하고 있습니다.

주차대행 서비스
- 공항에서 허가된 주차대행 서비스(유료)를 이용하시면 보다 편리하고 안전하게 차량을 주차하실 수 있습니다.
- 경차, 장애인, 국가유공자의 경우 할인된 금액으로 서비스를 이용하실 수 있습니다.

장애인 주차 요금 할인
주차장 출구의 유인부스를 이용하는 장애인 차량은 장애인증을 확인 후 일반주차요금의 50%를 할인하여 드리고 있습니다.

휠체어 리프트 서비스
- 장기주차장에서 여객터미널까지의 이동이 불편한 장애인, 노약자 등 교통약자의 이용 편의 증진을 위해 무료 이동 서비스를 제공하여 드리고 있습니다.
- 여객터미널↔장기주차장, 여객터미널↔화물터미널행의 모든 셔틀버스에 휠체어 탑승리프트를 설치, 편안하고 안전하게 모시고 있습니다.

24 다음 교통약자를 위한 서비스 중 무료로 이용할 수 있는 서비스만으로 묶인 것은?

① 주차대행 서비스, 장애인 전용 화장실 이용

② 장애인 차량 주차, 휠체어 및 유모차 대여

③ 휠체어 및 유모차 대여, 휠체어 리프트 서비스

④ 휠체어 및 유모차 대여, 주차대행 서비스

⑤ 장애인 차량 주차, 휠체어 리프트 서비스

> ✔해설 ①④ 주차대행 서비스가 유료이다.
> ②⑤ 장애인 차량은 장애인증 확인 후 일반주차요금의 50%가 할인된다.

25 Fast Track 이용 가능한 교통약자가 아닌 사람은?

① 80세 고령자   ② 임산부

③ 보행장애인   ④ 8세 아동

⑤ 6세 유아

> ✔해설 Fast Track 이용 가능한 교통약자는 보행장애인, 7세 미만 유소아, 80세 이상 고령자, 임산부, 동반여객 2인이다.

CHAPTER 02 수리능력

1 직장생활과 수리능력

(1) 기초직업능력으로서의 수리능력

① **개념** … 직장생활에서 요구되는 사칙연산과 기초적인 통계를 이해하고 도표의 의미를 파악하거나 도표를 이용해서 결과를 효과적으로 제시하는 능력을 말한다.

② 수리능력은 크게 기초연산능력, 기초통계능력, 도표분석능력, 도표작성능력으로 구성된다.
    ㉠ **기초연산능력** : 직장생활에서 필요한 기초적인 사칙연산과 계산방법을 이해하고 활용할 수 있는 능력
    ㉡ **기초통계능력** : 평균, 합계, 빈도 등 직장생활에서 자주 사용되는 기초적인 통계기법을 활용하여 자료의 특성과 경향성을 파악하는 능력
    ㉢ **도표분석능력** : 그래프, 그림 등 도표의 의미를 파악하고 필요한 정보를 해석하는 능력
    ㉣ **도표작성능력** : 도표를 이용하여 결과를 효과적으로 제시하는 능력

(2) 업무수행에서 수리능력이 활용되는 경우

① 업무상 계산을 수행하고 결과를 정리하는 경우

② 업무비용을 측정하는 경우

③ 고객과 소비자의 정보를 조사하고 결과를 종합하는 경우

④ 조직의 예산안을 작성하는 경우

⑤ 업무수행 경비를 제시해야 하는 경우

⑥ 다른 상품과 가격비교를 하는 경우

⑦ 연간 상품 판매실적을 제시하는 경우

⑧ 업무비용을 다른 조직과 비교해야 하는 경우

⑨ 상품판매를 위한 지역조사를 실시해야 하는 경우

⑩ 업무수행과정에서 도표로 주어진 자료를 해석하는 경우

⑪ 도표로 제시된 업무비용을 측정하는 경우

예제 1

다음 자료를 보고 주어진 상황에 대한 물음에 답하시오.

〈근로소득에 대한 간이 세액표〉

월 급여액(천 원) [비과세 및 학자금 제외]		공제대상 가족 수				
이상	미만	1	2	3	4	5
2,500	2,520	38,960	29,280	16,940	13,570	10,190
2,520	2,540	40,670	29,960	17,360	13,990	10,610
2,540	2,560	42,380	30,640	17,790	14,410	11,040
2,560	2,580	44,090	31,330	18,210	14,840	11,460
2,580	2,600	45,800	32,680	18,640	15,260	11,890
2,600	2,620	47,520	34,390	19,240	15,680	12,310
2,620	2,640	49,230	36,100	19,900	16,110	12,730
2,640	2,660	50,940	37,810	20,560	16,530	13,160
2,660	2,680	52,650	39,530	21,220	16,960	13,580
2,680	2,700	54,360	41,240	21,880	17,380	14,010
2,700	2,720	56,070	42,950	22,540	17,800	14,430
2,720	2,740	57,780	44,660	23,200	18,230	14,850
2,740	2,760	59,500	46,370	23,860	18,650	15,280

※ 갑근세는 제시되어 있는 간이 세액표에 따름
※ 주민세＝갑근세의 10%
※ 국민연금＝급여액의 4.50%
※ 고용보험＝국민연금의 10%
※ 건강보험＝급여액의 2.90%
※ 교육지원금＝분기별 100,000원(매 분기별 첫 달에 지급)

박○○ 사원의 5월 급여내역이 다음과 같고 전월과 동일하게 근무하였으나 특별수당은 없고 차량지원금으로 100,000원을 받게 된다면, 6월에 받게 되는 급여는 얼마인가? (단, 원 단위 절삭)

(주) 서원플랜테크 5월 급여내역			
성명	박○○	지급일	5월 12일
기본급여	2,240,000	갑근세	39,530
직무수당	400,000	주민세	3,950
명절 상여금		고용보험	11,970
특별수당	20,000	국민연금	119,700
차량지원금		건강보험	77,140
교육지원		기타	
급여계	2,660,000	공제합계	252,290
		지급총액	2,407,710

① 2,443,910

② 2,453,910

③ 2,463,910

④ 2,473,910

[출제의도]
업무상 계산을 수행하거나 결과를 정리하고 업무비용을 측정하는 능력을 평가하기 위한 문제로서, 주어진 자료에서 문제를 해결하는 데에 필요한 부분을 빠르고 정확하게 찾아내는 것이 중요하다.

[해설]

기본 급여	2,240,000	갑근세	46,370
직무 수당	400,000	주민세	4,630
명절 상여금		고용 보험	12,330
특별 수당		국민 연금	123,300
차량 지원금	100,000	건강 보험	79,460
교육 지원		기타	
급여계	2,740,000	공제 합계	266,090
		지급 총액	2,473,910

답 ④

(3) 수리능력의 중요성

① 수학적 사고를 통한 문제해결

② 직업세계의 변화에의 적응

③ 실용적 가치의 구현

(4) 단위환산표

구분	단위환산
길이	$1cm = 10mm$, $1m = 100cm$, $1km = 1,000m$
넓이	$1cm^2 = 100mm^2$, $1m^2 = 10,000cm^2$, $1km^2 = 1,000,000m^2$
부피	$1cm^3 = 1,000mm^3$, $1m^3 = 1,000,000cm^3$, $1km^3 = 1,000,000,000m^3$
들이	$1m\ell = 1cm^3$, $1d\ell = 100cm^3$, $1L = 1,000cm^3 = 10d\ell$
무게	$1kg = 1,000g$, $1t = 1,000kg = 1,000,000g$
시간	1분 = 60초, 1시간 = 60분 = 3,600초
할푼리	1푼 = 0.1할, 1리 = 0.01할, 1모 = 0.001할

예제 2

둘레의 길이가 4.4km인 정사각형 모양의 공원이 있다. 이 공원의 넓이는 몇 a인가?

① 12,100a

② 1,210a

③ 121a

④ 12.1a

[출제의도]
길이, 넓이, 부피, 들이, 무게, 시간, 속도 등 단위에 대한 기본적인 환산 능력을 평가하는 문제로서, 소수점 계산이 필요하며, 자릿수를 읽고 구분할 줄 알아야 한다.

[해설]
공원의 한 변의 길이는
$4.4 \div 4 = 1.1(km)$이고
$1km^2 = 10,000a$이므로
공원의 넓이는
$1.1km \times 1.1km = 1.21km^2$
$\qquad\qquad\qquad = 12,100a$

답 ①

2 수리능력을 구성하는 하위능력

(1) 기초연산능력

① **사칙연산** ··· 수에 관한 덧셈, 뺄셈, 곱셈, 나눗셈의 네 종류의 계산법으로 업무를 원활하게 수행하기 위해서는 기본적인 사칙연산뿐만 아니라 다단계의 복잡한 사칙연산까지도 수행할 수 있어야 한다.

② **검산** ··· 연산의 결과를 확인하는 과정으로 대표적인 검산방법으로 역연산과 구거법이 있다.

  ㉠ **역연산** : 덧셈은 뺄셈으로, 뺄셈은 덧셈으로, 곱셈은 나눗셈으로, 나눗셈은 곱셈으로 확인하는 방법 이다.

  ㉡ **구거법** : 원래의 수와 각 자리 수의 합이 9로 나눈 나머지가 같다는 원리를 이용한 것으로 9를 버리고 남은 수로 계산하는 것이다.

예제 3

다음 식을 바르게 계산한 것은?

$$1 + \frac{2}{3} + \frac{1}{2} - \frac{3}{4}$$

① $\dfrac{13}{12}$ ② $\dfrac{15}{12}$

③ $\dfrac{17}{12}$ ④ $\dfrac{19}{12}$

[출제의도]
직장생활에서 필요한 기초적인 사칙연산과 계산방법을 이해하고 활용할 수 있는 능력을 평가하는 문제로서, 분수의 계산과 통분에 대한 기본적인 이해가 필요하다.
[해설]
$$\frac{12}{12} + \frac{8}{12} + \frac{6}{12} - \frac{9}{12} = \frac{17}{12}$$

답 ③

---

(2) 기초통계능력

① **업무수행과 통계**

  ㉠ **통계의 의미** : 통계란 집단현상에 대한 구체적인 양적 기술을 반영하는 숫자이다.

  ㉡ **업무수행에 통계를 활용함으로써 얻을 수 있는 이점**

  • 많은 수량적 자료를 처리가능하고 쉽게 이해할 수 있는 형태로 축소

  • 표본을 통해 연구대상 집단의 특성을 유추

  • 의사결정의 보조수단

  • 관찰 가능한 자료를 통해 논리적으로 결론을 추출·검증

ⓒ 기본적인 통계치
- 빈도와 빈도분포 : 빈도란 어떤 사건이 일어나거나 증상이 나타나는 정도를 의미하며, 빈도분포란 빈도를 표나 그래프로 종합적으로 표시하는 것이다.
- 평균 : 모든 사례의 수치를 합한 후 총 사례 수로 나눈 값이다.
- 백분율 : 전체의 수량을 100으로 하여 생각하는 수량이 그중 몇이 되는가를 퍼센트로 나타낸 것이다.

② 통계기법
ⓐ 범위와 평균
- 범위 : 분포의 흩어진 정도를 가장 간단히 알아보는 방법으로 최곳값에서 최젓값을 뺀 값을 의미한다.
- 평균 : 집단의 특성을 요약하기 위해 가장 자주 활용하는 값으로 모든 사례의 수치를 합한 후 총 사례 수로 나눈 값이다.
- 관찰값이 1, 3, 5, 7, 9일 경우 범위는 $9 - 1 = 8$이 되고, 평균은 $\dfrac{1+3+5+7+9}{5} = 5$가 된다.

ⓑ 분산과 표준편차
- 분산 : 관찰값의 흩어진 정도로, 각 관찰값과 평균값의 차의 제곱의 평균이다.
- 표준편차 : 평균으로부터 얼마나 떨어져 있는가를 나타내는 개념으로 분산값의 제곱근 값이다.
- 관찰값이 1, 2, 3이고 평균이 2인 집단의 분산은 $\dfrac{(1-2)^2 + (2-2)^2 + (3-2)^2}{3} = \dfrac{2}{3}$이고 표준편차는 분산값의 제곱근 값인 $\sqrt{\dfrac{2}{3}}$이다.

③ 통계자료의 해석
ⓐ 다섯숫자요약
- 최솟값 : 원자료 중 값의 크기가 가장 작은 값
- 최댓값 : 원자료 중 값의 크기가 가장 큰 값
- 중앙값 : 최솟값부터 최댓값까지 크기에 의하여 배열했을 때 중앙에 위치하는 사례의 값
- 하위 25%값 · 상위 25%값 : 원자료를 크기 순으로 배열하여 4등분한 값
ⓑ **평균값과 중앙값** : 평균값과 중앙값은 그 개념이 다르기 때문에 명확하게 제시해야 한다.

인터넷 쇼핑몰에서 회원가입을 하고 디지털캠코더를 구매하려고 한다. 다음은 구입하고자 하는 모델에 대하여 인터넷 쇼핑몰 세 곳의 가격과 조건을 제시한 표이다. 표에 있는 모든 혜택을 적용하였을 때 디지털캠코더의 배송비를 포함한 실제 구매가격을 바르게 비교한 것은?

구분	A 쇼핑몰	B 쇼핑몰	C 쇼핑몰
정상가격	129,000원	131,000원	130,000원
회원혜택	7,000원 할인	3,500원 할인	7% 할인
할인쿠폰	5% 쿠폰	3% 쿠폰	5,000원
중복할인여부	불가	가능	불가
배송비	2,000원	무료	2,500원

① A<B<C
② B<C<A
③ C<A<B
④ C<B<A

[출제의도]
직장생활에서 자주 사용되는 기초적인 통계기법을 활용하여 자료의 특성과 경향성을 파악하는 능력이 요구되는 문제이다.

[해설]
㉠ A 쇼핑몰
• 회원혜택을 선택한 경우 : 129,000 − 7,000 + 2,000 = 124,000(원)
• 5% 할인쿠폰을 선택한 경우 : 129,000 × 0.95 + 2,000 = 124,550
㉡ B 쇼핑몰 :
131,000 × 0.97 − 3,500 = 123,570
㉢ C 쇼핑몰
• 회원혜택을 선택한 경우 :
130,000 × 0.93 + 2,500 = 123,400
• 5,000원 할인쿠폰을 선택한 경우 :
130,000 − 5,000 + 2,500 = 127,500
∴ C<B<A

답 ④

(3) 도표분석능력

① 도표의 종류
  ㉠ 목적별 : 관리(계획 및 통제), 해설(분석), 보고
  ㉡ 용도별 : 경과 그래프, 내역 그래프, 비교 그래프, 분포 그래프, 상관 그래프, 계산 그래프
  ㉢ 형상별 : 선 그래프, 막대 그래프, 원 그래프, 점 그래프, 층별 그래프, 레이더 차트

② 도표의 활용

　　㉠ 선 그래프

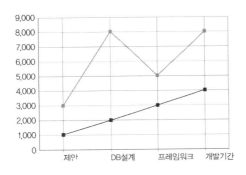

- 주로 시간의 경과에 따라 수량에 의한 변화 상황(시
  계열 변화)을 절선의 기울기로 나타내는 그래프이다.
- 경과, 비교, 분포를 비롯하여 상관관계 등을 나타낼
  때 쓰인다.

　　㉡ 막대 그래프

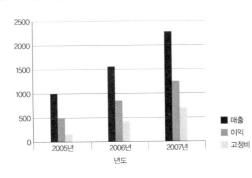

- 비교하고자 하는 수량을 막대 길이로 표시하고 그
  길이를 통해 수량 간의 대소관계를 나타내는 그래
  프이다.
- 내역, 비교, 경과, 도수 등을 표시하는 용도로 쓰
  인다.

　　㉢ 원 그래프

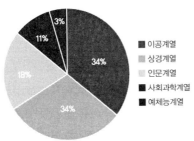

- 내역이나 내용의 구성비를 원을 분할하여 나타낸
  그래프이다.
- 전체에 대해 부분이 차지하는 비율을 표시하는 용
  도로 쓰인다.

ⓔ 점 그래프

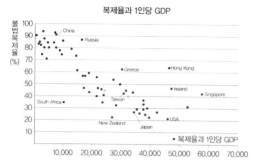

- 종축과 횡축에 2요소를 두고 보고자 하는 것이 어떤 위치에 있는가를 나타내는 그래프이다.
- 지역분포를 비롯하여 도시, 기방, 기업, 상품 등의 평가나 위치 · 성격을 표시하는데 쓰인다.

ⓜ 층별 그래프

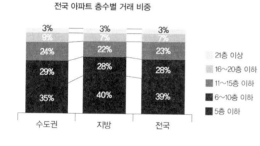

- 선 그래프의 변형으로 연속내역 봉 그래프라고 할 수 있다. 선과 선 사이의 크기로 데이터 변화를 나타낸다.
- 합계와 부분의 크기를 백분율로 나타내고 시간적 변화를 보고자 할 때나 합계와 각 부분의 크기를 실수로 나타내고 시간적 변화를 보고자 할 때 쓰인다.

ⓗ 레이더 차트(거미줄 그래프)

- 원 그래프의 일종으로 비교하는 수량을 직경, 또는 반경으로 나누어 원의 중심에서의 거리에 따라 각 수량의 관계를 나타내는 그래프이다.
- 비교하거나 경과를 나타내는 용도로 쓰인다.

③ 도표 해석상의 유의사항

    ㉠ 요구되는 지식의 수준을 넓힌다.

    ㉡ 도표에 제시된 자료의 의미를 정확히 숙지한다.

    ㉢ 도표로부터 알 수 있는 것과 없는 것을 구별한다.

    ㉣ 총량의 증가와 비율의 증가를 구분한다.

    ㉤ 백분위수와 사분위수를 정확히 이해하고 있어야 한다.

예제 5

다음 표는 2009 ~ 2010년 지역별 직장인들의 자기개발에 관해 조사한 내용을 정리한 것이다. 이에 대한 분석으로 옳은 것은?

(단위 : %)

연도\구분\지역	2009				2010			
	자기개발 하고 있음	자기개발 비용 부담 주체			자기개발 하고 있음	자기개발 비용 부담 주체		
		직장 100%	본인 100%	직장50%+ 본인50%		직장 100%	본인 100%	직장50%+ 본인50%
충청도	36.8	8.5	88.5	3.1	45.9	9.0	65.5	24.5
제주도	57.4	8.3	89.1	2.9	68.5	7.9	68.3	23.8
경기도	58.2	12	86.3	2.6	71.0	7.5	74.0	18.5
서울시	60.6	13.4	84.2	2.4	72.7	11.0	73.7	15.3
경상도	40.5	10.7	86.1	3.2	51.0	13.6	74.9	11.6

① 2009년과 2010년 모두 자기개발 비용을 본인이 100% 부담하는 사람의 수는 응답자의 절반 이상이다.

② 자기개발을 하고 있다고 응답한 사람의 수는 2009년과 2010년 모두 서울시가 가장 많다.

③ 자기개발 비용을 직장과 본인이 각각 절반씩 부담하는 사람의 비율은 2009년과 2010년 모두 서울시가 가장 높다.

④ 2009년과 2010년 모두 자기개발을 하고 있다고 응답한 비율이 가장 높은 지역에서 자기개발비용을 직장이 100% 부담한다고 응답한 사람의 비율이 가장 높다.

[출제의도]
그래프, 그림, 도표 등 주어진 자료를 이해하고 의미를 파악하여 필요한 정보를 해석하는 능력을 평가하는 문제이다.

[해설]
② 지역별 인원수가 제시되어 있지 않으므로, 각 지역별 응답자 수는 알 수 없다.

③ 2009년에는 경상도에서, 2010년에는 충청도에서 가장 높은 비율을 보인다.

④ 2009년과 2010년 모두 '자기 개발을 하고 있다'고 응답한 비율이 가장 높은 지역은 서울시이며, 2010의 경우 자기개발 비용을 직장이 100% 부담한다고 응답한 사람의 비율이 가장 높은 지역은 경상도이다.

답 ①

(4) 도표작성능력

① 도표작성 절차
  ㉠ 어떠한 도표로 작성할 것인지를 결정
  ㉡ 가로축과 세로축에 나타낼 것을 결정
  ㉢ 한 눈금의 크기를 결정
  ㉣ 자료의 내용을 가로축과 세로축이 만나는 곳에 표현
  ㉤ 표현한 점들을 선분으로 연결
  ㉥ 도표의 제목을 표기

② 도표작성 시 유의사항
  ㉠ 선 그래프 작성 시 유의점
    • 세로축에 수량, 가로축에 명칭구분을 제시한다.
    • 선의 높이에 따라 수치를 파악하는 경우가 많으므로 세로축의 눈금을 가로축보다 크게 하는 것이 효과적이다.
    • 선이 두 종류 이상일 경우 반드시 그 명칭을 기입한다.
  ㉡ 막대 그래프 작성 시 유의점
    • 막대 수가 많을 경우에는 눈금선을 기입하는 것이 알아보기 쉽다.
    • 막대의 폭은 모두 같게 하여야 한다.
  ㉢ 원 그래프 작성 시 유의점
    • 정각 12시의 선을 기점으로 오른쪽으로 그리는 것이 보통이다.
    • 분할선은 구성비율이 큰 순서로 그린다.
  ㉣ 층별 그래프 작성 시 유의점
    • 눈금은 선 그래프나 막대 그래프보다 적게 하고 눈금선은 넣지 않는다.
    • 층별로 색이나 모양이 완전히 다른 것이어야 한다.
    • 같은 항목은 옆에 있는 층과 선으로 연결하여 보기 쉽도록 한다.

출제예상문제

1 다음은 어느 회사 전체 사원의 SNS 이용 실태를 조사한 자료이다. 이에 대한 설명 중 옳은 것은?

사용기기	성명	SNS 종류	SNS 활용형태	SNS 가입날짜	기기 구입비	앱 구입비
스마트폰	김하나	페이스북	소통	2013.08.01	440,000원	6,500원
스마트폰	김준영	트위터	소통	2014.02.02	420,000원	12,000원
태블릿PC	정민지	페이스북	교육	2014.01.15	400,000원	10,500원
컴퓨터	윤동진	블로그	교육	2015.02.19	550,000원	14,500원
스마트폰	이정미	트위터	소통	2013.10.10	380,000원	6,500원
태블릿PC	박진숙	페이스북	취미	2014.02.28	440,000원	14,500원
컴퓨터	김영지	트위터	교육	2014.01.10	480,000원	18,000원
컴퓨터	한아름	블로그	취미	2013.09.11	580,000원	10,500원

※ 각 사원은 SNS를 한 종류만 사용하고 SNS 활용형태도 하나임

① 페이스북을 이용하거나 태블릿PC를 사용하는 사원은 4명이다.
② SNS를 2014년에 가입한 사원은 트위터를 이용하거나 페이스북을 이용한다.
③ 취미로 SNS를 활용하는 사원의 기기구입비 합계는 100만원을 넘지 않는다.
④ 2013년에 SNS를 가입하거나 블로그를 이용하는 사원은 5명이다.
⑤ 태블릿PC를 사용하는 사원의 평균 앱 구입비는 13,000원이다.

> ✔ **해설** ① 페이스북을 이용하거나 태블릿PC를 사용하는 사원은 김하나, 정민지, 박진숙 3명이다.
> ③ 취미로 SNS를 활용하는 사원인 박진숙, 한아름의 기기구입비는 440,000+580,000=1,020,000원이다.
> ④ 2013년에 SNS를 가입하거나 블로그를 이용하는 사원은 김하나, 윤동진, 이정미, 한아름 4명이다.
> ⑤ 태블릿PC를 사용하는 사원의 평균 앱 구입비는 (10,500+14,500)/2=12,500원이다.

2 다음은 甲국의 전기자동차 충전요금 산정기준과 계절별 부하 시간대에 대한 자료이다. 이에 대한 설명으로 옳은 것은?

〈전기자동차 충전요금 산정기준〉

월 기본요금 (원)	전력량 요율(원/kWh)			
	계절 시간대	여름 (6~8월)	봄(3~5월), 가을(9~10월)	겨울 (1~2월, 11~12월)
2,390	경부하	57.6	58.7	80.7
	중간부하	145.3	70.5	128.2
	최대부하	232.5	75.4	190.8

※ 월 충전요금(원) = 월 기본요금

    +(경부하 시간대 전력량 요율 × 경부하 시간대 충전 전력량)

    +(중간부하 시간대 전력량 요율 × 중간부하 시간대 충전 전력량)

    +(최대부하 시간대 전력량 요율 × 최대부하 시간대 충전 전력량)

※ 월 충전요금은 해당 월 1일에서 말일까지의 충전 전력량을 사용하여 산정한다.

※ 1시간에 충전되는 전기자동차의 전력량은 5 kWh이다.

〈계절별 부하 시간대〉

계절 시간대	여름(6~8월)	봄(3~5월), 가을(9~10월)	겨울 (1~2월, 11~12월)
경부하	00 : 00 ~ 09 : 00 23 : 00 ~ 24 : 00	00 : 00 ~ 09 : 00 23 : 00 ~ 24 : 00	00 : 00 ~ 09 : 00 23 : 00 ~ 24 : 00
중간부하	09 : 00 ~ 10 : 00 12 : 00 ~ 13 : 00 17 : 00 ~ 23 : 00	09 : 00 ~ 10 : 00 12 : 00 ~ 13 : 00 17 : 00 ~ 23 : 00	09 : 00 ~ 10 : 00 12 : 00 ~ 17 : 00 20 : 00 ~ 22 : 00
최대부하	10 : 00 ~ 12 : 00 13 : 00 ~ 17 : 00	10 : 00 ~ 12 : 00 13 : 00 ~ 17 : 00	10 : 00 ~ 12 : 00 17 : 00 ~ 20 : 00 22 : 00 ~ 23 : 00

① 모든 시간대에서 봄, 가을의 전력량 요율이 가장 낮다.

② 월 100 kWh를 충전했을 때 월 충전요금의 최댓값과 최솟값 차이는 16,000원 이하이다.

③ 중간부하 시간대의 총 시간은 6월 1일과 12월 1일이 동일하다.

④ 22시 30분의 전력량 요율이 가장 높은 계절은 여름이다.

⑤ 12월 중간부하 시간대에만 100 kWh를 충전한 월 충전요금은 14,210원이다.

✔ 해설 ③ 각각 8시간으로 동일하다. (O)

    ① 여름(경부하)이 봄·가을(경부하)보다 전력량 요율이 더 낮다. (×)

    ② 최소 : 57.6 × 100 = 5,760원, 최대 : 232.5 × 100 = 23,250원이며 차이는 16,000원 이상이다. (×)

    ④ 22시 30분에 최대부하인 계절은 겨울이다. (×)

    ⑤ 12월 겨울 중간부하 요율 : 128.2 × 100 = 12,820 + 2,390(기본) = 15,210원 (×)

Answer 1.② 2.③

|3~4| 다음 표는 2014년과 2015년 친환경인증 농산물의 생산 현황에 관한 자료이다. 이를 보고 물음에 답하시오.

〈표〉 종류별, 지역별 친환경인증 농산물 생산 현황

(단위 : 톤)

구분		2015년				2014년
		합	인증형태			
			유기농산물	무농약농산물	저농약농산물	
종류	곡류	343,380	54,025	269,280	20,075	371,055
	과실류	341,054	9,116	26,850	305,088	457,794
	채소류	585,004	74,750	351,340	158,914	753,524
	서류	41,782	9,023	30,157	2,602	59,407
	특용작물	163,762	6,782	155,434	1,546	190,069
	기타	23,253	14,560	8,452	241	20,392
	계	1,498,235	168,256	841,513	488,466	1,852,241
지역	서울	1,746	106	1,544	96	1,938
	부산	4,040	48	1,501	2,491	6,913
	대구	13,835	749	3,285	9,801	13,852
	인천	7,663	1,093	6,488	82	7,282
	광주	5,946	144	3,947	1,855	7,474
	대전	1,521	195	855	471	1,550
	울산	10,859	408	5,142	5,309	13,792
	세종	1,377	198	826	353	0
	경기도	109,294	13,891	71,521	23,882	126,209
	강원도	83,584	17,097	52,810	13,677	68,300
	충청도	159,495	29,506	64,327	65,662	207,753
	전라도	611,468	43,330	443,921	124,217	922,641
	경상도	467,259	52,567	176,491	238,201	457,598
	제주도	20,148	8,924	8,855	2,369	16,939
	계	1,498,235	168,256	841,513	488,466	1,852,241

3 위의 표에 대한 설명으로 옳지 않은 것은?

① 2015년 친환경인증 농산물 중 가장 많은 비중을 차지하는 종류는 채소류이다.

② 2015년 친환경인증 농산물 중 두 번째로 높은 비중을 차지하는 지역은 경상도이다.

③ 2015년 친환경인증 농산물은 기타를 제외하고 모든 종류에서 생산량이 전년에 비해 감소하였다.

④ 2015년 친환경인증 농산물 중 무농약 농산물은 55% 이상을 차지한다.

⑤ 2015년 친환경인증 농산물 생산량이 전년 대비 가장 많이 증가한 지역은 세종이다.

✔해설 ⑤ 2015년 친환경인증 농산물 생산량이 전년 대비 가장 많이 증가한 지역은 강원도이다.

4 서울, 부산, 울산, 충청도, 전라도 중 2015년 친환경인증 농산물의 생산량이 전년대비 감소율이 가장 큰 지역은?

① 서울 ② 부산

③ 울산 ④ 충청도

⑤ 전라도

✔해설 ① 서울 : $\dfrac{1,746-1,938}{1,938} \times 100 = -9.9\%$

② 부산 : $\dfrac{4,040-6,913}{6,913} \times 100 = -41.5\%$

③ 울산 : $\dfrac{10,859-13,792}{13,792} \times 100 = -21.3\%$

④ 충청도 : $\dfrac{159,495-207,753}{207,753} \times 100 = -23.2\%$

⑤ 전라도 : $\dfrac{611,468-922,641}{922,641} \times 100 = -33.7\%$

Answer 3.⑤ 4.②

5   다음은 신용대출의 중도상환에 관한 내용이다. 甲씨는 1년 후에 일시 상환하는 조건으로 500만 원을 신용대출 받았다. 그러나 잔여기간이 100일 남은 상태에서 중도 상환하려고 한다. 甲씨가 부담해야 하는 해약금은 약 얼마인가? (단, 원단위는 절사한다)

- 중도상환해약금 : 중도상환금액×중도상환적용요율×(잔여기간/대출기간)

구분	가계대출		기업대출	
	부동산 담보대출	신용/기타 담보대출	부동산 담보대출	신용/기타 담보대출
적용요율	1.4%	0.8%	1.4%	1.0%

- 대출기간은 대출개시일로부터 대출기간만료일까지의 일수로 계산하되, 대출기간이 3년을 초과하는 경우에는 3년이 되는 날을 대출기간만료일로 한다.
- 잔여기간은 대출기간에서 대출개시일로부터 중도상환일까지의 경과일수를 차감하여 계산한다.

① 10,950원   ② 11,950원

③ 12,950원   ④ 13,950원

⑤ 14,950원

> ✔ **해설** 신용대출이므로 적용요율이 0.8% 적용된다.
> 500만 원×0.8%×(100/365)=10,958원
> 원단위 절사하면 10,950원이다.

6 다음은 어느 보험회사의 보험계약 현황에 관한 표이다. 이에 대한 설명으로 옳지 않은 것은?

(단위 : 건, 억 원)

구분	2015년		2014년	
	건수	금액	건수	금액
개인보험	5,852,844	1,288,847	5,868,027	1,225,968
생존보험	1,485,908	392,222	1,428,422	368,731
사망보험	3,204,140	604,558	3,241,308	561,046
생사혼합	1,162,792	292,068	1,198,297	296,191
단체보험	0	0	0	0
단체보장	0	0	0	0
단체저축	0	0	0	0
소계	5,852,844	1,288,847	5,868,027	1,225,968

※ 건수는 보유계약의 건수임
※ 금액은 주계약 및 특약의 보험가입금액임

① 2014년과 2015년에 단체보험 보유계약의 건수는 0건이다.

② 2015년은 2014년에 비해 개인보험 보유계약 건수가 감소하였다.

③ 2015년은 2014년에 비해 개인보험 보험가입금액은 증가하였다.

④ 2015년 개인보험 보험가입금액에서 생존보험 금액이 차지하는 구성비는 30% 미만이다.

⑤ 2014년과 2015년 모두 개인보험에서 사망보험이 가장 큰 비중을 차지한다.

 해설 ④ $\frac{392,222}{1,288,847} \times 100 = 30.43\%$

따라서 30%를 초과한다.

▌7~8 ▌ 다음 표는 2006년부터 2010년까지 5년간 손해보험과 생명보험의 전체 수지실적에 관한 자료이다. 이를 보고 물음에 답하시오.

〈표1〉 5년간 손해보험의 수지실적

(단위 : 십억 원)

연도	경과보험료	발생손해액	순사업비
2006년	23,712	18,671	5,351
2007년	27,413	21,705	6,377
2008년	32,253	24,867	7,402
2009년	36,082	28,300	8,967
2010년	42,475	33,312	9,614

〈표2〉 5년간 생명보험의 수지실적

(단위 : 십억 원)

연도	경과보험료	발생손해액	순사업비
2006년	61,472	35,584	10,989
2007년	66,455	35,146	12,084
2008년	75,096	44,877	13,881
2009년	73,561	47,544	13,715
2010년	76,957	47,379	12,796

※ 손해율(%)＝(총지출액/경과보험료)×100

※ 손해율은 보험사의 수지실적을 나타내는 대표적인 지표이다.

※ 총지출액＝발생손해액＋순사업비

7 위의 자료에 대한 설명으로 옳은 것은?

① 5년간 손해보험과 생명보험 모두 경과보험료는 매년 증가하고 있다.

② 2006년 손해보험의 손해율은 105%가 넘는다.

③ 2009년 생명보험의 경과보험료는 손해보험 경과보험료의 2배 이상이다.

④ 2007년 경과보험료 대비 순사업비의 비중은 손해보험이 생명보험보다 낮다.

⑤ 5년간 손해보험과 생명보험 모두 총지출액은 매년 증가하고 있다.

✔ 해설　① 2009년 생명보험의 경과보험료는 전년대비 감소하였다.
　　　　　② 2006년 손해보험의 손해율은 101.3%이다.
　　　　　④ 손해보험이 생명보험보다 높다.
　　　　　⑤ 2010년 생명보험의 총지출액은 전년대비 감소하였다.

8 다음 중 생명보험의 손해율이 가장 컸던 해는? (단, 소수점 둘째 자리에서 반올림한다)

① 2006년　　　　　　　　　　　② 2007년

③ 2008년　　　　　　　　　　　④ 2009년

⑤ 2010년

✔ 해설

① 2006년 : $\dfrac{35,584+10,989}{61,472} \times 100 = 75.8\%$

② 2007년 : $\dfrac{35,146+12,084}{66,455} \times 100 = 71.1\%$

③ 2008년 : $\dfrac{44,877+13,881}{75,096} \times 100 = 78.2\%$

④ 2009년 : $\dfrac{47,544+13,715}{73,561} \times 100 = 83.3\%$

⑤ 2010년 : $\dfrac{47,379+12,796}{76,957} \times 100 = 78.2\%$

Answer　7.③　8.④

9 다음 표는 A지역 전체 가구를 대상으로 일본원자력발전소 사고 전후의 식수조달원 변경에 대해 설문조사한 결과이다. 사고 전에 비해 사고 후에 이용 가구 수가 감소한 식수조달원의 수는 몇 개인가?

사고 후 조달원 / 사고 전 조달원	수돗물	정수	약수	생수
수돗물	40	30	20	30
정수	10	50	10	30
약수	20	10	10	40
생수	10	10	10	40

① 0개 ② 1개

③ 2개 ④ 3개

⑤ 4개

 해설

사고 후 조달원 / 사고 전 조달원	수돗물	정수	약수	생수	합계
수돗물	40	30	20	30	120
정수	10	50	10	30	100
약수	20	10	10	40	80
생수	10	10	10	40	70
합계	80	100	50	140	

수돗물 : 120 → 80
정수 : 100 → 100
약수 : 80 → 50
생수 : 70 → 140
따라서 사고 전에 비해 사고 후에 이용 가구 수가 감소한 식수조달원은 수돗물과 약수 2개이다.

10 다음 표는 어느 회사의 공장별 제품 생산 및 판매 실적에 대한 자료이다. 이에 대한 설명으로 옳지 않은 것은?

(단위 : 대)

공장	2016년 12월	2016년 전체	
	생산 대수	생산 대수	판매 대수
A	25	586	475
B	21	780	738
C	32	1,046	996
D	19	1,105	1,081
E	38	1,022	956
F	39	1,350	1,238
G	15	969	947
H	18	1,014	962
I	26	794	702

※ 2017년 1월 1일 기준 재고 수＝2016년 전체 생산 대수－2016년 전체 판매 대수

※ 판매율(%) $= \dfrac{\text{판매 대수}}{\text{생산 대수}} \times 100$

※ 2016년 1월 1일부터 제품을 생산 · 판매하였음

① 2017년 1월 1일 기준 재고 수가 가장 적은 공장은 G공장이다.

② 2017년 1월 1일 기준 재고 수가 가장 많은 공장의 2016년 전체 판매율은 90% 이상이다.

③ 2016년 12월 생산 대수가 가장 많은 공장과 2017년 1월 1일 기준 재고 수가 가장 많은 공장은 동일하다.

④ I공장의 2016년 전체 판매율은 90% 이상이다.

⑤ 2016년에 A~I 공장은 전체 8,666대를 생산하였다.

✔ 해설 ④ I공장의 2016년 전체 판매율 : $\dfrac{702}{794} \times 100 = 88.4\%$

11 다음 표는 A카페의 커피 판매정보에 대한 자료이다. 한 잔만을 더 판매하고 영업을 종료한다고 할 때, 총이익이 정확히 64,000원이 되기 위해서 판매해야 하는 메뉴는?

〈표〉 A카페의 커피 판매정보

(단위 : 원, 잔)

구분 메뉴	한 잔 판매가격	현재까지의 판매량	한 잔당 재료(재료비)				
			원두 (200)	우유 (300)	바닐라시럽 (100)	초코시럽 (150)	카라멜시럽 (250)
아메리카노	3,000	5	○	×	×	×	×
카페라떼	3,500	3	○	○	×	×	×
바닐라라떼	4,000	3	○	○	○	×	×
카페모카	4,000	2	○	○	×	○	×
카라멜마끼아또	4,300	6	○	○	○	×	○

※ 1) 메뉴별 이익＝(메뉴별 판매가격－메뉴별 재료비)×메뉴별 판매량

2) 총이익은 메뉴별 이익의 합이며, 다른 비용은 고려하지 않음

3) A카페는 5가지 메뉴만을 판매하며, 메뉴별 한 잔 판매가격과 재료비는 변동 없음

4) ○ : 해당 재료 한 번 사용

　× : 해당 재료 사용하지 않음

① 아메리카노　　　　　　　　② 카페라떼

③ 바닐라라떼　　　　　　　　④ 카페모카

⑤ 카라멜마끼아또

✔해설 현재까지의 판매 이익은 다음과 같다.

• 아메리카노 : $(3,000-200) \times 5 = 14,000$

• 카페라떼 : $(3,500-500) \times 3 = 9,000$

• 바닐라라떼 : $(4,000-600) \times 3 = 10,200$

• 카페모카 : $(4,000-650) \times 2 = 6,700$

• 카라멜마끼아또 : $(4,300-850) \times 6 = 20,700$

현재까지 60,600원의 판매 이익을 얻었으므로, 3,400원이 더 필요하다. 따라서 바닐라라떼 한 잔을 더 팔면 이익을 채울 수 있다.

│12~13│ 다음은 원양어업 주요 어종별 생산량에 관한 자료이다. 이를 보고 물음에 답하시오.

(단위 : 톤, 백만 원)

구분		2010년	2011년	2012년	2013년	2014년
가다랑어	생산량	216,720	173,334	211,891	200,866	229,588
	생산금액	321,838	334,770	563,027	427,513	329,163
황다랑어	생산량	67,138	45,736	60,436	44,013	63,971
	생산금액	201,596	168,034	170,733	133,170	163,068
명태	생산량	46,794	48,793	39,025	24,341	31,624
	생산금액	64,359	67,307	45,972	36,662	49,479
새꼬리 민태	생산량	10,852	12,447	10,100	8,261	8,681
	생산금액	19,030	25,922	21,540	14,960	18,209
민대구	생산량	4,139	4,763	4,007	3,819	3,162
	생산금액	10,072	13,136	11,090	10,912	8,689

※ 생산금액＝생산량×톤당 생산가격

12 위의 표에 대한 설명으로 옳지 않은 것은?

① 5개의 어종 가운데 매년 생산량이 가장 많은 어종은 가다랑어이다.

② 2012년 민대구의 생산량이 전년대비 감소한 이후로 2014년까지 계속 감소하고 있다.

③ 가다랑어와 황다랑어는 생산량의 전년대비 증감방향이 일치한다.

④ 2011년 새꼬리 민태 생산량의 전년대비 증가율은 10% 이하이다.

⑤ 2011년 가다랑어의 생산량은 전년대비 감소하였지만 생산금액은 증가하였다.

 해설 ④ 2011년 새꼬리 민태 생산량의 전년대비 증가율 : $\dfrac{12,447-10,852}{10,852}\times100 = 14.7\%$

따라서 10%를 초과한다.

13 2014년 톤당 생산가격이 가장 높은 어종은 무엇인가?

① 가다랑어   ② 황다랑어

③ 명태   ④ 새꼬리 민태

⑤ 민대구

✔ 해설 톤당 생산가격 $= \dfrac{\text{생산금액}}{\text{생산량}}$ 으로 구한다(단위는 생략).

① 가다랑어 : $\dfrac{329,163}{229,588} = 1.43$

② 황다랑어 : $\dfrac{163,068}{63,971} = 2.55$

③ 명태 : $\dfrac{49,479}{31,624} = 1.56$

④ 새꼬리 민태 : $\dfrac{18,209}{8,681} = 2.10$

⑤ 민대구 : $\dfrac{8,689}{3,162} = 2.75$

▌14~15 ▌ 다음은 시도별 우유생산 현황에 대한 자료이다. 이를 보고 물음에 답하시오.

(단위 : 톤)

	2009년	2010년	2011년	2012년
서울특별시	573	592	621	644
부산광역시	1,092	933	1,225	1,783
인천광역시	14,376	18,230	13,287	10,932
광주광역시	2,989	2,344	3,201	3,553
대구광역시	12,094	13,928	10,838	9,846
대전광역시	393	109	98	12
경기도	932,391	848,002	843,118	883,565
강원도	84,024	91,121	100,920	103,827
충청북도	114,215	110,938	125,993	123,412
전라남도	139,310	124,097	126,075	132,222
경상남도	127,656	122,302	121,294	119,383
제주도	18,021	14,355	15,437	19,313

14 다음 중 위의 자료를 잘못 이해한 사람은?

① 소리 : 조사 지역 중 대전광역시는 매년 우유생산량이 가장 적어.

② 현수 : 광주광역시는 매년 2,000톤 이상의 우유를 생산하지만 부산광역시는 그렇지 않군.

③ 정진 : 위의 자료를 통해 경기도의 우유 수요가 가장 많고 그 다음으로 전라남도임을 알 수 있어.

④ 구현 : 2010년 시도별 우유생산량과 2012년 시도별 우유생산량을 비교했을 때 우유생산량이 감소한 지역은 네 군데 있어.

⑤ 수현 : 2012년 경기도의 우유생산량은 강원도의 8배 이상이야.

✔해설 ③ 주어진 자료는 우유생산 현황에 대한 자료이므로 우유 수요가 많은지는 알 수 없다.

15 다음 중 조사 기간 동안 우유생산량 변동 추이가 동일하지 않은 지역끼리 짝지은 것은?

① 경기도 – 경상남도

② 서울특별시 – 강원도

③ 광주광역시 – 전라남도

④ 인천광역시 – 대구광역시

⑤ 부산광역시 – 제주도

✔해설
① 경기도 : 감소 – 감소 – 증가   경상남도 : 감소 – 감소 – 감소
② 서울특별시 : 증가 – 증가 – 증가   강원도 : 증가 – 증가 – 증가
③ 광주광역시 : 감소 – 증가 – 증가   전라남도 : 감소 – 증가 – 증가
④ 인천광역시 : 증가 – 감소 – 감소   대구광역시 : 증가 – 감소 – 감소
⑤ 부산광역시 : 감소 – 증가 – 증가   제주도 : 감소 – 증가 – 증가

16 A기업에서는 매년 3월에 정기 승진 시험이 있다. 시험을 응시한 사람이 남자사원, 여자사원을 합하여 총 100명이고 시험의 평균이 남자사원은 72점, 여자사원은 76점이며 남녀 전체평균은 73점일 때 시험을 응시한 여자사원의 수는?

① 25명   ② 30명

③ 35명   ④ 40명

⑤ 45명

✅해설 시험을 응시한 여자사원의 수를 x 라 하고, 여자사원의 총점 + 남자사원의 총점 = 전체 사원의 총점이므로 $76x + 72(100 - x) = 73 \times 100$

식을 간단히 하면 $4x = 100$, $x = 25$

∴ 여자사원은 25명이다.

17 수용이는 선생님의 심부름으로 15%의 식염수 300g을 과학실로 옮기던 도중 넘어져서 100g을 쏟았다. 들키지 않기 위해 물 100g을 더 첨가하여 과학실에 가져다 두었다. 식염수의 농도는 얼마인가?

① 10%   ② 11%

③ 12%   ④ 13%

⑤ 14%

✅해설 식염수의 질량이 줄었어도 농도가 줄어든 것은 아니므로 15% 식염수 200g에 물 100g을 첨가한 것으로 계산하면 된다.

$$\frac{30}{200 + 100} \times 100 = 10\%$$

18 부피가 210cm³, 높이가 7cm, 밑면의 가로의 길이가 세로의 길이보다 13cm 긴 직육면체가 있다. 이 직육면체의 밑면의 세로의 길이는?

① 2cm   ② 4cm

③ 6cm   ④ 8cm

⑤ 10cm

✅해설 세로의 길이를 x 라 하면

$(x + 13) \times x \times 7 = 210$

$x^2 + 13x = 30$

$(x + 15)(x - 2) = 0$

∴ $x = 2 \text{(cm)}$

19 기은이와 희숙이를 포함한 친구 6명이 식사 값을 내는데 기은이가 17,000원, 희숙이가 19,000원을 내고 나머지 금액을 다른 친구들이 같은 값으로 나누어 냈을 때, 6명이 평균 10,000원을 낸 것이 된다면 나머지 친구 중 한 명이 낸 값은?

① 6,000원

② 6,500원

③ 7,000원

④ 7,500원

⑤ 8,000원

✔해설 6명이 평균 10,000원을 낸 것이 된다면 총 금액은 60,000원이다.

$60,000 = 17,000 + 19,000 + 4x$ 이므로

$\therefore x = 6,000$원

20 아버지가 9만 원을 나눠서 세 아들에게 용돈을 주려고 한다. 첫째 아들과 둘째 아들은 $2:1$, 둘째 아들과 막내 아들은 $5:3$의 비율로 주려고 한다면 막내아들이 받는 용돈은 얼마인가?

① 11,000원

② 12,000원

③ 13,000원

④ 14,000원

⑤ 15,000원

✔해설 아들들이 받는 돈의 비율은 $10:5:3$이다. 막내아들은 90,000원의 $\frac{3}{18}$을 받으므로 15,000원을 받는다.

21 갑, 을, 병은 각각 640원, 760원, 1,100원의 저금을 가지고 있다. 매주 갑이 240원, 을이 300원, 병이 220원씩 더 저축한다고 하면, 갑과 을의 저축액의 합이 병의 저축액의 2배가 되는 것은 몇 주 후인가?

① 6주

② 7주

③ 8주

④ 9주

⑤ 10주

✔해설 2배가 되는 시점을 x주라고 하면

$(640 + 240x) + (760 + 300x) = 2(1,100 + 220x)$

$540x - 440x = 2,200 - 1,400$

$100x = 800$

$\therefore x = 8$

22 어떤 일을 하는데 수빈이는 16일, 혜림이는 12일이 걸린다. 처음에는 수빈이 혼자서 3일 동안 일하고, 그 다음은 수빈이와 혜림이가 같이 일을 하다가 마지막 하루는 혜림이만 일하여 일을 끝냈다. 수빈이와 혜림이가 같이 일 한 기간은 며칠인가?

① 3일　　　　　　　　　　② 4일
③ 5일　　　　　　　　　　④ 6일
⑤ 7일

✔해설 수빈이가 하루 일하는 양 : $\frac{1}{16}$

혜림이가 하루 일하는 양 : $\frac{1}{12}$

전체 일의 양을 1로 놓고 같이 일을 한 일을 x라 하면

$\frac{3}{16} + (\frac{1}{16} + \frac{1}{12})x + \frac{1}{12} = 1$

$\frac{13 + 7x}{48} = 1$

∴ $x = 5$일

23 같은 지점에서 동시에 출발하여 정혜는 동쪽으로 매분 160m의 속력으로 명준이는 서쪽으로 매분 180m의 속력으로 이동하고 있다. 두 사람이 3.4km 이상 떨어지려면 최소 몇 분이 경과해야 하는가?

① 6분　　　　　　　　　　② 7분
③ 8분　　　　　　　　　　④ 9분
⑤ 10분

✔해설 x분 후에 3.4km 이상 떨어진다고 하면
$160x + 180x \geq 3,400$
∴ $x \geq 10$

24 의자에 5명씩 앉으면 의자에 모두 앉은 채로 1명이 남고, 의자에 6명씩 앉으면 의자 11개가 완전히 빈 채로 3명이 서 있었다. 의자의 개수는?

① 61개   ② 62개

③ 63개   ④ 64개

⑤ 65개

> 의자의 개수를 x라 하면
> $5x+1=(x-11)\times 6+3$
> $5x+1=6x-66+3$
> $x=64$

25 갑동이는 올해 10살이다. 엄마의 나이는 갑동이와 누나의 나이를 합한 값의 두 배이고, 3년 후의 엄마의 나이는 누나의 나이의 세 배일 때, 올해 누나의 나이는 얼마인가?

① 12세   ② 13세

③ 14세   ④ 15세

⑤ 16세

> 누나의 나이를 x, 엄마의 나이를 y라 하면,
> $2(10+x)=y$
> $3(x+3)=y+3$
> 두 식을 연립하여 풀면,
> $x=14(세)$

26~35 다음에 나열된 숫자의 규칙을 찾아 빈칸에 들어가기 적절한 수를 고르시오.

26

	93	96	102	104	108	( )

① 114　　　　　　　　　　　② 116

③ 118　　　　　　　　　　　④ 120

⑤ 122

✔해설 전항의 일의 자리 숫자를 전항에 더한 결과 값이 후항의 수가 되는 규칙이다.
$93+3=96$, $96+6=102$, $102+2=104$, $104+4=108$, $108+8=116$

27

1	5	20	16	19	57	54	56	( )	110

① 111　　　　　　　　　　　② 112

③ 100　　　　　　　　　　　④ 95

⑤ 90

✔해설 처음에 앞의 숫자에 $+4$, $\times 4$, -4의 수식이 행해지고 그 다음에는 $+3$, $\times 3$, -3 그 다음은 $+2$, $\times 2$, -2의 수식이 행해진다.

28

7	9	12	4	( )	−1	22

① 15　　　　　　　　　　　② 17

③ 19　　　　　　　　　　　④ 21

⑤ 23

✔해설 홀수 항은 $+5$, 짝수 항은 -5의 규칙을 가진다.
따라서 $12+5=17$

29

$$1 \quad 2 \quad 3 \quad 5 \quad 8 \quad 13 \quad (\quad)$$

① 21   ② 23

③ 25   ④ 27

⑤ 29

✔ 해설 피보나치 수열이다.
앞의 두 항을 더한 것이 다음 항이 된다.
따라서 8+13=21

30

$$2 \quad 4 \quad 0 \quad 6 \quad -2 \quad 8 \quad (\quad)$$

① −1   ② −2

③ −3   ④ −4

⑤ −5

✔ 해설 +2, −4, +6, −8, +10, −12 규칙을 가진다.
따라서 8−12=−4

31

$$\frac{1}{3} \quad \frac{4}{5} \quad \frac{13}{9} \quad \frac{40}{17} \quad \frac{121}{33} \quad (\quad) \quad \frac{1093}{129}$$

① $\dfrac{364}{65}$ ② $\dfrac{254}{53}$

③ $\dfrac{413}{48}$ ④ $\dfrac{197}{39}$

⑤ $\dfrac{174}{36}$

✔ 해설 • 앞의 항의 분모에 2^1, 2^2, 2^3, ……을 더한 것이 다음 항의 분모가 된다.
• 앞의 항의 분자에 3^1, 3^2, 3^3, ……을 더한 것이 다음 항의 분자가 된다.
따라서 $\dfrac{121+3^5}{33+2^5} = \dfrac{121+243}{33+32} = \dfrac{364}{65}$

Answer   26.②   27.②   28.②   29.①   30.④

32

$$\frac{1}{2} \quad \frac{1}{3} \quad \frac{2}{6} \quad \frac{3}{18} \quad (\quad) \quad \frac{8}{1944} \quad \frac{13}{209952}$$

① $\dfrac{8}{83}$　　　　　　　　　② $\dfrac{6}{91}$

③ $\dfrac{5}{108}$　　　　　　　　　④ $\dfrac{4}{117}$

⑤ $\dfrac{9}{251}$

✔ 해설　• 앞의 두 항의 분모를 곱한 것이 다음 항의 분모가 된다.
　　　　• 앞의 두 항의 분자를 더한 것이 다음 항의 분자가 된다.
　　　　따라서 $\dfrac{2+3}{6\times18}=\dfrac{5}{108}$

33

$$10 \quad 2 \quad \frac{17}{2} \quad \frac{9}{2} \quad 7 \quad 7 \quad \frac{11}{2} \quad (\quad)$$

① $\dfrac{13}{2}$　　　　　　　　　② $\dfrac{15}{2}$

③ $\dfrac{17}{2}$　　　　　　　　　④ $\dfrac{19}{2}$

⑤ $\dfrac{21}{2}$

✔ 해설　홀수항과 짝수항을 따로 분리해서 생각하도록 한다.
　　　　홀수항은 분모 2의 분수형태로 변형시켜 보면 분자에서 −3씩 더해가고 있다.
　　　　$10=\dfrac{20}{2} \rightarrow \dfrac{17}{2} \rightarrow 7=\dfrac{14}{2} \rightarrow \dfrac{11}{2}$
　　　　짝수항 또한 분모 2의 분수형태로 변형시켜 보면 분자에서 +5씩 더해가고 있음을 알 수 있다.
　　　　$2=\dfrac{4}{2} \rightarrow \dfrac{9}{2} \rightarrow 7=\dfrac{14}{2} \rightarrow \dfrac{19}{2}$

34

20 10 3	30 5 7	40 5 ( )

① 8   ② 9

③ 10   ④ 11

⑤ 13

✔해설 첫 번째 수를 두 번째 수로 나눈 후 그 몫에 1을 더하고 있다.
$20 \div 10 + 1 = 3$, $30 \div 5 + 1 = 7$, $40 \div 5 + 1 = 9$

35

3 5 40	2 7 ( )	1 9 28

① 9   ② 14

③ 27   ④ 34

⑤ 48

✔해설 첫 번째 수를 십의 자릿수로 하고 두 번째 수를 일의 자릿수로 하는 수에 두 번째 수를 더한 값이 세 번째 수가 된다.
$35 + 5 = 40$, $27 + 7 = 34$, $19 + 9 = 28$

C H A P T E R

03 문제해결능력

1 문제와 문제해결

(1) 문제의 정의와 분류

① 정의 … 문제란 업무를 수행함에 있어서 답을 요구하는 질문이나 의논하여 해결해야 되는 사항이다.

② 문제의 분류

구분	창의적 문제	분석적 문제
문제제시 방법	현재 문제가 없더라도 보다 나은 방법을 찾기 위한 문제 탐구→문제 자체가 명확하지 않음	현재의 문제점이나 미래의 문제로 예견될 것에 대한 문제 탐구→문제 자체가 명확함
해결방법	창의력에 의한 많은 아이디어의 작성을 통해 해결	분석, 논리, 귀납과 같은 논리적 방법을 통해 해결
해답 수	해답의 수가 많으며, 많은 답 가운데 보다 나은 것을 선택	답의 수가 적으며 한정되어 있음
주요특징	주관적, 직관적, 감각적, 정성적, 개별적, 특수성	객관적, 논리적, 정량적, 이성적, 일반적, 공통성

(2) 업무수행과정에서 발생하는 문제 유형

① **발생형 문제(보이는 문제)** … 현재 직면하여 해결하기 위해 고민하는 문제이다. 원인이 내재되어 있기 때문에 원인지향적인 문제라고도 한다.
   ㉠ 일탈문제 : 어떤 기준을 일탈함으로써 생기는 문제
   ㉡ 미달문제 : 어떤 기준에 미달하여 생기는 문제

② **탐색형 문제(찾는 문제)** … 현재의 상황을 개선하거나 효율을 높이기 위한 문제이다. 방치할 경우 큰 손실이 따르거나 해결할 수 없는 문제로 나타나게 된다.
   ㉠ 잠재문제 : 문제가 잠재되어 있어 인식하지 못하다가 확대되어 해결이 어려운 문제
   ㉡ 예측문제 : 현재로는 문제가 없으나 현 상태의 진행 상황을 예측하여 찾아야 앞으로 일어날 수 있는 문제가 보이는 문제

ⓒ 발견문제 : 현재로서는 담당 업무에 문제가 없으나 선진기업의 업무 방법 등 보다 좋은 제도나 기법을 발견하여 개선시킬 수 있는 문제

③ 설정형 문제(미래 문제) … 장래의 경영전략을 생각하는 것으로 앞으로 어떻게 할 것인가 하는 문제이다. 문제해결에 창조적인 노력이 요구되어 창조적 문제라고도 한다.

예제 1

D회사 신입사원으로 입사한 귀하는 신입사원 교육에서 업무수행과정에서 발생하는 문제 유형 중 설정형 문제를 하나씩 찾아오라는 지시를 받았다. 이에 대해 귀하는 교육받은 내용을 다시 복습하려고 한다. 설정형 문제에 해당하는 것은?

① 현재 직면하여 해결하기 위해 고민하는 문제
② 현재의 상황을 개선하거나 효율을 높이기 위한 문제
③ 앞으로 어떻게 할 것인가 하는 문제
④ 원인이 내재되어 있는 원인지향적인 문제

[출제의도]
업무수행 중 문제가 발생하였을 때 문제 유형을 구분하는 능력을 측정하는 문항이다.
[해설]
업무수행과정에서 발생하는 문제 유형으로는 발생형 문제, 탐색형 문제, 설정형 문제가 있으며 ①④는 발생형 문제이며 ②는 탐색형 문제, ③이 설정형 문제이다.

답 ③

---

(3) 문제해결

① 정의 … 목표와 현상을 분석하고 이 결과를 토대로 과제를 도출하여 최적의 해결책을 찾아 실행·평가해 가는 활동이다.

② 문제해결에 필요한 기본적 사고

   ⓐ **전략적 사고** : 문제와 해결방안이 상위 시스템과 어떻게 연결되어 있는지를 생각한다.

   ⓑ **분석적 사고** : 전체를 각각의 요소로 나누어 그 의미를 도출하고 우선순위를 부여하여 구체적인 문제해결방법을 실행한다.

   ⓒ **발상의 전환** : 인식의 틀을 전환하여 새로운 관점으로 바라보는 사고를 지향한다.

   ⓓ **내·외부자원의 활용** : 기술, 재료, 사람 등 필요한 자원을 효과적으로 활용한다.

③ 문제해결의 장애요소

   ⓐ 문제를 철저하게 분석하지 않는 경우

   ⓑ 고정관념에 얽매이는 경우

   ⓒ 쉽게 떠오르는 단순한 정보에 의지하는 경우

   ⓓ 너무 많은 자료를 수집하려고 노력하는 경우

④ 문제해결방법

　　㉠ 소프트 어프로치 : 문제해결을 위해서 직접적인 표현보다는 무언가를 시사하거나 암시를 통하여 의사를 전달하여 문제해결을 도모하고자 한다.

　　㉡ 하드 어프로치 : 상이한 문화적 토양을 가지고 있는 구성원을 가정하고, 서로의 생각을 직설적으로 주장하고 논쟁이나 협상을 통해 서로의 의견을 조정해 가는 방법이다.

　　㉢ 퍼실리테이션(facilitation) : 촉진을 의미하며 어떤 그룹이나 집단이 의사결정을 잘 하도록 도와주는 일을 의미한다.

2 문제해결능력을 구성하는 하위능력

(1) 사고력

① 창의적 사고 … 개인이 가지고 있는 경험과 지식을 통해 새로운 가치 있는 아이디어를 산출하는 사고 능력이다.

　　㉠ 창의적 사고의 특징
　　　• 정보와 정보의 조합
　　　• 사회나 개인에게 새로운 가치 창출
　　　• 창조적인 가능성

예제 2

M사 홍보팀에서 근무하고 있는 귀하는 입사 5년차로 창의적인 기획안을 제출하기로 유명하다. S부장은 이번 신입사원 교육 때 귀하에게 창의적인 사고란 무엇인지 교육을 맡아달라고 부탁하였다. 창의적인 사고에 대한 귀하의 설명으로 옳지 않은 것은?

① 창의적인 사고는 새롭고 유용한 아이디어를 생산해 내는 정신적인 과정이다.
② 창의적인 사고는 특별한 사람들만이 할 수 있는 대단한 능력이다.
③ 창의적인 사고는 기존의 정보들을 특정한 요구조건에 맞거나 유용하도록 새롭게 조합시킨 것이다.
④ 창의적인 사고는 통상적인 것이 아니라 기발하거나, 신기하며 독창적인 것이다.

[출제의도]
창의적 사고에 대한 개념을 정확히 파악하고 있는지를 묻는 문항이다.
[해설]
흔히 사람들은 창의적인 사고에 대해 특별한 사람들만이 할 수 있는 대단한 능력이라고 생각하지만 그리 대단한 능력이 아니며 이미 알고 있는 경험과 지식을 해체하여 다시 새로운 정보로 결합하여 가치 있는 아이디어를 산출하는 사고라고 할 수 있다.

답 ②

ⓛ 발산적 사고 : 창의적 사고를 위해 필요한 것으로 자유연상법, 강제연상법, 비교발상법 등을 통해 개발할 수 있다.

구분	내용
자유연상법	생각나는 대로 자유롭게 발상 ex) 브레인스토밍
강제연상법	각종 힌트에 강제적으로 연결 지어 발상 ex) 체크리스트
비교발상법	주제의 본질과 닮은 것을 힌트로 발상 ex) NM법, Synectics

Point 》

브레인스토밍
㉠ 진행방법
• 주제를 구체적이고 명확하게 정한다.
• 구성원의 얼굴을 볼 수 있는 좌석 배치와 큰 용지를 준비한다.
• 구성원들의 다양한 의견을 도출할 수 있는 사람을 리더로 선출한다.
• 구성원은 다양한 분야의 사람들로 5~8명 정도로 구성한다.
• 발언은 누구나 자유롭게 할 수 있도록 하며, 모든 발언 내용을 기록한다.
• 아이디어에 대한 평가는 비판해서는 안 된다.
㉡ 4대 원칙
• 비판엄금(Support) : 평가 단계 이전에 결코 비판이나 판단을 해서는 안 되며 평가는 나중까지 유보한다.
• 자유분방(Silly) : 무엇이든 자유롭게 말하고 이런 바보 같은 소리를 해서는 안 된다는 등의 생각은 하지 않아야 한다.
• 질보다 양(Speed) : 질에는 관계없이 가능한 많은 아이디어들을 생성해내도록 격려한다.
• 결합과 개선(Synergy) : 다른 사람의 아이디어에 자극되어 보다 좋은 생각이 떠오르고, 서로 조합하면 재미있는 아이디어가 될 것 같은 생각이 들면 즉시 조합시킨다.

② 논리적 사고 … 사고의 전개에 있어 전후의 관계가 일치하고 있는가를 살피고 아이디어를 평가하는 사고능력이다.

㉠ 논리적 사고를 위한 5가지 요소 : 생각하는 습관, 상대 논리의 구조화, 구체적인 생각, 타인에 대한 이해, 설득

㉡ 논리적 사고 개발 방법

• 피라미드 구조 : 하위의 사실이나 현상부터 사고하여 상위의 주장을 만들어가는 방법

• so what기법 : '그래서 무엇이지?'하고 자문자답하여 주어진 정보로부터 가치 있는 정보를 이끌어 내는 사고 기법

③ 비판적 사고 … 어떤 주제나 주장에 대해서 적극적으로 분석하고 종합하며 평가하는 능동적인 사고이다.

㉠ 비판적 사고 개발 태도 : 비판적 사고를 개발하기 위해서는 지적 호기심, 객관성, 개방성, 융통성, 지적 회의성, 지적 정직성, 체계성, 지속성, 결단성, 다른 관점에 대한 존중과 같은 태도가 요구된다.

ⓛ 비판적 사고를 위한 태도
- 문제의식 : 비판적인 사고를 위해서 가장 먼저 필요한 것은 바로 문제의식이다. 자신이 지니고 있는 문제와 목적을 확실하고 정확하게 파악하는 것이 비판적인 사고의 시작이다.
- 고정관념 타파 : 지각의 폭을 넓히는 일은 정보에 대한 개방성을 가지고 편견을 갖지 않는 것으로 고정관념을 타파하는 일이 중요하다.

(2) 문제처리능력과 문제해결절차

① 문제처리능력 … 목표와 현상을 분석하고 이를 토대로 문제를 도출하여 최적의 해결책을 찾아 실행 · 평가하는 능력이다.

② 문제해결절차 … 문제 인식→문제 도출→원인 분석→해결안 개발→실행 및 평가
ⓖ 문제 인식 : 문제해결과정 중 'waht'을 결정하는 단계로 환경 분석→주요 과제 도출→과제 선정의 절차를 통해 수행된다.
- 3C 분석 : 환경 분석 방법의 하나로 사업환경을 구성하고 있는 요소인 자사(Company), 경쟁사 (Competitor), 고객(Customer)을 분석하는 것이다.

예제 3

L사에서 주력 상품으로 밀고 있는 TV의 판매 이익이 감소하고 있는 상황에서 귀하는 B부장으로부터 3C분석을 통해 해결방안을 강구해 오라는 지시를 받았다. 다음 중 3C에 해당하지 않는 것은?

① Customer
② Company
③ Competitor
④ Content

[출제의도]
3C의 개념과 구성요소를 정확히 숙지하고 있는지를 측정하는 문항이다.
[해설]
3C 분석에서 사업 환경을 구성하고 있는 요소인 자사(Company), 경쟁사(Competitor), 고객을 3C (Customer)라고 한다. 3C 분석에서 고객 분석에서는 '고객은 자사의 상품 · 서비스에 만족하고 있는지'를, 자사 분석에서는 '자사가 세운 달성목표와 현상 간에 차이가 없는지'를 경쟁사 분석에서는 '경쟁기업의 우수한 점과 자사의 현상과 차이가 없는지'에 대한 질문을 통해서 환경을 분석하게 된다.

답 ④

- SWOT 분석 : 기업내부의 강점과 약점, 외부환경의 기회와 위협요인을 분석 · 평가하여 문제해결 방안을 개발하는 방법이다.

		내부환경요인	
		강점(Strengths)	약점(Weaknesses)
외부환경요인	기회 (Opportunities)	SO 내부강점과 외부기회 요인을 극대화	WO 외부기회를 이용하여 내부약점을 강점으로 전환
	위협 (Threat)	ST 외부위협을 최소화하기 위해 내부강점을 극대화	WT 내부약점과 외부위협을 최소화

ⓛ 문제 도출 : 선정된 문제를 분석하여 해결해야 할 것이 무엇인지를 명확히 하는 단계로, 문제 구조 파악→핵심 문제 선정 단계를 거쳐 수행된다.

- Logic Tree : 문제의 원인을 파고들거나 해결책을 구체화할 때 제한된 시간 안에서 넓이와 깊이를 추구하는데 도움이 되는 기술로 주요 과제를 나무모양으로 분해 · 정리하는 기술이다.

ⓒ 원인 분석 : 문제 도출 후 파악된 핵심 문제에 대한 분석을 통해 근본 원인을 찾는 단계로 Issue 분석→Data 분석→원인 파악의 절차로 진행된다.

ⓛ 해결안 개발 : 원인이 밝혀지면 이를 효과적으로 해결할 수 있는 다양한 해결안을 개발하고 최선의 해결안을 선택하는 것이 필요하다.

ⓜ 실행 및 평가 : 해결안 개발을 통해 만들어진 실행계획을 실제 상황에 적용하는 활동으로 실행계획 수립→실행→Follow-up의 절차로 진행된다.

예제 4

C사는 최근 국내 매출이 지속적으로 하락하고 있어 사내 분위기가 심상치 않다. 이에 대해 Y부장은 이 문제를 극복하고자 문제처리 팀을 구성하여 해결방안을 모색하도록 지시하였다. 문제처리 팀의 문제해결 절차를 올바른 순서로 나열한 것은?

① 문제 인식→원인 분석→해결안 개발→문제 도출→실행 및 평가
② 문제 도출→문제 인식→해결안 개발→원인 분석→실행 및 평가
③ 문제 인식→원인 분석→문제 도출→해결안 개발→실행 및 평가
④ 문제 인식→문제 도출→원인 분석→해결안 개발 →실행 및 평가

[출제의도]
실제 업무 상황에서 문제가 일어났을 때 해결 절차를 알고 있는지를 측정하는 문항이다.
[해설]
일반적인 문제해결절차는 '문제 인식→문제 도출→원인 분석→해결안 개발 →실행 및 평가로 이루어진다.

답 ④

출제예상문제

1 A교육연구소 아동청소년연구팀에 근무하는 甲은 다음과 같은 연구를 시행하여 결과를 얻었다. 연구결과를 상사에게 구두로 보고하자 결과를 뒷받침할 만한 직접적인 근거를 추가하여 보고서를 작성해 오라는 지시를 받았다. 다음 〈보기〉 중 근거로 추가할 수 있는 자료를 모두 고른 것은?

> [연구개요] 한 아동이 다른 사람을 위하여 행동하는 매우 극적인 장면이 담긴 'Lassie'라는 프로그램을 매일 5시간 이상 시청한 초등학교 1~2학년 아동들은 이와는 전혀 다른 내용이 담긴 프로그램을 시청한 아동들보다 훨씬 더 협조적이고 타인을 배려하는 행동을 보여주었다.
> 반면에 텔레비전을 통해 매일 3시간 이상 폭력물을 시청한 아동과 청소년들은 텔레비전 속에서 보이는 성인들의 폭력행위를 빠른 속도로 모방하였다.
> [연구결과] 텔레비전 속에서 보이는 폭력이 아동과 청소년의 범죄행위를 유발시킬 가능성이 크다.

> 〈보기〉
> ㉠ 전국의 소년교도소에 폭행죄로 수감되어 있는 재소자들은 6세 이후 폭력물을 매일 적어도 4시간 이상씩 시청했었다.
> ㉡ 전국의 성인교도소에 폭행죄로 수감되어 있는 재소자들은 6세 이후 폭력물을 매일 적어도 6시간 이상씩 시청했었다.
> ㉢ 전국의 소년교도소에 폭행죄로 수감되어 있는 청소년들은 매일 저녁 교도소 내에서 최소한 3시간씩 폭력물을 시청한다.
> ㉣ 6세에서 12세 사이에 선행을 많이 하는 아동들이 성인이 되어서도 선행을 많이 한다.
> ㉤ 텔레비전 발명 이후, 아동과 청소년을 대상으로 한 폭력범죄가 증가하였다.

① ㉠
② ㉠, ㉡
③ ㉠, ㉡, ㉤
④ ㉡, ㉢, ㉤
⑤ ㉢, ㉣, ㉤

✔해설 ㉠은 [연구개요] 중 '3시간 이상 폭력물을 시청한 아동과 청소년들은 텔레비전 속에서 보이는 성인들의 폭력행위를 빠른 속도로 모방하였다.'와 같은 맥락으로 볼 수 있는 자료로, [연구결과]를 뒷받침하는 직접적인 근거가 된다.
㉡ 성인의 범죄행위 유발과 관련 자료이다.
㉢ 이미 범죄행위를 저지르고 난 후 폭력물을 시청하는 조건이다.
㉣ 텔레비전 프로그램 시청이 선행에 영향을 미침을 증명하는 자료가 아니다.
㉤ 아동과 청소년을 대상으로 한 폭력범죄가 아닌, 아동과 청소년이 일으키는 범죄행위가 초점이 되어야 한다.

2 A기업 기획팀에서는 새로운 프로젝트를 추진하면서 업무추진력이 높은 직원은 프로젝트의 팀장으로 발탁하려고 한다. 성취행동 경향성이 높은 사람을 업무추진력이 높은 사람으로 규정할 때, 아래의 정의를 활용해서 〈보기〉의 직원들을 업무추진력이 높은 사람부터 순서대로 바르게 나열한 것은?

> 성취행동 경향성(TACH)의 강도는 성공추구 경향성(Ts)에서 실패회피 경향성(Tf)을 뺀 점수로 계산할 수 있다(TACH = Ts − Tf). 성공추구 경향성에는 성취동기(Ms)라는 잠재적 에너지의 수준이 영향을 준다. 왜냐하면 성취동기는 성과가 우수하다고 평가받고 싶어 하는 것으로 어떤 사람의 포부 수준, 노력 및 끈기를 결정하기 때문이다. 어떤 업무에 대해서 사람들이 제각기 다양한 방식으로 행동하는 것은 성취동기가 다른 데도 원인이 있지만, 개인이 처한 환경요인이 서로 다르기 때문이기도 하다. 이 환경요인은 성공기대확률(Ps)과 성공결과의 가치(Ins)로 이루어진다. 즉 성공추구 경향성은 이 세 요소의 곱으로 결정된다(Ts = Ms × Ps × Ins).
> 한편 실패회피 경향성은 실패회피동기, 실패기대확률 그리고 실패결과의 가치의 곱으로 결정된다. 이때 성공기대확률과 실패기대확률의 합은 1이며, 성공결과의 가치와 실패결과의 가치의 합도 1이다.

> 〈보기〉
> • A는 성취동기가 3이고, 실패회피동기가 1이다. 그는 국제환경협약에 대비한 공장건설환경규제안을 만들었는데, 이 규제안의 실현가능성을 0.7로 보며, 규제안이 실행될 때의 가치를 0.2로 보았다.
> • B는 성취동기가 2이고, 실패회피동기가 1이다. 그는 도시고속화도로 건설안을 기획하였는데, 이 기획안의 실패가능성을 0.7로 보며, 도로건설사업이 실패하면 0.3의 가치를 갖는다고 보았다.
> • C는 성취동기가 3이고, 실패회피동기가 2이다. 그는 △△지역의 도심재개발계획을 주도하였는데, 이 계획의 실현가능성을 0.4로 보며, 재개발사업이 실패하는 경우의 가치를 0.3으로 보았다.

① A, B, C
② B, A, C
③ B, C, A
④ C, A, B
⑤ C, B, A

 해설

직원	성공추구 경향성과 실패회피 경향성	성취행동 경향성
A	성공추구 경향성 = 3 × 0.7 × 0.2 = 0.42	= 0.42 − 0.24 = 0.18
	실패회피 경향성 = 1 × 0.3 × 0.8 = 0.24	
B	성공추구 경향성 = 2 × 0.3 × 0.7 = 0.42	= 0.42 − 0.21 = 0.21
	실패회피 경향성 = 1 × 0.7 × 0.3 = 0.21	
C	성공추구 경향성 = 3 × 0.4 × 0.7 = 0.84	= 0.84 − 0.36 = 0.48
	실패회피 경향성 = 2 × 0.6 × 0.3 = 0.36	

Answer 1.① 2.⑤

3 ○○기업 감사실 윤리위원회 소속인 甲은 내부고발을 통해 다섯 건의 부정행위를 알게 되었다. 회사내규가 다음과 같을 때 A~E의 행위가 '뇌물에 관한 죄'에 해당하지 않는 것은?

〈내규〉

제○○조
① 뇌물에 관한 죄는 임직원 또는 중재인이 그 직무에 관하여 뇌물을 수수(收受)·요구 또는 약속하는 수뢰죄와 임직원 또는 중재인에게 뇌물을 약속·공여(자진하여 제공하는 것) 하거나 공여의 의사표시를 하는 증뢰죄를 포함한다. 뇌물에 관한 죄가 성립하기 위해서는 직무에 관하여 뇌물을 수수·요구 또는 약속한다는 사실에 대한 고의(故意)가 있어야 한다. 즉 직무의 대가에 대한 인식이 있어야 한다. 또한 뇌물로 인정되기 위해서는 그것이 직무에 관한 것이어야 하며, 뇌물은 불법한 보수이어야 한다. 여기서 '직무'란 임직원 또는 중재인의 권한에 속하는 직무행위 그 자체뿐만 아니라 직무와 밀접한 관계가 있는 행위도 포함하는 개념이다. 그리고 '불법한 보수'란 정당하지 않은 보수이므로, 법령이나 사회윤리적 관점에서 인정될 수 있는 정당한 대가는 뇌물이 될 수 없다. 그 밖에 '수수'란 뇌물을 취득하는 것을 의미하며, 수수라고 하기 위해서는 자기나 제3자의 소유로 할 목적으로 남의 재물을 취득할 의사가 있어야 한다. 한편 보수는 직무행위와 대가관계에 있는 것임을 요하고, 그 종류, 성질, 액수나 유형, 무형을 불문한다.
② 중재인이란 법령에 의하여 중재의 직무를 담당하는 자를 말한다. 예컨대 노동조합 및 노동관계조정법에 의한 중재위원, 중재법에 의한 중재인 등이 이에 해당한다.

① A는 사장님 비서실에 재직하면서 ○○은행장인 Z로부터 ○○은행으로 주거래 은행을 바꾸도록 사장님께 건의해 달라는 취지의 부탁을 받고 금전을 받았다.

② B는 각종 인·허가로 잘 알게 된 담당공무원 Y에게 건축허가를 해달라고 부탁하면서 술을 접대하였을 뿐만 아니라 Y가 윤락여성과 성관계를 맺을 수 있도록 하였다.

③ 홍보부 가짜뉴스 대응팀 직원인 C는 ○○회사가 외국인 산업연수생에 대한 관리업체로 선정되도록 중소기업협동조합중앙회 회장 J에게 잘 이야기해 달라는 부탁을 받고 K로부터 향응을 제공받았다.

④ D는 자신이 담당하는 공사도급 관련 입찰 정보를 넘겨주는 조건으로 공사도급을 받으려는 건설업자 X로부터 금품을 받아 이를 개인적인 용도로 사용하였다.

⑤ 해외파견팀장으로서 해외파견자 선발 업무를 취급하던 E가 V로부터 자신을 선발해 달라는 부탁과 함께 사례조로 받은 자기앞수표를 자신의 은행계좌에 예치시켰다가 그 뒤 후환을 염려하여 V에게 반환하였다.

✔해설 내규에 따르면 뇌물로 인정되기 위해서는 그것이 직무에 관한 것이어야 하는데, '직무'란 임직원 또는 중재인의 권한에 속하는 직무행위 그 자체뿐만 아니라 직무와 밀접한 관계가 있는 행위를 말한다. C의 경우 홍보부 가짜뉴스 대응팀 직원이므로 외국인 산업연수생에 대한 관리업체 선정은 C의 권한에 속하는 직무행위이거나 직무와 밀접한 관계에 있는 행위라고 볼 수 없으므로 뇌물에 관한 죄에 해당하지 않는다.

4 ○○기업 직원인 A는 2018년 1월 1일 거래처 직원인 B와 전화통화를 하면서 ○○기업 소유 X물건을 1억 원에 매도하겠다는 청약을 하고, 그 승낙 여부를 2018년 1월 15일까지 통지해 달라고 하였다. 다음 날 A는 "2018년 1월 1일에 했던 청약을 철회합니다."라고 B와 전화통화를 하였는데, 같은 해 1월 12일 B는 "X물건에 대한 A의 청약을 승낙합니다."라는 내용의 서신을 발송하여 같은 해 1월 14일 A에게 도달하였다. 다음 법 규정을 근거로 판단할 때, 옳은 것은?

제○○조
① 청약은 상대방에게 도달한 때에 효력이 발생한다.
② 청약은 철회될 수 없는 것이더라도, 철회의 의사표시가 청약의 도달 전 또는 그와 동시에 상대방에게 도달하는 경우에는 철회될 수 있다.
제○○조 청약은 계약이 체결되기까지는 철회될 수 있지만, 상대방이 승낙의 통지를 발송하기 전에 철회의 의사표시가 상대방에게 도달되어야 한다. 다만 승낙기간의 지정 또는 그 밖의 방법으로 청약이 철회될 수 없음이 청약에 표시되어 있는 경우에는 청약은 철회될 수 없다.
제○○조
① 청약에 대한 동의를 표시하는 상대방의 진술 또는 그 밖의 행위는 승낙이 된다. 침묵이나 부작위는 그 자체만으로 승낙이 되지 않는다.
② 청약에 대한 승낙은 동의의 의사표시가 청약자에게 도달하는 시점에 효력이 발생한다. 청약자가 지정한 기간 내에 동의의 의사표시가 도달하지 않으면 승낙의 효력이 발생하지 않는다.
제○○조 계약은 청약에 대한 승낙의 효력이 발생한 시점에 성립된다.
제○○조 청약, 승낙, 그 밖의 의사표시는 상대방에게 구두로 통고된 때 또는 그 밖의 방법으로 상대방 본인, 상대방의 영업소나 우편주소에 전달된 때, 상대방이 영업소나 우편주소를 가지지 아니한 경우에는 그의 상거소(장소에 주소를 정하려는 의사 없이 상당기간 머무는 장소)에 전달된 때에 상대방에게 도달된다.

---

① 계약은 2018년 1월 15일에 성립되었다.
② 계약은 2018년 1월 14일에 성립되었다.
③ A의 청약은 2018년 1월 2일에 철회되었다.
④ B의 승낙은 2018년 1월 1일에 효력이 발생하였다.
⑤ B의 승낙은 2018년 1월 12일에 효력이 발생하였다.

✔해설 ①② 계약은 청약에 대한 승낙의 효력이 발생한 시점에 성립되므로 B의 승낙이 A에게 도달한 2018년 1월 14일에 성립된다.
③ 2018년 1월 15일까지 승낙 여부를 통지해 달라고 승낙기간을 지정하였으므로 청약은 철회될 수 없다.
④⑤ 청약에 대한 승낙은 동의의 의사표시가 청약자에게 도달하는 시점에 효력이 발생하므로 B의 승낙이 A에게 도달한 2018년 1월 14일에 성립된다.

▮5~6▮ 다음은 지방자치단체(지자체) 경전철 사업분석의 결과로서 분야별 문제점을 정리한 것이다. 다음 물음에 답하시오.

분야	문제점
추진주체 및 방식	• 기초지자체 중심(선심성 공약 남발)의 무리한 사업추진으로 인한 비효율 발생 • 지자체의 사업추진 역량부족으로 지방재정 낭비심화 초래 • 종합적 표준지침 부재로 인한 각 지자체마다 개별적으로 추진
타당성 조사 및 계획수립	• 사업주관 지자체의 행정구역만을 고려한 폐쇄적 계획 수립 • 교통수요 예측 및 사업타당성 검토의 신뢰성·적정성 부족 • 이해관계자 참여를 통한 사업계획의 정당성 확보 노력 미흡
사업자 선정 및 재원지원	• 토목 및 건설자 위주 지분참여로 인한 고비용·저효율 시공 초래 • 민간투자사업 활성화를 위한 한시적 규제유예 효과 미비
노선건설 및 차량시스템 선정	• 건설시공 이익 검토미흡으로 인한 재원낭비 심화 • 국내개발 시스템 도입 활성화를 위한 방안 마련 부족

5 다음 〈보기〉에서 '추진주체 및 방식'의 문제점에 대한 개선방안을 모두 고르면?

〈보기〉
㉠ 이해관계자 의견수렴 활성화를 통한 사업추진 동력 확보
㉡ 지자체 역량 강화를 통한 사업관리의 전문성·효율성 증진
㉢ 교통수요 예측 정확도 제고 등 타당성 조사 강화를 위한 여건 조성
㉣ 경전철 사업관련 업무처리 지침 마련 및 법령 보완
㉤ 무분별한 해외시스템 도입 방지 및 국산기술·부품의 활성화 전략 수립
㉥ 상위교통계획 및 생활권과의 연계강화를 통한 사업계획의 체계성 확보
㉦ 시공이익에 대한 적극적 검토를 통해 총사업비 절감 효과 도모

① ㉠㉡
② ㉡㉣
③ ㉡㉣㉦
④ ㉣㉤㉥
⑤ ㉥㉦

✔해설 ㉡ : '지자체의 사업추진 역량부족으로 지방재정 낭비심화 초래'에 대한 개선방안이다.
㉣ : '종합적 표준지침 부재로 인한 각 지자체마다 개별적으로 추진'에 대한 개선방안이다.

6 다음 〈보기〉에서 '타당성 조사 및 계획수립'의 문제점에 대한 개선방안을 모두 고르면?

> ㉠ 이해관계자 의견수렴 활성화를 통한 사업추진 동력 확보
> ㉡ 지자체 역량 강화를 통한 사업관리의 전문성·효율성 증진
> ㉢ 교통수요 예측 정확도 제고 등 타당성 조사 강화를 위한 여건 조성
> ㉣ 경전철 사업관련 업무처리 지침 마련 및 법령 보완
> ㉤ 무분별한 해외시스템 도입 방지 및 국산기술·부품의 활성화 전략 수립
> ㉥ 상위교통계획 및 생활권과의 연계강화를 통한 사업계획의 체계성 확보
> ㉦ 시공이익에 대한 적극적 검토를 통해 총사업비 절감 효과 도모

① ㉠㉢㉥
② ㉠㉢㉦
③ ㉡㉢㉤
④ ㉡㉢㉥
⑤ ㉤㉥㉦

✔ **해설** ㉠ : '이해관계자 참여를 통한 사업계획의 정당성 확보 노력 미흡'에 대한 개선방안이다.
㉢ : '교통수요 예측 및 사업타당성 검토의 신뢰성·적정성 부족'에 대한 개선방안이다.
㉥ : '사업주관 지자체의 행정구역만을 고려한 폐쇄적 계획 수립'에 대한 개선방안이다.

Answer 5.② 6.①

7 다음은 건물주 甲이 판단한 입주 희망 상점에 대한 정보이다. 다음에 근거하여 건물주 甲이 입주시킬 두 상점을 고르면?

〈표〉 입주 희망 상점 정보

상점	월세(만 원)	폐업위험도	월세 납부일 미준수비율
중국집	90	중	0.3
한식집	100	상	0.2
분식집	80	중	0.15
편의점	70	하	0.2
영어학원	80	하	0.3
태권도학원	90	상	0.1

※ 음식점 : 중국집, 한식집, 분식집
※ 학원 : 영어학원, 태권도학원

〈정보〉
• 건물주 甲은 자신의 효용을 극대화하는 상점을 입주시킨다.
• 甲의 효용 : 월세(만 원)×입주 기간(개월)−월세 납부일 미준수비율×입주 기간(개월)×100(만 원)
• 입주 기간 : 폐업위험도가 '상'인 경우 입주 기간은 12개월, '중'인 경우 15개월, '하'인 경우 18개월
• 음식점 2개를 입주시킬 경우 20만 원의 효용이 추가로 발생한다.
• 학원 2개를 입주시킬 경우 30만 원의 효용이 추가로 발생한다.

① 중국집, 한식집
② 한식집, 분식집
③ 분식집, 태권도학원
④ 영어학원, 태권도학원
⑤ 분식집, 영어학원

✔해설 중국집 : $90 \times 15 - 0.3 \times 15 \times 100 = 900$
한식집 : $100 \times 12 - 0.2 \times 12 \times 100 = 960$
분식집 : $80 \times 15 - 0.15 \times 15 \times 100 = 975$
편의점 : $70 \times 18 - 0.2 \times 18 \times 100 = 900$
영어학원 : $80 \times 18 - 0.3 \times 18 \times 100 = 900$
태권도학원 : $90 \times 12 - 0.1 \times 12 \times 100 = 960$
분식집의 효용이 가장 높고, 한식집과 태권도학원이 960으로 같다. 음식점 2개를 입주시킬 경우 20만원의 효용이 추가로 발생하므로 분식집과 한식집을 입주시킨다.

8 다음은 5가지의 영향력을 행사하는 방법과 순정, 석일이의 발언이다. 순정이와 석일이의 발언은 각각 어떤 방법에 해당하는가?

〈영향력을 행사하는 방법〉
- 합리적 설득 : 논리와 사실을 이용하여 제안이나 요구가 실행 가능하고, 그 제안이나 요구가 과업 목표 달성을 위해 필요하다는 것을 보여주는 방법
- 연합 전술 : 영향을 받는 사람들이 제안을 지지하거나 어떤 행동을 하도록 만들기 위해 다른 사람의 지지를 이용하는 방법
- 영감에 호소 : 이상에 호소하거나 감정을 자극하여 어떤 제안이나 요구사항에 몰입하도록 만드는 방법
- 교환 전술 : 제안에 대한 지지에 상응하는 대가를 제공하는 방법
- 합법화 전술 : 규칙, 공식적 방침, 공식 문서 등을 제시하여 제안의 적법성을 인식시키는 방법

〈발언〉
- 순정 : 이 기획안에 대해서는 이미 개발부와 재정부가 동의했습니다. 여러분들만 지지해준다면 계획을 성공적으로 완수할 수 있을 것입니다.
- 석일 : 이 기획안은 우리 기업의 비전과 핵심가치들을 담고 있습니다. 이 계획이야말로 우리가 그동안 염원했던 가치를 실현함으로써 회사의 발전을 이룩할 수 있는 기회라고 생각합니다. 여러분이 그동안 고생한 만큼 이 계획은 성공적으로 끝마쳐야 합니다.

① 순정 : 합리적 설득, 석일 : 영감에 호소
② 순정 : 연합 전술, 석일 : 영감에 호소
③ 순정 : 연합 전술, 석일 : 합법화 전술
④ 순정 : 영감에 호소, 석일 : 합법화 전술
⑤ 순정 : 영감에 호소, 석일 : 교환 전술

✔해설 ㉠ 순정 : 다른 사람들의 지지를 이용하기 때문에 '연합 전술'에 해당한다.
㉡ 석일 : 기업의 비전과 가치를 언급함으로써 이상에 호소하여 제안에 몰입하도록 하기 때문에 '영감에 호소'에 해당한다.

Answer 7.② 8.②

9 G 음료회사는 신제품 출시를 위해 시제품 3개를 만들어 전직원을 대상으로 블라인드 테스트를 진행한 후 기획팀에서 회의를 하기로 했다. 독창성, 대중성, 개인선호도 세 가지 영역에 총 15점 만점으로 진행된 테스트 결과가 다음과 같을 때, 기획팀 직원들의 발언으로 옳지 않은 것은?

	독창성	대중성	개인선호도	총점
시제품 A	5	2	3	10
시제품 B	4	4	4	12
시제품 C	2	5	5	12

① 우리 회사의 핵심가치 중 하나가 창의성 아닙니까? 저는 독창성 점수가 높은 A를 출시해야 한다고 생각합니다.

② 독창성이 높아질수록 총점이 낮아지는 것을 보지 못하십니까? 저는 그 의견에 반대합니다.

③ 무엇보다 현 시점에서 회사의 재정상황을 타개하기 위해서는 대중성을 고려하여 높은 이윤이 날 것으로 보이는 C를 출시해야 하지 않겠습니까?

④ 저도 대중성과 개인선호도가 높은 C를 출시해야 한다고 생각합니다.

⑤ 그럼 독창성과 대중성, 개인선호도 점수가 비슷한 B를 출시하는 것이 어떻겠습니까?

✔ 해설 ② 시제품 B는 C에 비해 독창성 점수가 2점 높지만 총점은 같다. 따라서 옳지 않은 발언이다.

10 다음은 이경제씨가 금융 상품에 대해 상담을 받는 내용이다. 이에 대한 옳은 설명을 모두 고른 것은?

이경제씨 : 저기 1,000만 원을 예금하려고 합니다.
　　　　　정기 예금 상품을 좀 추천해 주시겠습니까?
은행직원 : 원금에만 연 5%의 금리가 적용되는 A 상품과 원금뿐만 아니라 이자에 대해서도 연 4.5%
　　　　　의 금리가 적용되는 B 상품이 있습니다. 예금 계약 기간은 고객님께서 연 단위로 정하실
　　　　　수 있습니다.

㉠ 이경제씨는 요구불 예금에 가입하고자 한다.
㉡ 이경제씨는 간접 금융 시장에 참여하고자 한다.
㉢ A 상품은 복리, B 상품은 단리가 적용된다.
㉣ 예금 계약 기간에 따라 이경제씨의 정기 예금 상품에 대한 합리적 선택은 달라질 수 있다.

① ㉠㉡　　　　　　　　　　　　　　　② ㉠㉢
③ ㉡㉢　　　　　　　　　　　　　　　④ ㉡㉣
⑤ ㉢㉣

✔ **해설** ㉠ 정기 예금은 저축성 예금에 해당한다.
　　　　　㉢ A는 단리, B는 복리가 적용된 정기 예금 상품이다.

11 甲구와 乙구로 이루어진 신도시 A시에는 여성비전센터와 청소년수련관이 없으므로 A시는 60억 원의 건축 예산을 사용하여 다음 자료 하에서 시민 만족도가 가장 높도록 여성비전센터와 청소년수련관을 신축하려고 한다. 이에 대한 〈보기〉의 설명 중 옳은 것을 모두 고르면?

〈건축비와 만족도〉

지역	시설 종류	건축비(억 원)	만족도
甲구	여성비전센터	20	35
	청소년수련관	15	30
乙구	여성비전센터	15	40
	청소년수련관	20	50

〈조건〉

• 예산 범위 내에서 시설을 신축한다.
• 시민 만족도는 각 시설에 대한 만족도의 합으로 계산한다.
• 각 구에는 최소 1개의 시설을 신축해야 한다.
• 하나의 구에 동일 종류의 시설을 3개 이상 신축할 수 없다.
• 하나의 구에 동일 종류의 시설을 2개 신축할 경우, 그 시설 중 한 시설에 대한 만족도는 20% 하락한다.

〈보기〉

㉠ 甲구에는 여성비전센터가 신축될 것이다.
㉡ 乙구에는 2개의 시설이 신축될 것이다.
㉢ 예산은 모두 사용될 것이다.
㉣ A시에 신축되는 시설의 수는 3개일 것이다.

① ㉠㉡
② ㉠㉢
③ ㉡㉢
④ ㉡㉣
⑤ ㉢㉣

✅해설 다음의 조건에 따라 A시에 신축되는 시설은 甲구의 15억 청소년수련관 2개와 乙구의 15억 여성비전센터 2개이며 이때가 가장 만족도가 크다.
→ 만족도, 30+24(20% 하락)+40+32(20% 하락)=126
㉠ 甲구에는 여성비전센터가 신축되지 않는다. (×)
㉡ 乙구에는 2개의 시설이 신축된다. (○)
㉢ 예산의 경우 15 + 15 + 15 + 15 = 60억으로 모두 사용된다. (○)
㉣ A시에 신축되는 시설의 수는 4개이다. (×)

12 다음은 특보의 종류 및 기준에 관한 자료이다. ⊙과 ⓒ의 상황에 어울리는 특보를 올바르게 짝지은 것은?

〈특보의 종류 및 기준〉

종류	주의보	경보
강풍	육상에서 풍속 14m/s 이상 또는 순간풍속 20m/s 이상이 예상될 때. 다만, 산지는 풍속 17m/s 이상 또는 순간풍속 25m/s 이상이 예상될 때	육상에서 풍속 21m/s 이상 또는 순간풍속 26m/s 이상이 예상될 때. 다만, 산지는 풍속 24m/s 이상 또는 순간풍속 30m/s 이상이 예상될 때
호우	6시간 강우량이 70mm 이상 예상되거나 12시간 강우량이 110mm 이상 예상될 때	6시간 강우량이 110mm 이상 예상되거나 12시간 강우량이 180mm 이상 예상될 때
태풍	태풍으로 인하여 강풍, 풍랑, 호우 현상 등이 주의보 기준에 도달할 것으로 예상될 때	태풍으로 인하여 풍속이 17m/s 이상 또는 강우량이 100mm 이상 예상될 때. 다만, 예상되는 바람과 비의 정도에 따라 아래와 같이 세분한다.
폭염	6월~9월에 일최고기온이 33℃ 이상이고, 일최고열지수가 32℃ 이상인 상태가 2일 이상 지속될 것으로 예상될 때	6월~9월에 일최고기온이 35℃ 이상이고, 일최고열지수가 41℃ 이상인 상태가 2일 이상 지속될 것으로 예상될 때

태풍 경보 세분:

	3급	2급	1급
바람(m/s)	17~24	25~32	33이상
비(mm)	100~249	250~399	400이상

⊙ 태풍이 남해안에 상륙하여 울산지역에 270mm의 비와 함께 풍속 26m/s의 바람이 예상된다.
ⓒ 지리산에 오후 3시에서 오후 9시 사이에 약 130mm의 강우와 함께 순간풍속 28m/s가 예상된다.

	⊙	ⓒ
①	태풍경보 1급	호우주의보
②	태풍경보 2급	호우경보+강풍주의보
③	태풍주의보	강풍주의보
④	태풍경보 2급	호우경보+강풍경보
⑤	태풍경보 1급	강풍주의보

✔해설 ⊙ : 태풍경보 표를 보면 알 수 있다. 비가 270mm이고 풍속 26m/s에 해당하는 경우는 태풍경보 2급이다.
　　 ⓒ : 6시간 강우량이 130mm 이상 예상되므로 호우경보에 해당하며 산지의 경우 순간풍속 28m/s 이상이 예상되므로 강풍주의보에 해당한다.

Answer 11.③ 12.②

13 A~E 5명은 영어시험으로 말하기, 듣기, 쓰기, 읽기 네 가지 다른 영역의 시험을 각각 1시간씩 네 시간에 걸쳐 봐야 한다. 또한 1번부터 5번까지 순서대로 번호가 붙은 시험장을 한 곳씩 사용하며 각자 자신의 시험장에서 1시간마다 다른 영역의 시험을 봐야 한다. 아래 〈조건〉의 내용을 참고할 때 〈보기〉의 설명 중 옳지 않은 것을 모두 고르면?

〈조건〉
1) 같은 시간대에서는 인접한 두 시험장에서 동일한 영역을 시험볼 수 없다.
2) A는 3번 시험장을 사용하고, 두 번째 시험으로 읽기 시험을 본다.
3) B는 마지막 시간대에 쓰기 시험을 보고, 세 번째 시험에 A와 같은 영역의 시험을 본다.
4) E는 5번 시험장을 사용하고, 처음 시작할 때 듣기 시험을 봤으며, 마지막 시험은 읽기 시험이다.
5) B와 D는 마지막 시간대에 같은 영역의 시험을 본다.
6) 2번과 4번 시험장에 있는 수험생들은 처음에 반드시 읽기를 제외한 같은 영역의 시험을 본다.

㉠ E는 두 번째 시간대에 말하기나 쓰기 시험을 봐야 한다.
㉡ A가 세 번째 시간대에 말하기 시험을 본다면, B는 처음에 반드시 읽기 시험을 봐야 한다.
㉢ B가 처음에 읽기 시험, 두 번째 시간대에 말하기 시험을 본다면 A는 처음에 말하기 시험을 봐야 한다.
㉣ C의 마지막 시험이 듣기 시험일 때 A의 마지막 시험은 말하기 시험이다.

① ㉠㉡
② ㉠㉢
③ ㉠㉣
④ ㉡㉢
⑤ ㉢㉣

해설 다음의 내용을 표로 정리하면 다음과 같다.

	1번	2번	3번	4번	5번	첫 번째	두 번째	세 번째	마지막
A			○				읽기	A,B (동일시험)	
B	○							A,B (동일시험)	쓰기
C		○				말하기			
D				○		말하기			쓰기
E					○	듣기			읽기
첫 번째		말하기		말하기	듣기				
두 번째			읽기						
세 번째	A,B (동일시험)		A,B (동일시험)						
마지막	쓰기			쓰기	읽기				

- 시험장의 경우 A와 E는 각각 3번과 5번 시험장에서 시험을 본다. 또한 3)에서 B는 세 번째 시간대에 A와 같은 시험을 본다고 했으며 1)의 조건에 의해 A와 B는 서로 나란히 붙어있는 시험장에서 시험을 보면 안 된다. 따라서 B의 시험장은 2번, 4번이 아니고 1번 시험장이 된다. 5)에서 B와 D는 인접한 시험장을 사용하지 못 하며 B가 1번 시험장이므로 D는 4번 시험장이 되고 C는 2번 시험장이 된다.

- 각각의 시간대별 시험의 경우 주어진 조건을 위의 표와 같이 채울 수 있으며 3)에서 B가 마지막 시간대에 쓰기 시험을 본다고 했으므로 5)에서 D도 마지막 시간대에 쓰기 시험을 본다. 6)에서 2번과 4번 시험장은 서로 떨어져 있는 시험장이므로 같은 시험을 볼 수 있으며 읽기를 제외한다고 했는데 5번 시험장에서 듣기 시험을 보고 있으므로 듣기 시험도 아니다. 그리고 D는 마지막 시간대에 쓰기를 보기 때문에 2번과 4번 시험장에서 시험을 보는 C와 D는 첫 번째로 말하기 시험을 봐야 한다.

- ㉠ : E는 첫 번째에 듣기, 마지막에 읽기 시험을 본다. 따라서 두 번째 시간대에 말하기나 쓰기 시험을 봐야한다. (○)

- ㉡ : A, B 동일시험에 해당하는 칸이 말하기 시험이라고 하는 것이므로 B는 세 번째 시간대에 말하기, 네 번째 시간대에 쓰기 시험을 봐야 한다. 첫 번째 시간대에는 듣기나 읽기 시험을 볼 수 있다. 그 시간대에 2번 시험장에서는 말하기 시험을 보고 있다. (×)

- ㉢ : B가 읽기, 말하기 시험을 보게 되면 세 번째 시간대에 듣기 시험을 보고 A도 세 번째 시간대에는 듣기 시험을 본다. A는 첫 번째 시간대에 쓰기와 말하기 시험을 볼 수 있지만 인접한 2번과 4번 시험장에서 말하기 시험을 보고 있기 때문에 쓰기 시험을 봐야 한다. (×)

- ㉣ : C의 2번 시험장에서 듣기 시험을 보고 4번 시험장에서는 D에 의해 쓰기 시험이 진행되므로 이미 두 번째 시간대에 읽기 시험을 본 A의 입장에서는 마지막 시험으로 말하기 시험을 봐야 한다. (○)

┃14~15┃ 다음 글은 어린이집 입소기준에 대한 규정이다. 다음 글을 읽고 물음에 답하시오.

어린이집 입소기준
• 어린이집의 장은 당해시설에 결원이 생겼을 때마다 '명부 작성방법' 및 '입소 우선순위'를 기준으로 작성된 명부의 선 순위자를 우선 입소조치 한다.

명부작성방법
• 동일 입소신청자가 1·2순위 항목에 중복 해당되는 경우, 해당 항목별 점수를 합하여 점수가 높은 순으로 명부를 작성함
• 1순위 항목당 100점, 2순위 항목당 50점 산정
– 다만, 2순위 항목만 있는 경우 점수합계가 1순위 항목이 있는 자보다 같거나 높더라도 1순위 항목이 있는 자보다 우선순위가 될 수 없으며, 1순위 항목점수가 동일한 경우에 한하여 2순위 항목에 해당될 경우 추가합산 가능함
• 영유아 2자녀 이상 가구가 동일 순위일 경우 다자녀가구 자녀가 우선입소
• 대기자 명부 조정은 매분기 시작 월 1일을 기준으로 함

입소 우선순위
• 1순위
– 국민기초생활보장법에 따른 수급자
– 국민기초생활보장법 제24조의 규정에 의한 차상위계층의 자녀
– 장애인 중 보건복지부령이 정하는 장애 등급 이상에 해당하는 자의 자녀
– 아동복지시설에서 생활 중인 영유아
– 다문화가족의 영유아
– 자녀가 3명 이상인 가구 또는 영유아가 2자녀 가구의 영유아
– 산업단지 입주기업체 및 지원기관 근로자의 자녀로서 산업 단지에 설치된 어린이집을 이용하는 영유아
• 2순위
– 한부모 가족의 영유아
– 조손 가족의 영유아
– 입양된 영유아

14 어린이집에 근무하는 A씨가 접수합계를 내보니, 두 영유아가 1순위 항목에서 동일한 점수를 얻었다. 이 경우에는 어떻게 해야 하는가?

① 두 영유아 모두 입소조치 한다.

② 다자녀가구 자녀를 우선 입소조치 한다.

③ 한부모 가족의 영유아를 우선 입소조치 한다.

④ 2순위 항목에 해당될 경우 1순위 항목에 추가합산 한다.

⑤ 두 영유아 모두 입소조치 하지 않는다.

> ✔**해설** 명부작성방법에서 1순위 항목점수가 동일한 경우에 한하여 2순위 항목에 해당될 경우 추가합산 가능하다고 나와 있다.

15 다음에 주어진 영유아들의 입소순위로 높은 것부터 나열한 것은?

> ㉠ 혈족으로는 할머니가 유일하나, 현재는 아동복지시설에서 생활 중인 영유아
> ㉡ 아버지를 여의고 어머니가 근무하는 산업단지에 설치된 어린이집을 동생과 함께 이용하는 영유아
> ㉢ 동남아에서 건너온 어머니와 가장 높은 장애 등급을 가진 한국인 아버지가 국민기초생활보장법에 의한 차상위 계층에 해당되는 영유아

① ㉠ - ㉡ - ㉢　　　　　　　　② ㉡ - ㉠ - ㉢

③ ㉡ - ㉢ - ㉠　　　　　　　　④ ㉢ - ㉠ - ㉡

⑤ ㉢ - ㉡ - ㉠

> ✔**해설** ㉢ 300점
> ㉡ 250점
> ㉠ 150점

｜16~18｜ 다음 조건을 읽고 옳은 설명을 고르시오.

16

> • 수학을 못하는 사람은 영어도 못한다.
> • 국어를 못하는 사람은 미술도 못한다.
> • 영어를 잘하는 사람은 미술도 잘한다.

> A : 수학을 잘하는 사람은 영어를 잘한다.
> B : 영어를 잘하는 사람은 국어를 잘한다.

① A만 옳다.

② B만 옳다.

③ A와 B 모두 옳다.

④ A와 B 모두 그르다.

⑤ A와 B 모두 옳은지 그른지 알 수 없다.

✔ **해설** 각 조건의 대우는 다음과 같다.
 • 영어를 잘하는 사람은 수학도 잘한다.
 • 미술을 잘하는 사람은 국어도 잘한다.
 • 미술을 못하는 사람은 영어도 못한다.
 주어진 세 번째 조건과, 두 번째 조건의 대우를 연결하면 '영어를 잘하는 사람은 미술을 잘하고, 미술을 잘하는 사람은 국어도 잘한다'가 되므로 B는 옳다. A는 알 수 없다.

17

> • 날씨가 시원하면 기분이 좋다.
> • 배고프면 라면이 먹고 싶다.
> • 기분이 좋으면 마음이 차분하다.
> • '마음이 차분하면 배고프다'는 명제는 참이다.

> A : 날씨가 시원하면 라면이 먹고 싶다.
> B : 배고프면 마음이 차분하다.

① A만 옳다.

② B만 옳다.

③ A와 B 모두 옳다.

④ A와 B 모두 그르다.

⑤ A와 B 모두 옳은지 그른지 알 수 없다.

> ✔해설 날씨가 시원함→기분이 좋음→마음이 차분함→배고픔→라면이 먹고 싶음
> 따라서 A만 옳다.

18

> • 과일 A에는 씨가 2개, 과일 B에는 씨가 1개 있다.
> • 철수와 영수는 각각 과일 4개씩을 먹었다.
> • 철수는 영수보다 과일 A를 1개 더 먹었다.
> • 철수는 같은 수로 과일 A와 B를 먹었다.

> A : 영수는 B과일을 3개 먹었다.
> B : 두 사람이 과일을 다 먹고 나온 씨의 개수 차이는 1개이다.

① A만 옳다.

② B만 옳다.

③ A와 B 모두 옳다.

④ A와 B 모두 그르다.

⑤ A와 B 모두 옳은지 그른지 알 수 없다.

> ✔해설 철수는 같은 수로 과일 A와 B를 먹었으므로 각각 2개씩 먹었다는 것을 알 수 있다. 철수는 영수보다
> 과일 A를 1개 더 먹었으므로, 영수는 과일 A를 1개 먹었다.

	A과일	B과일	씨의 개수
철수	2개	2개	6개
영수	1개	3개	5개

19 갑과 을, 병 세 사람은 면세점에서 A, B, C 브랜드 중 하나의 가방을 각각 구입하려고 한다. 소비자들이 가방을 구매하는데 고려하는 것은 브랜드명성, 디자인, 소재, 경제성의 네 가지 속성이다. 각 속성에 대한 평가는 0부터 10까지의 점수로 주어지며, 점수가 높을수록 소비자를 더 만족시킨다고 한다. 각 브랜드의 제품에 대한 평가와 갑, 을, 병 각자의 제품을 고르는 기준이 다음과 같을 때, 소비자들이 구매할 제품으로 바르게 짝지어진 것은?

〈브랜드별 소비자 제품평가〉

	A 브랜드	B 브랜드	C 브랜드
브랜드명성	10	7	7
경제성	4	8	5
디자인	8	6	7
소재	9	6	3

※ 각 평가에 부여하는 가중치 : 브랜드명성(0.4), 경제성(0.3), 디자인(0.2), 소재(0.1)

〈소비자별 구매기준〉

갑 : 가중치가 높은 순으로 가장 좋게 평가된 제품을 선택한다.

을 : 모든 속성을 가중치에 따라 평가(점수×가중치)하여 종합적으로 가장 좋은 대안을 선택한다.

병 : 모든 속성이 4점 이상인 제품을 선택한다. 2가지 이상이라면 디자인 점수가 높은 제품을 선택한다.

	갑	을	병		갑	을	병
①	A	A	A	②	A	A	B
③	A	B	C	④	B	C	B
⑤	B	A	B				

✔해설 ㉠ 갑 : 가중치가 가장 높은 브랜드명성이 가장 좋게 평가된 A 브랜드 제품을 선택한다.

㉡ 을 : 각 제품의 속성을 가중치에 따라 평가하면 다음과 같다.

A : $10(0.4) + 4(0.3) + 8(0.2) + 9(0.1) = 4 + 1.2 + 1.6 + 0.9 = 7.7$

B : $7(0.4) + 8(0.3) + 6(0.2) + 6(0.1) = 2.8 + 2.4 + 1.2 + 0.6 = 7$

C : $7(0.4) + 5(0.3) + 7(0.2) + 3(0.1) = 2.8 + 1.5 + 1.4 + 0.3 = 6$

∴ A 브랜드 제품을 선택한다.

㉢ 병 : 모든 속성이 4점 이상인 A, B 브랜드 중 디자인 점수가 더 높은 A 브랜드 제품을 선택한다.

20 다음은 화재손해 발생 시 지급 보험금 산정방법과 피보험물건의 보험금액 및 보험가액에 대한 자료이다. 다음 조건에 따를 때, 지급 보험금이 가장 많은 피보험물건은?

〈표1〉 지급 보험금 산정방법

피보험물건의 유형	조건	지급 보험금
일반물건, 창고물건, 주택	보험금액 ≥ 보험가액의 80%	손해액 전액
	보험금액 < 보험가액의 80%	손해액 × $\dfrac{보험금액}{보험가액의 80\%}$
공장물건, 동산	보험금액 ≥ 보험가액	손해액 전액
	보험금액 < 보험가액	손해액 × $\dfrac{보험금액}{보험가액}$

※ 보험금액은 보험사고가 발생한 때에 보험회사가 피보험자에게 지급해야 하는 금액의 최고한도를 말한다.

※ 보험가액은 보험사고가 발생한 때에 피보험자에게 발생 가능한 손해액의 최고한도를 말한다.

〈표2〉 피보험물건의 보험금액 및 보험가액

피보험물건	피보험물건 유형	보험금액	보험가액	손해액
甲	동산	7천만 원	1억 원	6천만 원
乙	일반물건	8천만 원	1억 원	8천만 원
丙	창고물건	6천만 원	7천만 원	9천만 원
丁	공장물건	9천만 원	1억 원	6천만 원
戊	주택	6천만 원	8천만 원	8천만 원

① 甲

② 乙

③ 丙

④ 丁

⑤ 戊

✔해설

① 甲 : 6천만 원 × $\dfrac{7천만 원}{1억 원}$ = 4,200만 원

② 乙 : 손해액 전액이므로 8,000만 원

③ 丙 : 손해액 전액이므로 9,000만 원

④ 丁 : 6천만 원 × $\dfrac{9천만 원}{1억 원}$ = 5,400만 원

⑤ 戊 : 8천만 원 × $\dfrac{6천만 원}{6,400만 원}$ = 7,500만 원

21 G회사에 근무하는 박과장과 김과장은 점심시간을 이용해 과녁 맞추기를 하였다. 다음 〈조건〉에 근거하여 〈점수표〉의 빈칸을 채울 때 박과장과 김과장의 최종점수가 될 수 있는 것은?

〈조건〉
- 과녁에는 0점, 3점, 5점이 그려져 있다.
- 박과장과 김과장은 각각 10개의 화살을 쏘았고, 0점을 맞힌 화살의 개수만 〈점수표〉에 기록이 되어 있다.
- 최종 점수는 각 화살이 맞힌 점수의 합으로 한다.
- 박과장과 김과장이 쏜 화살 중에는 과녁 밖으로 날아간 화살은 없다.
- 박과장과 김과장이 5점을 맞힌 화살의 개수는 동일하다.

〈점수표〉

점수	박과장의 화살 수	김과장의 화살 수
0점	3	2
3점		
5점		

	박과장의 최종점수	김과장의 최종점수
①	25	29
②	26	29
③	27	30
④	28	30
⑤	29	30

> **해설** 5점을 맞힌 화살의 개수가 동일하다고 했으므로 5점의 개수에 따라 점수를 정리하면 다음과 같다.

	1개	2개	3개	4개	5개	6개	7개
박과장	5+18=23	10+15=25	15+12=27	20+9=29	25+6=31	30+3=33	35+0=35
김과장	5+21=26	10+18=28	15+15=30	20+12=32	25+9=34	30+6=36	35+3=38

22 다음 〈조건〉에 따를 때 바나나우유를 구매한 사람을 바르게 짝지은 것은?

〈조건〉

- 남은 우유는 10개이며, 흰우유, 초코우유, 바나나우유, 딸기우유, 커피우유 각각 두 개 씩 남아 있다.
- 독미, 민희, 영진, 호섭 네 사람이 남은 열 개의 우유를 모두 구매하였으며, 이들이 구매한 우유의 수는 모두 다르다.
- 우유를 전혀 구매하지 않은 사람은 없으며, 같은 종류의 우유를 두 개 구매한 사람도 없다.
- 독미와 영진이가 구매한 우유 중에 같은 종류가 하나 있다.
- 영진이와 민희가 구매한 우유 중에 같은 종류가 하나 있다.
- 독미와 민희가 동시에 구매한 우유의 종류는 두 가지이다.
- 독미는 딸기우유와 바나나우유는 구매하지 않았다.
- 영진이는 흰우유와 커피우유는 구매하지 않았다.
- 호섭이는 딸기우유를 구매했다.
- 민희는 총 네 종류의 우유를 구매했다.

① 민희, 호섭
② 독미, 영진
③ 민희, 영진
④ 영진, 호섭
⑤ 독미, 민희

✔️ **해설** 독미는 민희와 같은 종류의 우유를 2개 구매하였고, 영진이와도 같은 종류의 우유를 하나 구매하였다. 따라서 독미는 우유를 3개 이상을 구매하게 되는데 딸기우유와 바나나우유를 구매하지 않았다고 했으므로 흰우유, 초코우유, 커피우유를 구매했다. 독미와 영진이가 구매한 우유 중에 같은 종류가 하나 있다고 하였고 영진이가 흰우유와 커피우유를 구매하지 않았다고 하였으므로 영진이는 초코우유를 구매했다. 이로서 초코우유는 독미와 영진이가 구매하였고, 민희는 4종류의 우유를 구매했다고 했으므로 초코우유를 제외한 흰우유, 바나나우유, 딸기우유, 커피우유를 구매하였다. 민희와 영진이가 구매한 우유 중에 같은 종류가 하나 있다고 하였는데 그 우유가 바나나우유이다. 따라서 바나나우유를 구매한 사람은 민희와 영진이다.

Answer 21.③ 22.③

23 다음은 공공기관을 구분하는 기준이다. 다음 규정에 따라 각 기관을 구분한 결과가 옳지 않은 것은?

〈공공기관의 구분〉

제00조 제1항
공공기관을 공기업·준정부기관과 기타공공기관으로 구분하여 지정한다. 직원 정원이 50인 이상인 공공기관은 공기업 또는 준정부기관으로, 그 외에는 기타공공기관으로 지정한다.

제00조 제2항
제1항의 규정에 따라 공기업과 준정부기관을 지정하는 경우 자체수입액이 총수입액의 2분의 1 이상인 기관은 공기업으로, 그 외에는 준정부기관으로 지정한다.

제00조 제3항
제1항 및 제2항의 규정에 따른 공기업을 다음의 구분에 따라 세분하여 지정한다.
• 시장형 공기업 : 자산규모가 2조 원 이상이고, 총 수입액 중 자체수입액이 100분의 85 이상인 공기업
• 준시장형 공기업 : 시장형 공기업이 아닌 공기업

〈공공기관의 현황〉

공공기관	직원 정원	자산규모	자체수입비율
A	70명	4조 원	90%
B	45명	2조 원	50%
C	65명	1조 원	55%
D	60명	1.5조 원	45%
E	40명	2조 원	60%

※ 자체수입비율 : 총 수입액 대비 자체수입액 비율

---

① A - 시장형 공기업
② B - 기타공공기관
③ C - 준정부기관
④ D - 준정부기관
⑤ E - 기타공공기관

✔해설 ③ C는 정원이 50명이 넘으므로 기타공공기관이 아니며, 자체수입비율이 55%이므로 자체수입액이 총 수입액의 2분의 1 이상이기 때문에 공기업이다. 시장형 공기업 조건에 해당하지 않으므로 C는 준시장형 공기업이다.

24 다음 〈쓰레기 분리배출 규정〉을 준수한 것은?

〈쓰레기 분리배출 규정〉

• 배출 시간 : 수거 전날 저녁 7시~수거 당일 새벽 3시까지(월요일~토요일에만 수거함)
• 배출 장소 : 내 집 앞, 내 점포 앞
• 쓰레기별 분리배출 방법
  − 일반 쓰레기 : 쓰레기 종량제 봉투에 담아 배출
  − 음식물 쓰레기 : 단독주택의 경우 수분 제거 후 음식물 쓰레기 종량제 봉투에 담아서, 공동주택의
    경우 음식물 전용용기에 담아서 배출
  − 재활용 쓰레기 : 종류별로 분리하여 투명 비닐봉투에 담아 놓어서 배출
    ① 1종(병류)
    ② 2종(캔, 플라스틱, 페트병 등)
    ③ 3종(폐비닐류, 과자 봉지, 1회용 봉투 등)
      ※ 1종과 2종의 경우 뚜껑을 제거하고 내용물을 비운 후 배출
      ※ 종이류 / 박스 / 스티로폼은 각각 별도로 묶어서 배출
  − 폐가전 · 폐가구 : 폐기물 스티커를 부착하여 배출
• 종량제 봉투 및 폐기물 스티커 구입 : 봉투판매소

① 甲은 토요일 저녁 8시에 일반 쓰레기를 쓰레기 종량제 봉투에 담아 자신의 집 앞에 배출하였다.
② 공동주택에 사는 乙은 먹다 남은 찌개를 그대로 음식물 쓰레기 종량제 봉투에 담아 주택 앞에
배출하였다.
③ 丙은 투명 비닐봉투에 캔과 스티로폼을 함께 담아 자신의 집 앞에 배출하였다.
④ 戊는 집에서 쓰던 냉장고를 버리기 위해 폐기물 스티커를 구입 후 부착하여 월요일 저녁 9시에
자신의 집 앞에 배출하였다.
⑤ 丁은 금요일 낮 3시에 병과 플라스틱을 분리하여 투명 비닐봉투에 담아 묶어서 배출하였다.

✔해설 ① 배출 시간은 수거 전날 저녁 7시부터 수거 당일 새벽 3시까지인데 일요일은 수거하지 않으므로 토요
일 저녁 8시에 쓰레기를 내놓은 甲은 규정을 준수했다고 볼 수 없다.
② 공동주택에서 음식물 쓰레기를 배출할 경우 음식물 전용용기에 담아서 배출해야 한다.
③ 스티로폼은 별도로 묶어서 배출해야 하는 품목이다.
⑤ 저녁 7시부터 새벽 3시까지 배출해야 한다.

25 다음 내용을 바탕으로 예측한 내용으로 옳은 것은?

사회통합프로그램이란 국내 이민자가 법무부장관이 정하는 소정의 교육과정을 이수하도록 하여 건전한 사회구성원으로 적응·자립할 수 있도록 지원하고 국적취득, 체류허가 등에 있어서 편의를 주는 제도이다. 프로그램의 참여대상은 대한민국에 체류하고 있는 결혼이민자 및 일반이민자(동포, 외국인근로자, 유학생, 난민 등)이다. 사회통합프로그램의 교육과정은 '한국어과정'과 '한국사회이해과정'으로 구성된다. 신청자는 우선 한국어능력에 대한 사전평가를 받고, 그 평가점수에 따라 한국어과정 또는 한국사회이해과정에 배정된다.

일반이민자로서 참여를 신청한 자는 사전평가 점수에 의해 배정된 단계로부터 6단계까지 순차적으로 교육과정을 이수하여야 한다. 한편 결혼이민자로서 참여를 신청한 자는 4~5단계를 면제받는다. 예를 들어 한국어과정 2단계를 배정받은 결혼이민자는 3단계까지 완료한 후 바로 6단계로 진입한다. 나만 결혼이민자의 한국어능력 상화를 위하여 2013년 1월 1일부터 신청한 결혼이민자에 대해서는 한국어과정 면제제도를 폐지하여 일반이민자와 동일하게 프로그램을 운영한다.

〈과정 및 이수시간(2012년 12월 기준)〉

구분		1단계	2단계	3단계	4단계	5단계	6단계
과정		한국어					한국사회 이해
		기초	초급 1	초급 2	중급 1	중급 2	
이수시간		15시간	100시간	100시간	100시간	100시간	50시간
사전평가 점수	일반 이민자	0~10점	11~29점	30~49점	50~69점	70~89점	90~100점
	결혼 이민자	0~10점	11~29점	30~49점	면제		50~100점

① 2012년 12월에 사회통합프로그램을 신청한 결혼이민자 A는 한국어과정을 최소 100시간 이수하여야 한다.

② 2013년 1월에 사회통합프로그램을 신청하여 사전평가에서 95점을 받은 외국인근로자 B는 한국어과정을 이수하여야 한다.

③ 난민 인정을 받은 후 2012년 11월에 사회통합프로그램을 신청한 C는 한국어과정과 한국사회이해과정을 동시에 이수할 수 있다.

④ 2013년 2월에 사회통합프로그램 참여를 신청한 결혼이민자 D는 한국어과정 3단계를 완료한 직후 한국사회이해과정을 이수하면 된다.

⑤ 2012년 12월에 사회통합프로그램을 신청하여 사전평가에서 77점을 받은 유학생 E는 사회통합프로그램 교육과정을 총 150시간 이수하여야 한다.

✔ 해설 ① 2012년 12월에 사회통합프로그램을 신청한 결혼이민자 A는 사전평가 점수에 따라 한국어과정이 면제될 수 있다.

② 2013년 1월에 사회통합프로그램을 신청하여 사전평가에서 95점을 받은 외국인근로자 B는 한국사회 이해과정을 이수하여야 한다.

③ 일반이민자로서 참여를 신청한 자는 사전평가 점수에 의해 배정된 단계로부터 6단계까지 순차적으로 교육과정을 이수하여야 한다고 언급하고 있다.

④ 2013년 1월 1일부터 신청한 결혼이민자에 대해서는 한국어과정 면제제도를 폐지하여 일반이민자와 동일하게 프로그램을 운영한다고 하였으므로 D는 한국어과정 3단계 완료 후 4, 5단계를 완료해야 6단계를 이수할 수 있다.

자원관리능력

1 자원과 자원관리

(1) 자원

① **자원의 종류** ⋯ 시간, 돈, 물적자원, 인적자원

② **자원의 낭비요인** ⋯ 비계획적 행동, 편리성 추구, 자원에 대한 인식 부재, 노하우 부족

(2) 자원관리 기본 과정

① 필요한 자원의 종류와 양 확인

② 이용 가능한 자원 수집하기

③ 자원 활용 계획 세우기

④ 계획대로 수행하기

예제 1

당신은 A출판사 교육훈련 담당자이다. 조직의 효율성을 높이기 위해 전사적인 시간관리에 대한 교육을 실시하기로 하였지만 바쁜 일정 상 직원들을 집합교육에 동원할 수 있는 시간은 제한적이다. 다음 중 귀하가 최우선의 교육 대상으로 삼아야 하는 것은 어느 부분인가?

구분	긴급한 일	긴급하지 않은 일
중요한 일	제1사분면	제2사분면
중요하지 않은 일	제3사분면	제4사분면

[출제의도]
주어진 일들을 중요도와 긴급도에 따른 시간관리 매트릭스에서 우선순위를 구분할 수 있는가를 측정하는 문항이다.
[해설]
교육훈련에서 최우선 교육대상으로 삼아야 하는 것은 긴급하지 않지만 중요한 일이다. 이를 긴급하지 않다고 해서 뒤로 미루다보면 급박하게 처리해야하는 업무가 증가하여 효율적인 시간관리가 어려워진다.

① 중요하고 긴급한 일로 위기사항이나 급박한 문제, 기간이 정해진 프로젝트 등이 해당되는 제1사분면
② 긴급하지는 않지만 중요한 일로 인간관계구축이나 새로운 기회의 발굴, 중장기 계획 등이 포함되는 제2사분면
③ 긴급하지만 중요하지 않은 일로 잠깐의 급한 질문, 일부 보고서, 눈 앞의 급박한 사항이 해당되는 제3사분면
④ 중요하지 않고 긴급하지 않은 일로 하찮은 일이나 시간낭비거리, 즐거운 활동 등이 포함되는 제4사분면

구분	긴급한 일	긴급하지 않은 일
중요한 일	위기사항, 급박한 문제, 기간이 정해진 프로젝트	인간관계구축, 새로운 기회의 발굴, 중장기계획
중요 하지 않은 일	잠깐의 급한 질문, 일부 보고서, 눈앞의 급박한 사항	하찮은 일, 우편물, 전화, 시간낭비거리, 즐거운 활동

답 ②

2 자원관리능력을 구성하는 하위능력

(1) 시간관리능력

① 시간의 특성

ㄱ 시간은 매일 주어지는 기적이다.

ㄴ 시간은 똑같은 속도로 흐른다.

ㄷ 시간의 흐름은 멈추게 할 수 없다.

ㄹ 시간은 꾸거나 저축할 수 없다.

ㅁ 시간은 사용하기에 따라 가치가 달라진다.

② 시간관리의 효과

ㄱ 생산성 향상

ㄴ 가격 인상

ㄷ 위험 감소

ㄹ 시장 점유율 증가

③ 시간계획

　㉠ 개념 : 시간 자원을 최대한 활용하기 위하여 가장 많이 반복되는 일에 가장 많은 시간을 분배하고, 최단시간에 최선의 목표를 달성하는 것을 의미한다.

　㉡ 60 : 40의 Rule

계획된 행동 (60%)	계획 외의 행동 (20%)	자발적 행동 (20%)
총 시간		

예제 2

유아용품 홍보팀의 사원 은이씨는 일산 킨텍스에서 열리는 유아용품박람회에 참여하고자 한다. 당일 회의 후 출발해야 하며 회의 종료 시간은 오후 3시이다.

장소	일시
일산 킨텍스 제2전시장	2022. 5. 20(금) PM 15:00~19:00 * 입장가능시간은 종료 2시간 전까지

오시는 길
지하철 : 4호선 대화역(도보 30분 거리)
버스 : 8109번, 8407번(도보 5분 거리)

• 회사에서 버스정류장 및 지하철역까지 소요시간

출발지	도착지	소요시간	
회사	×× 정류장	도보	15분
		택시	5분
	지하철역	노보	30분
		택시	10분

• 일산 킨텍스 가는 길

교통편	출발지	도착지	소요시간
지하철	강남역	대화역	1시간 25분
버스	×× 정류장	일산 킨텍스 정류장	1시간 45분

위의 제시 상황을 보고 은이씨가 선택할 교통편으로 가장 적절한 것은?

① 도보 – 지하철　　　　② 도보 – 버스
③ 택시 – 지하철　　　　④ 택시 – 버스

[출제의도]
주어진 여러 시간정보를 수집하여 실제 업무 상황에서 시간자원을 어떻게 활용할 것인지 계획하고 할당하는 능력을 측정하는 문항이다.
[해설]
④ 택시로 버스정류장까지 이동해서 버스를 타고 가게 되면 택시(5분), 버스(1시간 45분), 도보(5분)으로 1시간 55분이 걸린다.
① 도보-지하철: 도보(30분), 지하철(1시간 25분), 도보(30분)이므로 총 2시간 25분이 걸린다.
② 도보-버스 : 도보(15분), 버스(1시간 45분), 도보(5분)이므로 총 2시간 5분이 걸린다.
③ 택시-지하철: 택시(10분), 지하철(1시간 25분), 도보(30분)이므로 총 2시간 5분이 걸린다.

답 ④

(2) 예산관리능력

① 예산과 예산관리
  ㉠ 예산 : 필요한 비용을 미리 헤아려 계산하는 것이나 그 비용
  ㉡ 예산관리 : 활동이나 사업에 소요되는 비용을 산정하고, 예산을 편성하는 것뿐만 아니라 예산을 통제하는 것 모두를 포함한다.

② 예산의 구성요소

비용	직접비용	재료비, 원료와 장비, 시설비, 여행(출장) 및 잡비, 인건비 등
	간접비용	보험료, 건물관리비, 광고비, 통신비, 사무비품비, 각종 공과금 등

③ 예산수립 과정 … 필요한 과업 및 활동 구명 → 우선순위 결정 → 예산 배정

예제 3

당신은 가을 체육대회에서 총무를 맡으라는 지시를 받았다. 다음과 같은 계획에 따라 예산을 진행하였으나 확보된 예산이 생각보다 적게 되어 불가피하게 비용 항목을 줄여야 한다. 다음 중 귀하가 비용 항목을 없애기에 가장 적절한 것은 무엇인가?

〈○○산업공단 춘계 1차 워크숍〉

1. 해당부서 : 인사관리팀, 영업팀, 재무팀
2. 일   정 : 2022년 4월 21일~23일(2박 3일)
3. 장   소 : 강원도 속초 ○○연수원
4. 행사내용 : 바다열차탑승, 체육대회, 친교의 밤 행사, 기타

① 숙박비
② 식비
③ 교통비
④ 기념품비

[출제의도]
업무에 소요되는 예산 중 꼭 필요한 것과 예산을 감축해야할 때 삭제 또는 감축이 가능한 것을 구분해내는 능력을 묻는 문항이다.

[해설]
한정된 예산을 가지고 과업을 수행할 때에는 중요도를 기준으로 예산을 사용한다. 위와 같이 불가피하게 비용 항목을 줄여야 한다면 기본적인 항목인 숙박비, 식비, 교통비는 유지되어야 하기에 항목을 없애기 가장 적절한 정답은 ④번이 된다.

답 ④

(3) 물적관리능력

① 물적자원의 종류

    ㉠ **자연자원** : 자연상태 그대로의 자원 ex) 석탄, 석유 등

    ㉡ **인공자원** : 인위적으로 가공한 자원 ex) 시설, 장비 등

② **물적자원관리** … 물적자원을 효과적으로 관리할 경우 경쟁력 향상이 향상되어 과제 및 사업의 성공으로 이어지며, 관리가 부족할 경우 경제적 손실로 인해 과제 및 사업의 실패 가능성이 커진다.

③ 물적자원 활용의 방해요인

    ㉠ 보관 장소의 파악 문제

    ㉡ 훼손

    ㉢ 분실

④ 물적자원관리 과정

과정	내용
사용 물품과 보관 물품의 구분	• 반복 작업 방지 • 물품활용의 편리성
동일 및 유사 물품으로의 분류	• 동일성의 원칙 • 유사성의 원칙
물품 특성에 맞는 보관 장소 선정	• 물품의 형상 • 물품의 소재

S호텔의 외식사업부 소속인 K씨는 예약일정 관리를 담당하고 있다. 아래의 예약 일정과 정보를 보고 K씨의 판단으로 옳지 않은 것은?

〈S호텔 일식 뷔페 1월 ROOM 예약 일정〉

* 예약 : ROOM 이름(시작시간)

SUN	MON	TUE	WED	THU	FRI	SAT
					1	2
					백합(16)	장미(11) 백합(15)
3	4	5	6	7	8	9
라일락(15)		백향목(10) 백합(15)	장미(10) 백향목(17)	백합(11) 라일락(18)	백향목(15)	장미(10) 라일락(15)

ROOM 구분	수용가능인원	최소투입인력	연회장 이용시간
백합	20	3	2시간
장미	30	5	3시간
라일락	25	4	2시간
백향목	40	8	3시간

– 오후 9시에 모든 업무를 종료함
– 한 타임 끝난 후 1시간씩 세팅 및 정리
– 동 시간 대 서빙 투입인력은 총 10명을 넘을 수 없음

안녕하세요. 1월 첫째 주 또는 둘째 주에 신년회 행사를 위해 ROOM을 예약하려고 하는데요, 저희 동호회의 총 인원은 27명이고 오후 8시쯤 마무리하려고 합니다. 신정과 주말, 월요일은 피하고 싶습니다. 예약이 가능할까요?

① 인원을 고려했을 때 장미ROOM과 백향목ROOM이 적합하겠군.
② 만약 2명이 안 온다면 예약 가능한 ROOM이 늘어나겠구나.
③ 조건을 고려했을 때 예약 가능한 ROOM은 5일 장미ROOM뿐이겠구나.
④ 오후 5시부터 8시까지 가능한 ROOM을 찾아야해.

[출제의도]
주어진 정보와 일정표를 토대로 이용 가능한 물적자원을 확보하여 이를 정확하게 안내할 수 있는 능력을 측정하는 문항이다. 고객이 제공한 정보를 정확하게 파악하고 그 조건 안에서 가능한 자원을 제공할 수 있어야 한다.

[해설]
③ 조건을 고려했을 때 5일 장미ROOM과 7일 장미ROOM이 예약 가능하다.
① 참석 인원이 27명이므로 30명 수용 가능한 장미ROOM과 40명 수용 가능한 백향목ROOM 두 곳이 적합하다.
② 만약 2명이 안 온다면 총 참석인원 25명이므로 라일락ROOM, 장미ROOM, 백향목ROOM이 예약 가능하다.
④ 오후 8시에 마무리하려고 계획하고 있으므로 적절하다.

답 ③

(4) 인적자원관리능력

① 인맥 … 가족, 친구, 직장동료 등 자신과 직접적인 관계에 있는 사람들인 핵심인맥과 핵심인맥들로부터 알게 된 파생인맥이 존재한다.

② 인적자원의 특성 … 능동성, 개발가능성, 전략적 자원

③ 인력배치의 원칙
  ㉠ 적재적소주의 : 팀의 효율성을 높이기 위해 팀원의 능력이나 성격 등과 가장 적합한 위치에 배치하여 팀원 개개인의 능력을 최대로 발휘해 줄 것을 기대하는 것
  ㉡ 능력주의 : 개인에게 능력을 발휘할 수 있는 기회와 장소를 부여하고 그 성과를 바르게 평가하며 평가된 능력과 실적에 대해 그에 상응하는 보상을 주는 원칙
  ㉢ 균형주의 : 모든 팀원에 대한 적재적소를 고려

④ 인력배치의 유형
  ㉠ 양적 배치 : 부문의 작업량과 조업도, 여유 또는 부족 인원을 감안하여 소요인원을 결정하여 배치하는 것
  ㉡ 질적 배치 : 적재적소의 배치
  ㉢ 적성 배치 : 팀원의 적성 및 흥미에 따라 배치하는 것

예제 5

최근 조직개편 및 연봉협상 과정에서 직원들의 불만이 높아지고 있다. 온갖 루머가 난무한 가운데 인사팀인 당신에게 사내 게시판의 직원 불만사항에 대한 진위여부를 파악하고 대안을 세우라는 팀장의 지시를 받았다. 다음 중 당신이 조치를 취해야 하는 직원은 누구인가?

① 사원 A는 팀장으로부터 업무 성과가 탁월하다는 평가를 받았는데도 조직개편으로 인한 부서 통합으로 인해 승진을 못한 것이 불만이다.
② 사원 B는 회사가 예년에 비해 높은 영업 이익을 얻었는데도 불구하고 연봉 인상에 인색한 것이 불만이다.
③ 사원 C는 회사가 급여 정책을 변경해서 고정급 비율을 낮추고 기본급과 인센티브를 지급하는 제도로 바꾼 것이 불만이다.
④ 사원 D는 입사 동기인 동료가 자신보다 업무 실적이 좋지 않고 불성실한 근무태도를 가지고 있는데, 팀장과의 친분으로 인해 자신보다 높은 평가를 받은 것이 불만이다.

[출제의도]
주어진 직원들의 정보를 통해 시급하게 진위여부를 가리고 조치하여 인력배치를 해야 하는 사항을 확인하는 문제이다.
[해설]
사원 A, B, C는 각각 조직 정책에 대한 불만이기에 논의를 통해 조직적으로 대처하는 것이 옳지만, 사원 D는 팀장의 독단적인 전횡에 대한 불만이기 때문에 조사하여 시급히 조치할 필요가 있다. 따라서 가장 적절한 답은 ④번이 된다.

답 ④

출제예상문제

1 외국계 은행 서울지사에 근무하는 甲은 런던지사 乙, 시애틀지사 丙과 같은 프로젝트를 진행하면서 다음과 같이 영상업무회의를 진행하였다. 회의 시각은 런던을 기준으로 11월 1일 오전 9시라고 할 때, ㉠에 들어갈 일시는? (단 런던은 GMT+0, 서울은 GMT+9, 시애틀은 GMT−7을 표준시로 사용한다.)

> 甲 : 제가 프로젝트에서 맡은 업무는 오늘 오후 10시면 마칠 수 있습니다. 런던에서 받아서 1차 수정을 부탁드립니다.
>
> 乙 : 네, 저는 甲님께서 제시간에 끝내 주시면 다음날 오후 3시면 마칠 수 있습니다. 시애틀에서 받아서 마지막 수정을 부탁드립니다.
>
> 丙 : 알겠습니다. 저는 앞선 두 분이 제시간에 끝내 주신다면 서울을 기준으로 모레 오전 10시면 마칠 수 있습니다. 제가 업무를 마치면 프로젝트가 최종 마무리 되겠군요.
>
> 甲 : 잠깐, 다들 말씀하신 시각의 기준이 다른 것 같은데요? 저는 처음부터 런던을 기준으로 이해하고 말씀드렸습니다.
>
> 乙 : 저는 처음부터 시애틀을 기준으로 이해하고 말씀드렸는데요?
>
> 丙 : 저는 처음부터 서울을 기준으로 이해하고 말씀드렸습니다. 그렇다면 계획대로 진행될 때 서울을 기준으로 (㉠)에 프로젝트를 최종 마무리할 수 있겠네요.
>
> 甲, 乙 : 네, 맞습니다.

① 11월 2일 오후 3시   ② 11월 2일 오후 11시

③ 11월 3일 오전 10시   ④ 11월 3일 오후 3시

⑤ 11월 3일 오후 7시

✔ **해설** 회의 시간이 런던을 기준으로 11월 1일 9시이므로, 이때 서울은 11월 1일 18시, 시애틀은 11월 1일 2시이다.
- 甲은 런던을 기준으로 말했으므로 甲이 프로젝트에서 맡은 업무를 마치는 시간은 런던 기준 11월 1일 22시로, 甲이 맡은 업무를 마치는 데 필요한 시간은 22 − 9 = 13시간이다.
- 乙은 시애틀을 기준으로 이해하고 말했으므로 乙은 甲이 말한 乙이 말한 다음날 오후 3시는 시애틀 기준 11월 2일 15시이다. 乙은 甲이 시애틀을 기준으로 11월 1일 22시에 맡은 일을 끝내 줄 것이라고 생각하였으므로, 乙이 맡은 업무를 마치는 데 필요한 시간은 2 + 15 = 17시간이다.
- 丙은 서울을 기준으로 말했으므로 丙이 말한 모레 오전 10시는 11월 3일 10시이다. 丙은 乙이 서울을 기준으로 11월 2일 15시에 맡은 일을 끝내 줄 것이라고 생각하였으므로, 丙이 맡은 업무를 마치는 데 필요한 시간은 9 + 10 = 19시간이다.

따라서 계획대로 진행될 경우 甲, 乙, 丙이 맡은 업무를 끝내는 데 필요한 총 시간은 13 + 17 + 19 = 49시간으로, 2일하고 1시간이라고 할 수 있다. 이를 서울 기준으로 보면 11월 1일 18시에서 2일하고 1시간이 지난 후이므로, 11월 3일 19시이다.

Answer 1.⑤

■ 2~3 ■ 甲과 乙은 산양우유를 생산하여 판매하는 ○○목장에서 일한다. 다음을 바탕으로 물음에 답하시오.

- ○○목장은 A~D의 4개 구역으로 이루어져 있으며 산양들은 자유롭게 다른 구역을 넘나들 수 있지만 목장을 벗어나지 않는다.
- 甲과 乙은 산양을 잘 관리하기 위해 구역별 산양의 수를 파악하고 있어야 하는데, 산양들이 계속 구역을 넘나들기 때문에 산양의 수를 정확히 헤아리는 데 어려움을 겪고 있다.
- 고민 끝에 甲과 乙은 시간별로 산양의 수를 기록하되, 甲은 특정 시간 특정 구역의 산양의 수만을 기록하고, 乙은 산양이 구역을 넘나들 때마다 그 시간과 그때 이동한 산양의 수를 기록하기로 하였다.
- 甲과 乙이 같은 날 오전 9시부터 오전 10시 15분까지 작성한 기록표는 다음과 같으며, ㉠~㉣을 제외한 모든 기록은 정확하다.

甲의 기록표			乙의 기록표		
시간	구역	산양 수	시간	구역 이동	산양 수
09:10	A	17마리	09:08	B→A	3마리
09:22	D	21마리	09:15	B→D	2마리
09:30	B	8마리	09:18	C→A	5마리
09:45	C	11마리	09:32	D→C	1마리
09:58	D	㉠21마리	09:48	A→C	4마리
10:04	A	㉡18마리	09:50	D→B	1마리
10:10	B	㉢12마리	09:52	C→D	3마리
10:15	C	㉣10마리	10:05	C→B	2마리

- 구역 이동 외의 산양의 수 변화는 고려하지 않는다.

2 ㉠~㉣ 중 옳게 기록된 것만을 고른 것은?

① ㉠, ㉡

② ㉠, ㉢

③ ㉡, ㉢

④ ㉡, ㉣

⑤ ㉢, ㉣

> ✔해설 ㉠ 09:22에 D구역에 있었던 산양 21마리에서 09:32에 C구역으로 1마리, 09:50에 B구역으로 1마리가 이동하였고 09:52에 C구역에서 3마리가 이동해 왔으므로 09:58에 D구역에 있는 산양은 21 − 1 − 1 + 3 = 22마리이다.
> ㉡ 09:10에 A구역에 있었던 산양 17마리에서 09:18에 C구역에서 5마리가 이동해 왔고 09:48에 C구역으로 4마리가 이동하였으므로 10:04에 A구역에 있는 산양은 17 + 5 − 4 = 18마리이다.
> ㉢ 09:30에 B구역에 있었던 산양 8마리에서 09:50에 D구역에서 1마리가 이동해 왔고, 10:05에 C구역에서 2마리가 이동해 왔으므로 10:10에 B구역에 있는 산양은 8 + 1 + 2 = 11마리이다.
> ㉣ 09:45에 C구역에 있었던 11마리에서 09:48에 A구역에서 4마리가 이동해 왔고, 09:52에 D구역으로 3마리, 10:05에 B구역으로 2마리가 이동하였으므로 10:15에 C구역에 있는 산양은 11 + 4 − 3 − 2 = 10마리이다.

3 ○○목장에서 키우는 산양의 총 마리 수는?

① 58마리

② 59마리

③ 60마리

④ 61마리

⑤ 62마리

> ✔해설 ○○목장에서 키우는 산양의 총 마리 수는 22 + 18 + 11 + 10 = 61마리이다.

4 ○○지자체의 예산으로 다음과 같이 귀농인을 지원하려고 한다. ○○지자체의 공무원은 누구를 지원하여야 하는가?

신청자격
○○지자체에 소재하는 귀농가구 중 거주기간이 6개월 이상이고, 가구주의 연령이 20세 이상 60세 이하인 가구

심사기준 및 점수 산정방식
• 다음 심사기준별 점수를 합산한다.
• 심사기준별 점수
- 거주기간 : 10점(3년 이상), 8점(2년 이상 3년 미만), 6점(1년 이상 2년 미만), 4점(6개월 이상 1년 미만)
- 가족 수 : 10점(4명 이상), 8점(3명), 6점(2명), 4점(1명)
  ※ 가족 수에는 가구주가 포함된 것으로 본다.
- 영농규모 : 10점(1.0ha 이상), 8점(0.5ha 이상 1.0 미만), 6점(0.3ha 이상 0.5ha 미만), 4점(0.3ha 미만)
- 주택노후도 10점(20년 이상), 8점(15년 이상 20년 미만), 6점(10년 이상 15년 미만), 4점(5년 이상 10년 미만)
- 사업시급성 : 10점(매우 시급), 7점(시급), 4점(보통)

지원내용
• 지원목적 : 귀농인의 안정적인 정착을 도모하기 위해 일정 기준을 충족하는 귀농가구의 주택 개·보수 비용을 지원
• 예산액 : 6,000,000원
• 지원액 : 가구당 3,000,000원
• 지원대상 : 심사기준별 점수의 총점이 높은 순으로 2가구를 지원(총점이 동점일 경우 가구주의 연령이 높은 가구를 지원)

〈심사 기초 사료〉

귀농가구	가구주 연령(세)	거주기간	가족수 (명)	영농규모 (ha)	주택 노후도 (년)	사업 시급성
A	48	4년 4개월	1	0.2	20	매우 시급
B	47	11개월	3	1.1	14	매우 시급
C	55	1년 9개월	2	0.7	22	매우 시급
D	60	7개월	4	0.3	14	보통
E	35	2년 7개월	1	1.4	17	시급

① A, B   ② A, C

③ B, C   ④ C, E

⑤ D, E

✔ 해설   심사기준별 점수를 합산해보면 다음과 같다.

귀농가구	거주기간	가족수	영농규모	주택 노후도	사업 시급성	총점
A	10	4	4	10	10	38
B	4	8	10	6	10	38
C	6	6	8	10	10	40
D	4	10	6	6	4	30
E	8	4	10	8	7	37

C가 총점이 가장 높으므로 C가 지원대상이 되며, A와 B는 총점이 동일하므로 가구주의 연령이 높은 A가 지원대상이 된다.

5   ○○기업은 A, B, C, D, E, F, G, H의 8개 프로젝트를 담당하고 있다. 올해 예산이 증액되어 5개의 프로젝트의 예산을 늘리려고 할 때 조건은 다음과 같다. C와 F 프로젝트의 예산을 늘린다면 반드시 옳은 것은?

〈조건〉
• 만약 E 프로젝트의 예산을 늘리면, B 프로젝트의 예산은 늘리지 않는다.
• 만약 D 프로젝트의 예산을 늘리면, F 프로젝트와 G 프로젝트는 모두 예산을 늘리지 않는다.
• 만약 A 프로젝트와 G 프로젝트가 모두 예산을 늘리면, C 프로젝트의 예산도 늘려야 한다.
• B, C, F 프로젝트 가운데 2개만 예산을 늘린다.

① A 프로젝트와 D 프로젝트의 예산은 늘린다.

② B 프로젝트와 D 프로젝트의 예산은 늘리지 않는다.

③ A 프로젝트와 B 프로젝트의 예산은 늘린다.

④ B 프로젝트와 E 프로젝트의 예산은 늘리지 않는다.

⑤ D 프로젝트와 E 프로젝트의 예산은 늘리지 않는다.

✔ 해설   마지막 조건에서 B, C, F 프로젝트 중에 2개만 예산을 늘린다고 하였고 문제에서 C와 F 프로젝트의 예산을 늘린다고 하였으므로 B 프로젝트는 예산을 늘리지 않는다. 그리고 2번째 조건의 대우를 통해 F 프로젝트의 예산을 늘리면 D 프로젝트의 예산을 늘리지 않는다. 따라서 ②는 반드시 옳다.

Answer   4.②   5.②

6 다음 글을 읽고 A랜드 지자체 공무원의 판단으로 적절한 것은?

> A랜드의 지자체는 전액 국가의 재정지원을 받는 총사업비 460억 원 규모의 건설사업을 추진하려고 한다. 사업완성에는 2년 이상이 소요될 것으로 보인다. 이에, 건설사업을 담당하는 공무원은 다음과 같은 규정을 찾아보았다.
>
> 〈A랜드 사업타당성조사 규정〉
>
> 제1조(예비타당성조사 대상사업)
> 신규 사업 중 총사업비가 500억 원 이상이면서 국가의 재정지원 규모가 300억 원 이상인 건설사업, 정보화사업, 국가연구개발사업에 대해 예비타당성조사를 실시한다.
>
> 제2조(타당성조사의 대상사업과 실시)
> ① 제1조에 해당하지 않는 사업으로서, 국가 예산의 지원을 받아 지자체·공기업·준정부기관·기타 공공기간 또는 민간이 시행하는 사업 중 완성에 2년 이상이 소요되는 다음 사업을 타당성조사 대상사업으로 한다.
>   ㉠ 총사업비가 500억 원 이상인 토목사업 및 정보화사업
>   ㉡ 총사업비가 200억 원 이상인 건설사업
> ② 제1항의 대상사업 중 다음 어느 하나에 해당하는 경우에는 타당성조사를 실시하여야 한다.
>   ㉠ 사업추진 과정에서 총사업비가 예비타당성조사의 대상 규모로 증가한 사업
>   ㉡ 사업물량 또는 토지 등의 규모 증가로 인하여 총사업비가 100분의 20 이상 증가한 사업

① 해당 건설사업은 국가의 재정지원 규모가 300억 원 이상인 건설사업이므로 예비타당성조사를 실시한다.

② 해당 건설사업은 타당성조사의 대상사업에 포함되지 않으므로 이 규정을 무시한다.

③ 해당 건설사업 추진 과정에서 총사업비가 10% 증가한다면 타당성조사를 실시하여야 한다.

④ 토지 등의 규모 증가로 인해 총사업비가 20억 원 정도 증가한다면 타당성조사를 실시하여야 한다.

⑤ 해당 건설사업을 토목사업으로 변경한다면 타당성조사의 대상사업에 해당한다.

✔해설 ① 예비타당성조사 대상사업은 총사업비가 500억 원 이상이면서 국가의 재정지원 규모가 300억 원 이상인 건설사업이다.
② 지자체가 시행하는 사업으로 완성에 2년 이상이 소요되고 총사업비가 200억 원 이상인 건설사업이므로 타당성조사의 대상사업이 된다.
④ 토지 규모 증가로 인하여 20억 원 증가는 100분의 20 이상 증가에 해당하지 않는다.
⑤ 토목사업은 총사업비가 500억 원 이상이 기준이므로 타당성조사 대상사업에 해당되지 않는다.

7 A국에서는 다음과 같이 여성폭력피해자 보호시설에 대해 보조금을 지급하려고 한다. 甲, 乙, 丙, 丁의 4개 보호시설에 대해 보조금을 지급한다면 필요한 예산의 총액은 얼마인가?

---

1. 여성폭력피해자 보호시설 운영비
   - 종사자 1~2인 시설 : 200백만 원
   - 종사자 3~4인 시설 : 300백만 원
   - 종사자 5인 이상 시설 : 400백만 원
     ※ 단, 평가등급이 1등급인 보호시설에는 해당 지급액의 100%를 지급하지만, 2등급인 보호시설에는 80%, 3등급인 보호시설에는 60%를 지급한다.
2. 여성폭력피해자 보호시설 사업비
   - 종사자 1~3인 시설 : 60백만 원
   - 종사자 4인 이상 시설 : 80백만 원
3. 여성폭력피해자 보호시설 종사자 장려수당
   - 종사자 1인당 50백만 원
4. 여성폭력피해자 보호시설 입소자 간식비
   - 입소자 1인당 1백만 원

〈여성폭력피해자 보호시설 현황〉

보호시설	평가등급	종사자 수(인)	입소자 수(인)
甲	1	4	7
乙	1	2	8
丙	2	4	10
丁	3	5	12

---

① 2,067백만 원   ② 2,321백만 원

③ 2,697백만 원   ④ 2,932백만 원

⑤ 3,137백만 원

✔ 해설   甲 : 300＋80＋200＋7＝587(백만 원)
       乙 : 200＋60＋100＋8＝368(백만 원)
       丙 : 240＋80＋200＋10＝530(백만 원)
       丁 : 240＋80＋250＋12＝582(백만 원)
       따라서 587＋368＋530＋582＝2,067(백만 원)이다.

┃8~9┃ 공장 주변지역의 농경수 오염에 책임이 있는 기업이 총 70억 원의 예산을 가지고 피해 현황 심사와 보상을 진행한다고 한다. 다음 글을 읽고 물음에 답하시오.

총 500건의 피해가 발생했고, 기업측에서는 실제 피해 현황을 심사하여 보상하기로 하였다. 심사에 소요되는 비용은 보상 예산에서 사용한다. 심사를 통해 좀 더 정확한 피해 규모를 파악할 수 있지만, 그에 따라 소요되는 비용 또한 증가하게 된다.

	1일째	2일째	3일째	4일째
일별 심사 비용(억 원)	0.5	0.7	0.9	1.1
일별 보상대상 제외건수	50	45	40	35

- 보상금 총액＝예산－심사 비용
- 표는 누적수치가 아닌, 하루에 소요되는 비용을 말함
- 일별 심사 비용은 매일 0.2억씩 증가하고 제외건수는 매일 5건씩 감소함
- 제외건수가 0이 되는 날, 심사를 중지하고 보상금을 지급함

8 기업측이 심사를 중지하는 날까지 소요되는 일별 심사 비용은 총 얼마인가?

① 15억 원　　　　　　　　　② 15.5억 원
③ 16억 원　　　　　　　　　④ 16.5억 원
⑤ 17억 원

✔해설 제외건수가 매일 5건씩 감소한다고 했으므로 11일째 되는 날 제외건수가 0이 되고 일별 심사 비용은 총 16.5억 원이 된다.

9 심사를 중지하고 총 500건에 대해서 보상을 한다고 할 때, 보상대상자가 받는 건당 평균 보상금은 대략 얼마인가?

① 약 1천만 원　　　　　　　② 약 2천만 원
③ 약 3천만 원　　　　　　　④ 약 4천만 원
⑤ 약 5천만 원

✔해설 (70억－16.5억)/500건＝1,070만 원

10 다음 재고 현황을 통해 파악할 수 있는 완성품의 최대 수량과 완성품 1개당 소요 비용은 얼마인가? (단, 완성품은 A, B, C, D의 부품이 모두 조립되어야 하고 다른 조건은 고려하지 않는다)

부품명	완성품 1개당 소요량(개)	단가(원)	재고 수량(개)
A	2	50	100
B	3	100	300
C	20	10	2,000
D	1	400	150

	완성품의 최대 수량(개)	완성품 1개당 소요 비용(원)
①	50	100
②	50	500
③	50	1,000
④	100	500
⑤	100	1,000

해설 재고 수량에 따라 완성품을 A 부품으로는 $100 \div 2 = 50$개, B 부품으로는 $300 \div 3 = 100$개, C 부품으로는 $2,000 \div 20 = 100$개, D 부품으로는 $150 \div 1 = 150$개까지 만들 수 있다. 완성품은 A, B, C, D가 모두 조립되어야 하므로 50개만 만들 수 있다.

완성품 1개당 소요 비용은 완성품 1개당 소요량과 단가의 곱으로 구하면 되므로 A 부품 $2 \times 50 = 100$원, B 부품 $3 \times 100 = 300$원, C 부품 $20 \times 10 = 200$원, D 부품 $1 \times 400 = 400$원이다.

이를 모두 합하면 $100 + 300 + 200 + 400 = 1,000$원이 된다.

11 다음은 (주)서원기업의 재고 관리 사례이다. 금요일까지 부품 재고 수량이 남지 않게 완성품을 만들 수 있도록 월요일에 주문할 A ~ C 부품 개수로 옳은 것은? (단, 주어진 조건 이외에는 고려하지 않는다)

〈부품 재고 수량과 완성품 1개당 소요량〉

부품명	부품 재고 수량	완성품 1개당 소요량
A	500	10
B	120	3
C	250	5

〈완성품 납품 수량〉

요일 항목	월	화	수	목	금
완성품 납품 개수	없음	30	20	30	20

〈조건〉
1. 부품 주문은 월요일에 한 번 신청하며 화요일 작업 시작 전 입고된다.
2. 완성품은 부품 A, B, C를 모두 조립해야 한다.

	A	B	C
①	100	100	100
②	100	180	200
③	500	100	100
④	500	180	250
⑤	500	150	250

✔ **해설** 완성품 납품 개수는 30+20+30+20으로 총 100개이다. 완성품 1개당 부품 A는 10개가 필요하므로 총 1,000개가 필요하고, B는 300개, C는 500개가 필요하다. 이때 각 부품의 재고 수량에서 부품 A는 500개를 가지고 있으므로 필요한 1,000개에서 가지고 있는 500개를 빼면 500개의 부품을 주문해야 한다. 부품 B는 120개를 가지고 있으므로 필요한 300개에서 가지고 있는 120개를 빼면 180개를 주문해야 하며, 부품 C는 250개를 가지고 있으므로 필요한 500개에서 가지고 있는 250개를 빼면 250개를 주문해야 한다.

12 다음은 어느 회사 내에 있는 연구모임 현황과 연구모임을 지원하는 계획에 대한 내용이다. 다음 조건에 따라 지원금을 가장 많이 받는 연구모임을 '우수연구모임'으로 선정하려고 할 때, A~E 중 '우수연구모임'으로 선정되는 모임은?

〈연구모임 현황〉

모임	상품개발 여부	구성원 수	연구 계획 사전평가결과	협업 인정 여부
A	×	6	중	×
B	×	8	상	○
C	○	7	중	×
D	×	9	하	×
E	○	5	상	×

〈지원계획〉

• 기본지원금
  한 모임당 150만 원을 기본으로 지원한다. 단, 상품개발을 위한 모임의 경우는 200만 원을 지원한다.
• 추가지원금
  연구 계획 사전평가결과에 따라, '상' 등급을 받은 모임에는 구성원 1인당 12만 원을, '중' 등급을 받은 모임에는 구성원 1인당 10만 원을, '하' 등급을 받은 모임에는 구성원 1인당 7만 원을 추가로 지원한다.
• 협업 장려를 위해 협업이 인정되는 모임에는 위의 두 지원금을 합한 금액의 30%를 별도로 지원한다.

① A   ② B

③ C   ④ D

⑤ E

✔**해설** 우선 (기본지원금＋추가지원금)을 계산해보면 다음과 같다.

A : 150만＋(6×10만)＝210만 원

B : 150만＋(8×12만)＝246만 원

C : 200만＋(7×10만)＝270만 원

D : 150만＋(9×7만)＝213만 원

E : 200만＋(5×12만)＝260만 원

협업 장려를 위해 협업이 인정되는 모임에 위의 지원금의 30%를 별도로 지원한다고 했으므로 B모임은 246만 원의 30%를 더 지원받게 된다. 따라서 246만＋73만 8,000원＝319만 8,000원으로 B모임이 우수연구모임으로 선정된다.

13 다음 〈표〉는 K국 '갑'~'무' 공무원의 국외 출장 현황과 출장 국가별 여비 지급 기준액을 나타낸 자료이다. 〈표〉와 〈조건〉을 근거로 출장 여비를 지급받을 때, 출장 여비를 가장 많이 지급받는 출장자는 누구인가?

〈표1〉 K국 '갑'~'무' 공무원 국외 출장 현황

출장자	출장국가	출장기간	숙박비 지급 유형	1박 실지출 비용($/박)	출장 시 개인 마일리지 사용 여부
갑	A	3박 4일	실비지급	145	미사용
을	A	3박 4일	정액지급	130	사용
병	B	3박 5일	실비지급	110	사용
정	C	4박 6일	정액지급	75	미사용
무	D	5박 6일	실비지급	75	사용

※ 각 출장지의 출장 기간 중 매 박 실지출 비용은 변동 없음

〈표2〉 출장 국가별 1인당 여비 지급 기준액

출장국가 \ 구분	1일 숙박비 상한액($/박)	1일 식비($/일)
A	170	72
B	140	60
C	100	45
D	85	35

〈조건〉
㉠ 출장 여비($) = 숙박비 + 식비
㉡ 숙박비는 숙박 실지출 비용을 지급하는 실비지급 유형과 출장국가 숙박비 상한액의 80%를 지급하는 정액지급 유형으로 구분
• 실비지급 숙박비($) = (1박 실지출 비용) × ('박' 수)
• 정액지급 숙박비($) = (출장국가 1일 숙박비 상한액) × ('박' 수) × 0.8
㉢ 식비는 출장 시 개인 마일리지 사용여부에 따라 출장 중 식비의 20% 추가지급
• 개인 마일리지 미사용시 지급 식비($) = (출장국가 1일 식비) × ('일' 수)
• 개인 마일리지 사용시 지급 식비($) = (출장국가 1일 식비) × ('일' 수) × 1.2

① 갑
② 을
③ 병
④ 정
⑤ 무

✔ **해설**
① $145 \times 3 + 72 \times 4 = 723$
② $170 \times 3 \times 0.8 + 72 \times 4 \times 1.2 = 753.6$
③ $110 \times 3 + 60 \times 5 \times 1.2 = 690$
④ $100 \times 4 \times 0.8 + 45 \times 6 = 590$
⑤ $75 \times 5 + 35 \times 6 \times 1.2 = 627$

14 다음은 영업사원인 甲씨가 오늘 미팅해야 할 거래처 직원들과 방문해야 할 업체에 관한 정보이다. 다음의 정보를 모두 반영하여 하루의 일정을 짠다고 할 때 순서가 올바르게 배열된 것은? (단, 장소간 이동 시간은 없는 것으로 가정한다)

〈거래처 직원들의 요구 사항〉

• A거래처 과장 : 회사 내부 일정으로 인해 미팅은 10시~12시 또는 16~18시까지 2시간 정도 가능합니다.
• B거래처 대리 : 12시부터 점심식사를 하거나, 18시부터 저녁식사를 하시죠. 시간은 2시간이면 될 것 같습니다.
• C거래처 사원 : 외근이 잡혀서 오전 9시부터 10시까지 1시간만 가능합니다.
• D거래처 부장 : 외부일정으로 18시부터 저녁식사만 가능합니다.

〈방문해야 할 업체와 가능시간〉

• E서점 : 14~18시, 소요시간은 2시간
• F은행 : 12~16시, 소요시간은 1시간
• G미술관 관람 : 하루 3회(10시, 13시, 15시), 소요시간은 1시간

---

① C거래처 사원 – A거래처 과장 – B거래처 대리 – E서점 – G미술관 – F은행 – D거래처 부장
② C거래처 사원 – A거래처 과장 – F은행 – B거래처 대리 – G미술관 – E서점 – D거래처 부장
③ C거래처 사원 – G미술관 – F은행 – B거래처 대리 – E서점 – A거래처 과장 – D거래처 부장
④ C거래처 사원 – A거래처 과장 – B거래처 대리 – F은행 – G미술관 – E서점 – D거래처 부장
⑤ C거래처 사원 – A거래처 과장 – F은행 – G미술관 – E서점 – B거래처 대리 – D거래처 부장

> **✔ 해설** C거래처 사원(9시~10시) – A거래처 과장(10시~12시) – B거래처 대리(12시~14시) – F은행(14시~15시) – G미술관(15시~16시) – E서점(16시~18시) – D거래처 부장(18시~)
> ① E서점까지 들리면 16시가 되는데, 그 이후에 G미술관을 관람할 수 없다.
> ② F은행까지 들리면 13시가 되는데, B거래처 대리 약속은 18시에 가능하다.
> ③ G미술관 관람을 마치고 나면 11시가 되는데 F은행은 12시에 가야한다. 1시간 기다려서 F은행 일이 끝나면 13시가 되는데, B거래처 대리 약속은 18시에 가능하다.
> ⑤ E서점까지 들리면 16시가 되는데, B거래처 대리 약속과 D거래처 부장 약속이 동시에 18시가 된다.

15 다음 상황에서 총 순이익 200억 원 중에 Y사가 150억 원을 분배 받았다면 Y사의 연구개발비는 얼마인가?

> X사와 Y사는 신제품을 공동개발하여 판매한 총 순이익을 다음과 같은 기준에 의해 분배하기로 약정하였다.
> • 1번째 기준 : X사와 Y사는 총 순이익에서 각 회사 제조원가의 10%에 해당하는 금액을 우선 각자 분배 받는다.
> • 2번째 기준 : 총 순수익에서 위의 1번째 기준에 의해 분배 받은 금액을 제외한 나머지 금액에 대한 분배는 각 회사가 연구개발에 지출한 비용에 비례하여 분배액을 정한다.
>
> 〈신제품 개발과 판례에 따른 연구개발비용과 총 순이익〉
>
> (단위 : 억 원)
>
> | 구분 | X사 | Y사 |
> |------|------|------|
> | 제조원가 | 200 | 600 |
> | 연구개발비 | 100 | ( ) |
> | 총 순이익 | 200 | |

① 200억 원
② 250억 원
③ 300억 원
④ 350억 원
⑤ 360억 원

✔해설 1번째 기준에 의해 X사는 200억의 10%인 20억을 분배 받고, Y사는 600억의 10%인 60억을 분배 받는다. Y가 분배 받은 금액이 총 150억이라고 했으므로 X사가 분배 받은 금액은 50억이다. X사가 두 번째 기준에 의해 분배 받은 금액은 30억이고, Y사가 두 번째 기준에 의해 분배 받은 금액은 90억이다. 두 번째 기준은 연구개발비용에 비례하여 분배 받은 것이므로 X사의 연구개발비의 3배로 계산하면 300억이다.

16 O회사에 근무하고 있는 채과장은 거래 업체를 선정하고자 한다. 업체별 현황과 평가기준이 다음과 같을 때, 선정되는 업체는?

〈업체별 현황〉

업체명	시장매력도	정보화수준	접근가능성
	시장규모(억 원)	정보화순위	수출액(백만 원)
A업체	550	106	9,103
B업체	333	62	2,459
C업체	315	91	2,597
D업체	1,706	95	2,777
E업체	480	73	3,888

〈평가기준〉

- 업체별 종합점수는 시장매력도(30점 만점), 정보화수준(30점 만점), 접근가능성(40점 만점)의 합계 (100점 만점)로 구하며, 종합점수가 가장 높은 업체가 선정된다.
- 시장매력도 점수는 시장매력도가 가장 높은 업체에 30점, 가장 낮은 업체에 0점, 그 밖의 모든 업체에 15점을 부여한다. 시장규모가 클수록 시장매력도가 높다.
- 정보화수준 점수는 정보화순위가 가장 높은 업체에 30점, 가장 낮은 업체에 0점, 그 밖의 모든 업체에 15점을 부여한다.
- 접근가능성 점수는 접근가능성이 가장 높은 업체에 40점, 가장 낮은 업체에 0점, 그 밖의 모든 업체에 20점을 부여한다. 수출액이 클수록 접근가능성이 높다.

① A
② B
③ C
④ D
⑤ E

✔해설 업체별 평가기준에 따른 점수는 다음과 같으며, D업체가 65점으로 선정된다.

	시장매력도	정보화수준	접근가능성	합계
A	15	0	40	55
B	15	30	0	45
C	0	15	20	35
D	30	15	20	65
E	15	15	20	50

17 J회사 관리부에서 근무하는 L씨는 소모품 구매를 담당하고 있다. 2017년 5월 중에 다음 조건 하에서 A4용지와 토너를 살 때, 총 비용이 가장 적게 드는 경우는? (단, 2017년 5월 1일에는 A4용지와 토너는 남아 있다고 가정하며, 다 썼다는 말이 없으면 그 소모품들은 남아있다고 가정한다)

- A4용지 100장 한 묶음의 정가는 1만 원, 토너는 2만 원이다(A4용지는 100장 단위로 구매함).
- J회사와 거래하는 ◇◇오피스는 매달 15일에 전 품목 20% 할인 행사를 한다.
- ◇◇오피스에서는 5월 5일에 A사 카드를 사용하면 정가의 10%를 할인해 준다.
- 총 비용이란 소모품 구매가격과 체감비용(소모품을 다 써서 느끼는 불편)을 합한 것이다.
- 체감비용은 A4용지와 토너 모두 하루에 500원이다.
- 체감비용을 계산할 때, 소모품을 다 쓴 당일은 포함하고 구매한 날은 포함하지 않는다.
- 소모품을 다 쓴 당일에 구매하면 체감비용은 없으며, 소모품이 남은 상태에서 새 제품을 구입할 때도 체감비용은 없다.

① 3일에 A4용지만 다 써서 5일에 A사 카드로 A4용지와 토너를 살 경우

② 13일에 토너만 다 써서 당일 토너를 사고, 15일에 A4용지를 살 경우

③ 10일에 A4용지와 토너를 다 써서 15일에 A4용지와 토너를 같이 살 경우

④ 3일에 A4용지만 다 써서 당일 A4용지를 사고, 13일에 토너를 다 써서 15일에 토너만 살 경우

⑤ 4일에 A4용지와 토너를 다 써서 5일에 A사 카드로 A4용지와 토너를 살 경우

✔ 해설 ① 1,000원(체감비용)+27,000원=28,000원
② 20,000원(토너)+8,000원(A4용지)=28,000원
③ 5,000원(체감비용)+24,000원=29,000원
④ 10,000원(A4용지)+1,000원(체감비용)+16,000원(토너)=27,000원
⑤ 1,000원(체감비용)+27,000원=28,000원

18 이번에 탄생한 TF팀에서 팀장과 부팀장을 선정하려고 한다. 선정기준은 이전에 있던 팀에서의 근무성적과 성과점수, 봉사점수 등을 기준으로 한다. 구체적인 선정기준이 다음과 같을 때 선정되는 팀장과 부팀장을 바르게 연결한 것은?

〈선정기준〉

• 최종점수가 가장 높은 직원이 팀장이 되고, 팀장과 다른 성별의 직원 중에서 가장 높은 점수를 받은 직원이 부팀장이 된다(예를 들어 팀장이 남자가 되면, 여자 중 최고점을 받은 직원이 부팀장이 된다).
• 근무성적 40%, 성과점수 40%, 봉사점수 20%로 기본점수를 산출하고, 기본점수에 투표점수를 더하여 최종점수를 산정한다.
• 투표점수는 한 명당 5점이 부여된다(예를 들어 2명에게서 한 표씩 받으면 10점이다).

〈직원별 근무성적과 점수〉

직원	성별	근무성적	성과점수	봉사점수	투표한 사람수
고경원	남자	88	92	80	2
박하나	여자	74	86	90	1
도경수	남자	96	94	100	0
하지민	여자	100	100	75	0
유해영	여자	80	90	80	2
문정진	남자	75	75	95	1

① 고경원 - 하지민
② 고경원 - 유해영
③ 하지민 - 도경수
④ 하지민 - 문정진
⑤ 고경원 - 박하나

✔해설 점수를 계산하면 다음과 같다.

직원	성별	근무점수	성과점수	봉사점수	투표점수	합계
고경원	남자	35.2	36.8	16	10	98
박하나	여자	29.6	34.4	18	5	87
도경수	남자	38.4	37.6	20	0	96
하지민	여자	40	40	15	0	95
유해영	여자	32	36	16	10	94
문정진	남자	30	30	19	5	84

Answer 17.④ 18.①

║19~20║ 다음은 A병동 11월 근무 일정표 초안이다. A병동은 1~4조로 구성되어 있으며 3교대로 돌아간다. 주어진 정보를 보고 물음에 답하시오.

	일	월	화	수	목	금	토
	1	2	3	4	5	6	7
오전	1조	1조	1조	1조	1조	2조	2조
오후	2조	2조	2조	3조	3조	3조	3조
야간	3조	4조	4조	4조	4조	4조	1조
	8	9	10	11	12	13	14
오전	2조	2조	2조	3조	3조	3조	3조
오후	3조	4조	4조	4조	4조	4조	1조
야간	1조	1조	1조	1조	2조	2조	2조
	15	16	17	18	19	20	21
오전	3조	4조	4조	4조	4조	4조	1조
오후	1조	1조	1조	1조	2조	2조	2조
야간	2조	2조	3조	3조	3조	3조	3조
	22	23	24	25	26	27	28
오전	1조	1조	1조	1조	2조	2조	2조
오후	2조	2조	3조	3조	3조	3조	3조
야간	4조	4조	4조	4조	4조	1조	1조
	29	30					
오전	2조	2조					
오후	4조	4조					
야간	1조	1조					

- 1조 : 나경원(조장), 임채민, 조은혜, 이가희, 김가은
- 2조 : 김태희(조장), 이샘물, 이가야, 정민지, 김민경
- 3조 : 우채원(조장), 황보경, 최희경, 김희원, 노혜은
- 4조 : 전혜민(조장), 고명원, 박수진, 김경민, 탁정은

※ 한 조의 일원이 개인 사유로 근무가 어려울 경우 당일 오프인 조의 일원(조장 제외) 중 1인이 대체 근무를 한다.

※ 대체근무의 경우 오전근무 직후 오후근무 또는 오후근무 직후 야간근무는 가능하나 야간근무 직후 오전근무는 불가능하다.

※ 대체근무가 어려운 경우 휴무자가 포함된 조의 조장이 휴무자의 업무를 대행한다.

19 다음은 직원들의 휴무 일정이다. 배정된 대체근무자로 적절하지 못한 사람은?

휴무일자	휴무 예정자	대체 근무 예정자
11월 3일	임채민	① 노혜은
11월 12일	황보경	② 이가희
11월 17일	우채원	③ 이샘물
11월 24일	탁정은	④ 정민지
11월 30일	고명원	⑤ 최희경

✔ 해설 11월 12일 황보경(3조)은 오전근무이다. 1조는 바로 전날 야간근무를 했기 때문에 대체해줄 수 없다. 따라서 이가희가 아닌 우채원(3조 조장)이 황보경의 업무를 대행한다.

20 다음은 직원들의 휴무 일정이다. 배정된 대체근무자로 적절하지 못한 사람은?

휴무일자	휴무 예정자	대체 근무 예정자
11월 7일	노혜은	① 탁정은
11월 10일	이샘물	② 최희경
11월 15일	최희경	③ 고명원
11월 20일	김희원	④ 임채민
11월 29일	탁정은	⑤ 김희원

✔ 해설 11월 20일 김희원(3조)은 야간근무이다. 1조는 바로 다음 날 오전근무를 해야 하기 때문에 대체해줄 수 없다. 따라서 임채민이 아닌 우채원(3조 조장)이 김희원의 업무를 대행한다.

Answer 19.② 20.④

┃ 21~22 ┃ D회사에서는 1년에 1명을 선발하여 해외연수를 보내주는 제도가 있다. 김부장, 최과장, 오과장, 홍대리, 박사원 5명이 지원한 가운데 〈선발 기준〉과 〈지원자 현황〉은 다음과 같다. 다음을 보고 물음에 답하시오.

〈선발 기준〉

구분	점수	비고
외국어 성적	50점	
근무 경력	20점	15년 이상이 만점 대비 100%, 10년 이상 15년 미만이 70%, 10년 미만이 50%이다. 단, 근무경력이 최소 5년 이상인 자만 선발 자격이 있다.
근무 성적	10점	
포상	20섬	3회 이상이 만점 대비 100%, 1~2회가 50%, 0회가 0%이다.
계	100점	

〈지원자 현황〉

구분	김부장	최과장	오과장	홍대리	박사원
근무경력	30년	20년	10년	3년	2년
포상	2회	4회	0회	5회	1회

※ 외국어 성적은 김부장과 최과장이 만점 대비 50%이고, 오과장이 80%, 홍대리와 박사원이 100%이다.
※ 근무 성적은 최과장과 박사원이 만점이고, 김부장, 오과장, 홍대리는 만점 대비 90%이다.

21 위의 선발 기준과 지원자 현황에 따를 때 가장 높은 점수를 받은 사람이 선발된다면 선발되는 사람은?

① 김부장   ② 최과장
③ 오과장   ④ 홍대리
⑤ 박사원

✔해설

	김부장	최과장	오과장	홍대리, 박사원
외국어 성적	25점	25점	40점	근무경력이 5년 미만이므로 선발 자격이 없다.
근무 경력	20점	20점	14점	
근무 성적	9점	10점	9점	
포상	10점	20점	0점	
계	64점	75점	63점	

22 회사 규정의 변경으로 인해 선발 기준이 다음과 같이 변경되었다면, 새로운 선발 기준 하에서 선발되는 사람은? (단, 가장 높은 점수를 받은 사람이 선발된다)

구분	점수	비고
외국어 성적	40점	
근무 경력	40점	30년 이상이 만점 대비 100%, 20년 이상 30년 미만이 70%, 20년 미만이 50%이다. 단, 근무경력이 최소 5년 이상인 자만 선발 자격이 있다.
근무 성적	10점	
포상	10점	3회 이상이 만점 대비 100%, 1~2회가 50%, 0회가 0%이다.
계	100점	

① 김부장
② 최과장
③ 오과장
④ 홍대리
⑤ 박사원

 해설

	김부장	최과장	오과장	홍대리, 박사원
외국어 성적	20점	20점	32점	근무경력이 5년 미만이므로 선발 자격이 없다.
근무 경력	40점	28점	20점	
근무 성적	9점	10점	9점	
포상	5점	10점	0점	
계	74점	68점	61점	

■ 23~24 ■ 다음 자료를 읽고 이어지는 물음에 답하시오.

〈등급별 성과급 지급액〉

항목별 평가 종합점수	성과 등급	등급별 성과급
95점 이상	S	기본급의 30%
90점 이상 ~ 95점 미만	A	기본급의 25%
85점 이상 ~ 90점 미만	B	기본급의 20%
80점 이상 ~ 85점 미만	C	기본급의 15%
75점 이상 ~ 80점 미만	D	기본급의 10%

〈항목별 평가 점수〉

	영업1팀	영업2팀	영업3팀	영업4팀	영업5팀
수익 달성률	90	93	72	85	83
매출 실적	92	78	90	88	87
근태 및 부서평가	90	89	82	77	93

※ 항목별 평가 종합점수는 수익 달성률 점수의 40%, 매출 실적 점수의 40%, 근태 및 부서평가 점수의 20%에 해당하는 각각의 점수를 합산한 값이다.

〈각 팀별 직원의 기본급〉

직원	기본급
곽 대리(영업 1팀)	210만 원
엄 과장(영업 2팀)	260만 원
신 차장(영업 3팀)	320만 원
남 사원(영업 4팀)	180만 원
권 대리(영업 5팀)	220만 원

※ 팀별 성과급은 해당 팀의 모든 직원에게 적용된다.

23 위의 자료를 참고할 때, 항목별 평가 종합점수 순위가 두 번째와 세 번째인 팀을 순서대로 짝지은 것은 어느 것인가?

① 영업2팀, 영업3팀

② 영업3팀, 영업4팀

③ 영업5팀, 영업2팀

④ 영업3팀, 영업2팀

⑤ 영업5팀, 영업3팀

✔ 해설 주어진 규정에 의해 항목별 평가 종합점수를 계산해 보면 다음과 같다.

	영업1팀	영업2팀	영업3팀	영업4팀	영업5팀
수익 달성률	$90 \times 0.4 = 36.0$	$93 \times 0.4 = 37.2$	$72 \times 0.4 = 28.8$	$85 \times 0.4 = 34$	$83 \times 0.4 = 33.2$
매출 실적	$92 \times 0.4 = 36.8$	$78 \times 0.4 = 31.2$	$90 \times 0.4 = 36$	$88 \times 0.4 = 35.2$	$87 \times 0.4 = 34.8$
근태 및 부서평가	$90 \times 0.2 = 18$	$89 \times 0.2 = 17.8$	$82 \times 0.2 = 16.4$	$77 \times 0.2 = 15.4$	$93 \times 0.2 = 18.6$
종합점수	90.8	86.2	81.2	84.6	86.6

따라서 항목별 평가 종합점수가 두 번째로 높은 팀은 영업5팀, 세 번째로 높은 팀은 영업2팀이 된다.

24 영업1팀의 곽 대리와 영업3팀의 신 차장이 받게 될 성과급은 각각 얼마인가?

① 55만 5천 원, 44만 원

② 54만 2천 원, 46만 원

③ 52만 5천 원, 48만 원

④ 51만 8천 원, 49만 원

⑤ 50만 5천 원, 50만 원

✔ 해설 영업1팀과 영업3팀은 항목별 평가 종합점수(90.8점, 81.2점)에 의해 성과 등급이 각각 A등급과 C등급이 된다. 따라서 곽 대리는 210만 원의 25%, 신 차장은 320만 원의 15%를 각각 성과급으로 지급받게 된다.
이를 계산하면, 곽 대리는 52만 5천 원, 신 차장은 48만 원이 된다.

25 다음은 □□시 체육관 대관에 관한 자료이다. 다음의 자료를 참고한 설명 중 옳은 것은?

〈□□시 체육관 대관 안내〉

• 대관 예약은 2개월전부터 가능합니다.
• 대관료는 대관일 최소 5일 전에 결제해야 대관 이용이 가능합니다.
• 초과 시간당 대관료 계산은 일일 4시간 기준 대관료의 시간당 20% 가산 징수합니다.

  ※ □□시 주최의 행사가 있을 시에는 시행사 우선으로 대관 예약이 취소될 수 있음을 알려드립니다.

〈□□시 체육관 대관료〉

(단위 : 원)

대관료		관내		관외	
		평일	휴일	평일	휴일
체육 경기	4시간 기준	60,000	90,000	120,000	180,000
	초과 1시간당	12,000	18,000	24,000	36,000
체육 경기 외	4시간 기준	250,000	350,000	500,000	700,000
	초과 1시간당	50,000	70,000	100,000	140,000

부대시설 사용료	
음향	10,000/시간
냉 · 난방	30,000/시간

〈일일 입장료〉

구분	평일	휴일	비고
어른	1,500원	2,000원	2시간 초과 시 재구매
노인, 장애인, 유공자 등	700원	1,000원	관내 어린이 · 청소년 무료

〈프로그램 안내〉

프로그램	요일	시간	수강료
여성배구	월, 수, 금	09 : 30 ~ 13 : 00	30,000원
줌바댄스	화, 목	20 : 00 ~ 21 : 00	30,000원

① 甲 : 휴일에 ㅁㅁ시 탁구 동호회에서 탁구 대회를 위해 체육관을 5시간 대관했다면 총 대관료는 84,000원이군.

② 乙 : 2개월 전에 미리 예약만 하면 체육관을 반드시 대관할 수 있겠네.

③ 丙 : 체육관을 대관하고 음향시설까지 2시간 사용했다면 대관료와 함께 부대시설 사용료 6만 원을 지불해야 하는군.

④ 丁 : 관내 거주자인 어른 1명과 고등학생 1명의 휴일 일일 입장료는 2,000원이군.

⑤ 戊 : 프로그램 2개를 모두 수강하는 사람은 수강료로 5만 원을 지불하면 되겠네.

✔ 해설 ① 체육경기를 목적으로 관내 동호회가 휴일에 체육관을 대관한 것으로, 4시간 기준 대관료 90,000원에 1시간 초과 대관료 18,000원을 더하여 108,000원의 대관료를 지불해야 한다.
② ㅁㅁ시 주최의 행사가 있을 시에는 시행사 우선으로 대관 예약이 취소될 수 있다.
③ 음향시설 사용료는 시간당 만 원으로, 대관료와 함께 지불해야 할 부대시설 사용료는 2만 원이다.
⑤ 여성배구와 줌바댄스 프로그램의 수강료는 각각 3만 원으로 2개 프로그램을 모두 수강하는 사람은 수강료로 6만 원을 지불해야 한다.

CHAPTER 05 조직이해능력

1 조직과 개인

(1) 조직

① 조직과 기업
  ㉠ 조직 : 두 사람 이상이 공동의 목표를 달성하기 위해 의식적으로 구성된 상호작용과 조정을 행하는 행동의 집합체
  ㉡ 기업 : 노동, 자본, 물자, 기술 등을 투입하여 제품이나 서비스를 산출하는 기관

② 조직의 유형

기준	구분	예
공식성	공식조직	조직의 규모, 기능, 규정이 조직화된 조직
	비공식조직	인간관계에 따라 형성된 자발적 조직
영리성	영리조직	사기업
	비영리조직	정부조직, 병원, 대학, 시민단체
조직규모	소규모 조직	가족 소유의 상점
	대규모 조직	대기업

(2) 경영

① 경영의 의미 … 경영은 조직의 목적을 달성하기 위한 전략, 관리, 운영활동이다.

② 경영의 구성요소
  ㉠ 경영목적 : 조직의 목적을 달성하기 위한 방법이나 과정
  ㉡ 인적자원 : 조직의 구성원·인적자원의 배치와 활용
  ㉢ 자금 : 경영활동에 요구되는 돈·경영의 방향과 범위 한정
  ㉣ 경영전략 : 변화하는 환경에 적응하기 위한 경영활동 체계화

③ 경영자의 역할

대인적 역할	정보적 역할	의사결정적 역할
• 조직의 대표자 • 조직의 리더 • 상징자, 지도자	• 외부환경 모니터 • 변화전달 • 정보전달자	• 문제 조정 • 대외적 협상 주도 • 분쟁조정자, 자원배분자, 협상가

(3) 조직체제 구성요소

① 조직목표 … 전체 조직의 성과, 자원, 시장, 인력개발, 혁신과 변화, 생산성에 대한 목표

② 조직구조 … 조직 내의 부문 사이에 형성된 관계

③ 조직문화 … 조직구성원들 간에 공유하는 생활양식이나 가치

④ 규칙 및 규정 … 조직의 목표나 전략에 따라 수립되어 조직구성원들이 활동범위를 제약하고 일관성을 부여하는 기능

예제 1

주어진 글의 빈칸에 들어갈 말로 가장 적절한 것은?

> 조직이 지속되게 되면 조직구성원들 간 생활양식이나 가치를 공유하게 되는데 이를 조직의 (㉠)라고 한다. 이는 조직구성원들의 사고와 행동에 영향을 미치며 일체감과 정체성을 부여하고 조직이 (㉡)으로 유지되게 한다. 최근 이에 대한 중요성이 부각되면서 긍정적인 방향으로 조성하기 위한 경영층의 노력이 이루어지고 있다.

① ㉠: 목표, ㉡: 혁신적   ② ㉠: 구조, ㉡: 단계적
③ ㉠: 문화, ㉡: 안정적   ④ ㉠: 규칙, ㉡: 체계적

[출제의도]
본 문항은 조직체계의 구성요소들의 개념을 묻는 문제이다.
[해설]
조직문화란 조직구성원들 간에 공유하게 되는 생활양식이나 가치를 말한다. 이는 조직구성원들의 사고와 행동에 영향을 미치며 일체감과 정체성을 부여하고 조직이 안정적으로 유지되게 한다.

답 ③

(4) 조직변화의 과정

환경변화 인지 → 조직변화 방향 수립 → 조직변화 실행 → 변화결과 평가

(5) 조직과 개인

개인	지식, 기술, 경험 →	조직
	← 연봉, 성과급, 인정, 칭찬, 만족감	

2 조직이해능력을 구성하는 하위능력

(1) 경영이해능력

① 경영 … 경영은 조직의 목적을 달성하기 위한 전략, 관리, 운영활동이다.
  ㉠ 경영의 구성요소 : 경영목적, 인적자원, 자금, 전략
  ㉡ 경영의 과정

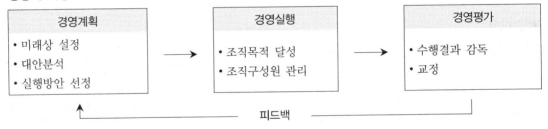

  ㉢ 경영활동 유형
   • 외부경영활동 : 조직외부에서 조직의 효과성을 높이기 위해 이루어지는 활동이다.
   • 내부경영활동 : 조직내부에서 인적, 물적 자원 및 생산기술을 관리하는 것이다.

② 의사결정과정
  ㉠ 의사결정의 과정
   • 확인 단계 : 의사결정이 필요한 문제를 인식한다.
   • 개발 단계 : 확인된 문제에 대하여 해결방안을 모색하는 단계이다.
   • 선택 단계 : 해결방안을 마련하며 실행가능한 해결안을 선택한다.
  ㉡ 집단의사결정의 특징
   • 지식과 정보가 더 많아 효과적인 결정을 할 수 있다.
   • 다양한 견해를 가지고 접근할 수 있다.
   • 결정된 사항에 대하여 의사결정에 참여한 사람들이 해결책을 수월하게 수용하고, 의사소통의 기회
     도 향상된다.

• 의견이 불일치하는 경우 의사결정을 내리는데 시간이 많이 소요된다.
• 특정 구성원에 의해 의사결정이 독점될 가능성이 있다.

③ 경영전략

㉠ 경영전략 추진과정

㉡ 마이클 포터의 본원적 경쟁전략

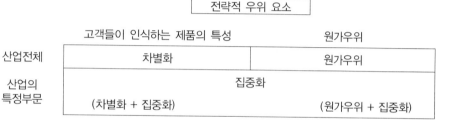

예제 2

다음은 경영전략을 세우는 방법 중 하나인 SWOT에 따른 어느 기업의 분석결과이다. 다음 중 주어진 기업 분석 결과에 대응하는 전략은?

강점(Strength)	• 차별화된 맛과 메뉴 • 폭넓은 네트워크
약점(Weakness)	• 매출의 계절적 변동폭이 큼 • 딱딱한 기업 이미지
기회(Opportunity)	• 소비자의 수요 트랜드 변화 • 가계의 외식 횟수 증가 • 경기회복 가능성
위협(Threat)	• 새로운 경쟁자의 진입 가능성 • 과도한 가계부채

내부환경 외부환경	강점(Strength)	약점(Weakness)
기회 (Opportunity)	① 계절 메뉴 개발을 통한 분기 매출 확보	② 고객의 소비패턴을 반영한 광고를 통한 이미지 쇄신
위협 (Threat)	③ 소비 트렌드 변화를 반영한 시장 세분화 정책	④ 고급화 전략을 통한 매출 확대

[출제의도]
본 문항은 조직이해능력의 하위능력인 경영관리능력을 측정하는 문제이다. 기업에서 경영전략을 세우는데 많이 사용되는 SWOT분석에 대해 이해하고 주어진 분석표를 통해 가장 적절한 경영전략을 도출할 수 있는지를 확인할 수 있다.
[해설]
② 딱딱한 이미지를 현재 소비자의 수요 트렌드라는 환경 변화에 대응하여 바꿀 수 있다.

답 ②

④ 경영참가제도

　㉠ 목적
- 경영의 민주성을 제고할 수 있다.
- 공동으로 문제를 해결하고 노사 간의 세력 균형을 이룰 수 있다.
- 경영의 효율성을 제고할 수 있다.
- 노사 간 상호 신뢰를 증진시킬 수 있다.

　㉡ 유형
- 경영참가 : 경영자의 권한인 의사결정과정에 근로자 또는 노동조합이 참여하는 것
- 이윤참가 : 조직의 경영성과에 대하여 근로자에게 배분하는 것
- 자본참가 : 근로자가 조직 재산의 소유에 참여하는 것

예제 3

다음은 중국의 H사에서 시행하는 경영참가제도에 대한 기사이다. 밑줄 친 이 제도는 무엇인가?

> H사는 '사람' 중심의 수평적 기업문화가 발달했다. H사는 이 제도의 시행을 통해 직원들이 경영에 간접적으로 참여할 수 있게 하였는데 이에 따라 자연스레 기업에 대한 직원들의 책임 의식도 강화됐다. 참여주주는 8만2471명이다. 모두 H사의 임직원이며, 이 중 창립자인 CEO R은 개인 주주로 총 주식의 1.18%의 지분과 퇴직연금으로 주식총액의 0.21%만을 보유하고 있다.

① 노사협의회제도　　　　　　② 이윤분배제도
③ 종업원지주제도　　　　　　④ 노동주제도

[출제의도]
경영참가제도는 조직원이 자신이 속한 조직에서 주인의식을 갖고 조직의 의사결정 과정에 참여할 수 있도록 하는 제도이다. 본 문항은 경영참가제도의 유형을 구분해낼 수 있는가를 묻는 질문이다.

[해설]
종업원지주제도 … 기업이 자사 종업원에게 특별한 조건과 방법으로 자사 주식을 분양·소유하게 하는 제도이다. 이 제도의 목적은 종업원에 대한 근검저축의 장려, 공로에 대한 보수, 자사에의 귀속의식 고취, 자사에의 일체감 조성 등이 있다.

답 ③

---

(2) 체제이해능력

① **조직목표** … 조직이 달성하려는 장래의 상태

　㉠ 조직목표의 기능
- 조직이 존재하는 정당성과 합법성 제공
- 조직이 나아갈 방향 제시
- 조직구성원 의사결정의 기준
- 조직구성원 행동수행의 동기유발
- 수행평가 기준
- 조직설계의 기준

ⓛ 조직목표의 특징
- 공식적 목표와 실제적 목표가 다를 수 있음
- 다수의 조직목표 추구 가능
- 조직목표 간 위계적 상호관계가 있음
- 가변적 속성
- 조직의 구성요소와 상호관계를 가짐

② 조직구조
  ㉠ 조직구조의 결정요인 : 전략, 규모, 기술, 환경
  ㉡ 조직구조의 유형과 특징

유형	특징
기계적 조직	• 구성원들의 업무가 분명하게 규정 • 엄격한 상하 간 위계질서 • 다수의 규칙과 규정 존재
유기적 조직	• 비공식적인 상호의사소통 • 급변하는 환경에 적합한 조직

③ 조직문화
  ㉠ 조직문화 기능
- 조직구성원들에게 일체감, 정체성 부여
- 조직몰입 향상
- 조직구성원들의 행동지침 : 사회화 및 일탈행동 통제
- 조직의 안정성 유지
  ㉡ 조직문화 구성요소(7S) : 공유가치(Shared Value), 리더십 스타일(Style), 구성원(Staff), 제도·설차(System), 구조(Structure), 전략(Strategy), 스킬(Skill)

④ 조직 내 집단
  ㉠ 공식적 집단 : 조직에서 의식적으로 만든 집단으로 집단의 목표, 임무가 명확하게 규정되어 있다.
    예 임시위원회, 작업팀 등
  ㉡ 비공식적 집단 : 조직구성원들의 요구에 따라 자발적으로 형성된 집단이다.
    예 스터디모임, 봉사활동 동아리, 각종 친목회 등

(3) 업무이해능력

① 업무 … 업무는 상품이나 서비스를 창출하기 위한 생산적인 활동이다.

　　㉠ 업무의 종류

부서	업무(예)
총무부	주주총회 및 이사회개최 관련 업무, 의전 및 비서업무, 집기비품 및 소모품의 구입과 관리, 사무실 임차 및 관리, 차량 및 통신시설의 운영, 국내외 출장 업무 협조, 복리후생 업무, 법률자문과 소송관리, 사내외 홍보 광고업무
인사부	조직기구의 개편 및 조정, 업무분장 및 조정, 인력수급계획 및 관리, 직무 및 정원의 조정 종합, 노사관리, 평가관리, 상벌관리, 인사발령, 교육체계 수립 및 관리, 임금제도, 복리후생제도 및 지원업무, 복무관리, 퇴직관리
기획부	경영계획 및 전략 수립, 전사기획업무 종합 및 조정, 중장기 사업계획의 종합 및 조정, 경영정보 조사 및 기획보고, 경영진단업무, 종합예산수립 및 실적관리, 단기사업계획 종합 및 조정, 사업계획, 손익추정, 실적관리 및 분석
회계부	회계제도의 유지 및 관리, 재무상태 및 경영실적 보고, 결산 관련 업무, 재무제표분석 및 보고, 법인세, 부가가치세, 국세 지방세 업무자문 및 지원, 보험가입 및 보상업무, 고정자산 관련 업무
영업부	판매 계획, 판매예산의 편성, 시장조사, 광고 선전, 견적 및 계약, 제조지시서의 발행, 외상매출금의 청구 및 회수, 제품의 재고 조절, 거래처로부터의 불만처리, 제품의 애프터서비스, 판매원가 및 판매가격의 조사 검토

예제 2

다음은 I기업의 조직도와 팀장님의 지시사항이다. H씨가 팀장님의 심부름을 수행하기 위해 연락해야 할 부서로 옳은 것은?

> H씨! 내가 지금 너무 바빠서 그러는데 부탁 좀 들어줄래요? 다음 주 중에 사장님 모시고 클라이언트와 만나야 할 일이 있으니까 사장님 일정을 확인해주시구요. 이번 달에 신입사원 교육·훈련계획이 있었던 것 같은데 정확한 시간이랑 날짜를 확인해주세요.

① 총무부, 인사부　　　　② 총무부, 홍보실

③ 기획부, 총무부　　　　④ 영업부, 기획부

[출제의도]

조직도와 부서의 명칭을 보고 개략적인 부서의 소관 업무를 분별할 수 있는지를 묻는 문항이다.

[해설]

사장의 일정에 관한 사항은 비서실에서 관리하나 비서실이 없는 회사의 경우 총무부(또는 팀)에서 비서업무를 담당하기도 한다. 또한 신입사원 관리 및 교육은 인사부에서 관리한다.

답 ①

ⓛ 업무의 특성
- 공통된 조직의 목적 지향
- 요구되는 지식, 기술, 도구의 다양성
- 다른 업무와의 관계, 독립성
- 업무수행의 자율성, 재량권

② 업무수행 계획

㉠ 업무지침 확인 : 조직의 업무지침과 나의 업무지침을 확인한다.

ⓛ 활용 자원 확인 : 시간, 예산, 기술, 인간관계

㉢ 업무수행 시트 작성
- 간트 차트 : 단계별로 업무의 시작과 끝 시간을 바 형식으로 표현
- 워크 플로 시트 : 일의 흐름을 동적으로 보여줌
- 체크리스트 : 수행수준 달성을 자가점검

  Point 》 간트 차트와 플로 차트

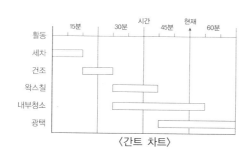

〈간트 차트〉

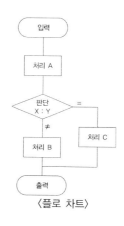

〈플로 차트〉

예제 5

다음 중 업무수행 시 단계별로 업무를 시작해서 끝나는 데까지 걸리는 시간을 바 형식으로 표시하여 전체 일정 및 단계별로 소요되는 시간과 각 업무활동 사이의 관계를 볼 수 있는 업무수행 시트는?

① 간트 차트
② 워크 플로 차트
③ 체크리스트
④ 퍼트 차트

[출제의도]
업무수행 계획을 수립할 때 간트 차트, 워크 플로 시트, 체크리스트 등의 수단을 이용하면 효과적으로 계획하고 마지막에 급하게 일을 처리하지 않고 주어진 시간 내에 끝마칠 수 있다. 본 문항은 그러한 수단이 되는 차트들의 이해도를 묻는 문항이다.
[해설]
② 일의 절차 처리의 흐름을 표현하기 위해 기호를 써서 도식화한 것
③ 업무를 세부적으로 나누고 각 활동별로 수행수준을 달성했느지를 확인하는 데 효과적
④ 하나의 사업을 수행하는 데 필요한 다수의 세부사업을 단계와 활동으로 세분하여 관련된 계획 공정으로 묶고, 각 활동의 소요시간을 낙관시간, 최가능시간, 비관시간 등 세 가지로 추정하고 이를 평균하여 기대시간을 추정

답 ①

③ 업무 방해요소
　㉠ 다른 사람의 방문, 인터넷, 전화, 메신저 등
　㉡ 갈등관리
　㉢ 스트레스

(4) 국제감각

① 세계화와 국제경영

　㉠ 세계화 : 3Bs(국경 ; Border, 경계 ; Boundary, 장벽 ; Barrier)가 완화되면서 활동범위가 세계로 확대되는 현상이다.

　㉡ 국제경영 : 다국적 내지 초국적 기업이 등장하여 범지구적 시스템과 네트워크 안에서 기업 활동이 이루어지는 것이다.

② 이문화 커뮤니케이션 … 서로 상이한 문화 간 커뮤니케이션으로 직업인이 자신의 일을 수행하는 가운데 문화배경을 달리하는 사람과 커뮤니케이션을 하는 것이 이에 해당한다. 이문화 커뮤니케이션은 언어적 커뮤니케이션과 비언어적 커뮤니케이션으로 구분된다.

③ 국제 동향 파악 방법

　㉠ 관련 분야 해외사이트를 방문해 최신 이슈를 확인한다.

　㉡ 매일 신문의 국제면을 읽는다.

　㉢ 업무와 관련된 국제잡지를 정기구독 한다.

　㉣ 고용노동부, 한국산업인력공단, 산업통상자원부, 중소기업청, 상공회의소, 산업별인적자원개발협의체 등의 사이트를 방문해 국제동향을 확인한다.

　㉤ 국제학술대회에 참석한다.

　㉥ 업무와 관련된 주요 용어의 외국어를 알아둔다.

　㉦ 해외서점 사이트를 방문해 최신 서적 목록과 주요 내용을 파악한다.

　㉧ 외국인 친구를 사귀고 대화를 자주 나눈다.

④ 대표적인 국제매너

　㉠ 미국인과 인사할 때에는 눈이나 얼굴을 보는 것이 좋으며 오른손으로 상대방의 오른손을 힘주어 잡았다가 놓아야 한다.

　㉡ 러시아와 라틴아메리카 사람들은 인사할 때에 포옹을 하는 경우가 있는데 이는 친밀함의 표현이므로 자연스럽게 받아주는 것이 좋다.

　㉢ 명함은 받으면 꾸기거나 계속 만지지 않고 한 번 보고나서 탁자 위에 보이는 채로 대화하거나 명함집에 넣는다.

　㉣ 미국인들은 시간 엄수를 중요하게 생각하므로 약속시간에 늦지 않도록 주의한다.

　㉤ 스프를 먹을 때에는 몸쪽에서 바깥쪽으로 숟가락을 사용한다.

　㉥ 생선요리는 뒤집어 먹지 않는다.

　㉦ 빵은 스프를 먹고 난 후부터 디저트를 먹을 때까지 먹는다.

출제예상문제

1   다음의 그림을 보고 이와 관련된 내용으로 가장 거리가 먼 것은?

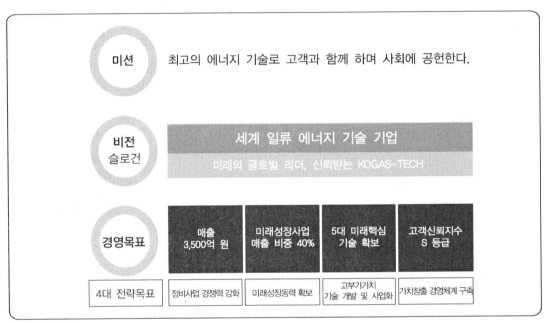

① 매출 3,500억 원이라는 경영목표를 내세우고 있다.

② '최고의 에너지 기술로 고객과 함께 하며 사회에 공헌한다'가 미션이다.

③ 안전우선, 신뢰협력, 변화도전이라는 핵심가치를 가지고 있다.

④ 미래의 글로벌 리더, 신뢰받는 KOGAS-TECH가 슬로건이다.

⑤ '미래성장사업 매출 비중 40%'의 경영목표 달성을 위해 '미래성장동력 확보'라는 전략목표를 가지고 있다.

✔ 해설   위 그림을 보고는 기업의 핵심가치를 알 수 없다.

2 다음 중 아래 조직도를 보고 잘못 이해한 것은?

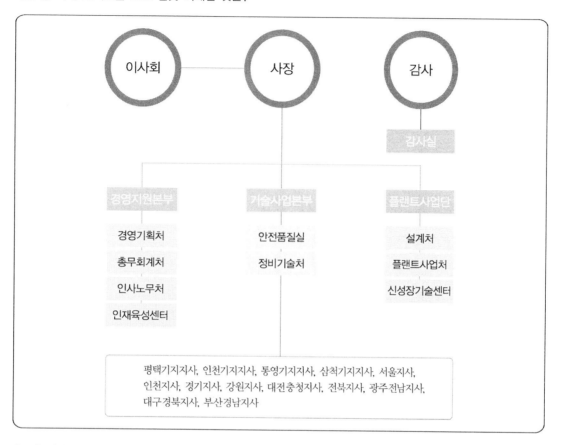

① 이 회사에는 13개의 지사가 존재한다.

② 부사장이 존재하지 않으며, 사장이 모든 본부와 단을 이끌고 있다.

③ 인사노무처와 총무회계처는 각각 다른 본부에 소속되어 있다.

④ 플랜트 사업단은 2개의 처와 1개의 센터를 이끌고 있다.

⑤ 감사와 감사실은 독립된 부서이다.

✔해설 ③ 인사노무처와 총무회계처는 같은 본부(경영지원본부)에 소속되어 있다.

| 3~4 | 다음은 어느 회사의 사내 복지 제도와 지원내역에 관한 자료이다. 물음에 답하시오.

〈2016년 사내 복지 제도〉

주택 지원
주택구입자금 대출
전보자 및 독신자를 위한 합숙소 운영

자녀학자금 지원
중고생 전액지원, 대학생 무이자융자

경조사 지원
사내근로복지기금을 운영하여 각종 경조금 지원

기타
사내 동호회 활동비 지원
상병 휴가, 휴직, 4대보험 지원
생일 축하금(상품권 지급)

〈2016년 1/4분기 지원 내역〉

이름	부서	직위	내역	금액(만 원)
엄영식	총무팀	차장	주택구입자금 대출	–
이수연	전산팀	사원	본인 결혼	10
임효진	인사팀	대리	독신자 합숙소 지원	–
김영태	영업팀	과장	휴직(병가)	–
김원식	편집팀	부장	대학생 학자금 무이자융자	–
심민지	홍보팀	대리	부친상	10
이영호	행정팀	대리	사내 동호회 활동비 지원	10
류민호	자원팀	사원	생일(상품권 지급)	5
백성미	디자인팀	과장	중학생 학자금 전액지원	100
채준민	재무팀	인턴	사내 동호회 활동비 지원	10

3 인사팀에 근무하고 있는 사원 B씨는 2016년 1분기에 지원을 받은 사원들을 정리했다. 다음 중 분류가 잘못된 사원은?

구분	이름
주택 지원	엄영식, 임효진
자녀학자금 지원	김원식, 백성미
경조사 지원	이수연, 심민지, 김영태
기타	이영호, 류민호, 채준민

① 엄영식   ② 김원식

③ 심민지   ④ 김영태

⑤ 류민호

✔ 해설 김영태는 병가로 인한 휴직이므로 '기타'에 속해야 한다.

4 사원 B씨는 위의 복지제도와 지원 내역을 바탕으로 2분기에도 사원들을 지원하려고 한다. 지원한 내용으로 옳지 않은 것은?

① 엄영식 차장이 장모상을 당하셔서 경조금 10만 원을 지원하였다.

② 심민지 대리가 동호회에 참여하게 되어서 활동비 10만 원을 지원하였다.

③ 이수연 사원의 생일이라서 현금 5만 원을 지원하였다.

④ 류민호 사원이 결혼을 해서 10만 원을 지원하였다.

⑤ 김영태 과장의 자녀가 중학교에 입학하여 학자금 전액을 지원하였다.

✔ 해설 ③ 생일인 경우에는 상품권 5만 원을 지원한다.

5 다음은 기업용 소프트웨어를 개발·판매하는 A기업의 조직도와 사내 업무협조전이다. 주어진 업무협조전의 발신부서와 수신부서로 가장 적절한 것은?

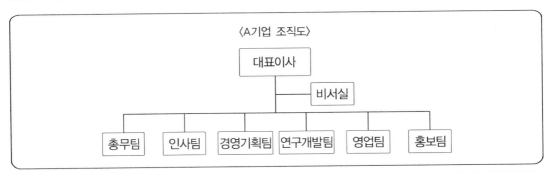

〈A기업 조직도〉

대표이사

비서실

총무팀 인사팀 경영기획팀 연구개발팀 영업팀 홍보팀

업무협조전

제목 : 콘텐츠 개발에 따른 적극적 영업 마케팅 협조

내용 :

2014년 경영기획팀의 요청으로 저희 팀에서 제작하기 시작한 업무매니저 "한방에" 소프트웨어가 모두 제작 완료되었습니다. 하여 해당 소프트웨어 5종에 관한 적극적인 마케팅을 부탁드립니다.

"한방에"는 거래처관리 소프트웨어, 직원/급여관리 소프트웨어, 매입/매출관리 소프트웨어, 증명서 발급관리 소프트웨어, 거래/견적/세금관리 소프트웨어로 각 분야별 영업을 진행하시면 될 것 같습니다.

특히나 직원/급여관리 소프트웨어는 회사 직원과 급여를 통합적으로 관리할 수 있는 프로그램으로 중소기업에서도 보편적으로 이용할 수 있도록 설계되어 있기 때문에 적극적인 영업 마케팅이 더해졌을 때 큰 이익을 낼 수 있을 거라 예상됩니다.

해당 5개의 프로그램의 이용 매뉴얼과 설명서를 첨부해드리오니 담당자분들께서는 이를 숙지하시고 판매에 효율성을 가지시기 바랍니다.

첨부 : 업무매니저 "한방에" 매뉴얼 및 설명서

발신	수신		발신	수신
① 경영기획팀	홍보팀		② 연구개발팀	영업팀
③ 총무팀	인사팀		④ 영업팀	연구개발팀
⑤ 총무팀	홍보팀			

✔**해설** 발신부서는 소프트웨어를 제작하는 팀이므로 연구개발팀이고, 발신부서는 수신부서에게 신제품 개발에 대한 대략적인 내용과 함께 영업 마케팅에 대한 당부를 하고 있으므로 수신부서는 영업팀이 가장 적절하다.

6 다음 기사를 보고 ( ) 안에 들어갈 말로 가장 적절한 것은?

> 본격적인 임금·단체협약시기를 앞두고 경제계가 통상임금, 정년연장, 근로시간 단축 등 노사 간 쟁점에 대한 교섭방안을 내놨다. 대한상공회의소는 노동시장 제도변화에 따른 기업의 대응방안을 담은 '2014년 임단협 대응방향 가이드'를 19일 발표했다. 대한상공회의소에서 기업의 임단협 안내서 성격인 가이드를 발표한 것은 이번이 처음이다. 대한상공회의소의 관계자는 "올해 노동시장은 대법원 통상임금 확대판결, 2016년 시행되는 정년 60세 의무화, 국회에서 추진 중인 근로시간 단축 등 굵직한 변화를 겪고 있다"며 "어느 때보다 혼란스럽고 중요한 임단협이 될 것이란 판단에 가이드를 발표했다"고 밝혔다. 가이드에는 통상임금, 정년연장, 근로시간 등 3대 노동현안에 대한 기업의 대응방안이 중점적으로 제시되었다. 통상임금의 경우, 각종 수당과 상여금을 통상임금에서 무조건 제외하기보다 노조·근로자와 성실한 대화로 연착륙 방안을 찾아야 한다고 강조했다. 임금구성항목 단순화, 임금체계 개편, 근무체계 개선, 소급분 해소 등이 필요하다고 권고했다. 2016년 시행되는 정년 60세 의무화와 관련, 준비 없는 정년연장의 부작용을 예방하기 위해 (   )의 도입을 적극 고려할 것을 주문했다.

① Profit Sharing Plan
② Profit Sliding Scale Plan
③ Salary Peak System
④ Selling Price Sliding Scale Plan
⑤ Salary Handling System

✔해설 임금피크제도(Salary Peak System) … 조직의 종업원이 일정한 나이가 지나면 생산성에 따라 임금을 지급하는 제도로 현실적으로는 나이가 들어 생산성이 내려가면서 임금을 낮추는 제도인데, 조직의 구성원이 일정한 연령에 이르면 그 때의 연봉을 기준으로 임금을 줄여나가는 대신 계속 근무를 할 수 있도록 하는 새로운 정년보장 제도를 의미한다.

7   다음 '갑'사의 내부결재 규정을 참고할 때 '갑'사의 결재 및 문서의 등록 규정을 올바르게 이해하지 못한 것은?

제○○조(결재)

㉠ 기안한 문서는 결재권자의 결재를 받아야 효력이 발생한다.

㉡ 결재권자는 업무의 내용에 따라 이를 위임하여 전결하게 할 수 있으며, 이에 대한 세부사항은 따로 규정으로 정한다. 결재권자가 출장, 휴가, 기타의 사유로 상당한 기간 동안 부재중일 때에는 그 직무를 대행하는 자가 대결할 수 있되, 내용이 중요한 문서는 결재권자에게 사후에 보고(후열)하여야 한다.

㉢ 결재에는 완결, 전결, 대결이 있으며 용어에 대한 정의와 결재방법은 다음과 같다.

• 완결은 기안자로부터 최종 결재권자에 이르기까지 관계자가 결재하는 것을 말한다.

• 전결은 사장이 업무내용에 따라 각 부서장에게 결재권을 위임하여 결재하는 것을 말하며, 전결하는 경우에는 전결하는 자의 서명 란에 '전결' 표시를 하고 맨 오른쪽 서명 란에 서명하여야 한다.

• 대결은 결재권자가 부재중일 때 그 직무를 대행하는 자가 하는 결재를 말하며, 대결하는 경우에는 대결하는 자의 서명 란에 '대결' 표시를 하고 맨 오른쪽 서명 란에 서명하여야 한다.

제○○조(문서의 등록)

㉠ 문서는 당해 마지막 문서에 대한 결재가 끝난 즉시 기재된 결재일자 순에 따라서 번호를 부여하고 처리과별로 문서등록대장에 등록하여야 한다. 동일한 날짜에 결재된 문서는 조직내부 원칙에 의해 우선순위 번호를 부여한다. 다만, 비치문서는 특별한 규정이 있을 경우를 제외하고는 그 종류별로 사장이 정하는 바에 따라 따로 등록할 수 있다.

㉡ 문서등록번호는 일자별 일련번호로 하고, 내부결재문서인 때에는 문서등록대장의 수신처란에 '내부결재' 표시를 하여야 한다.

㉢ 처리과는 당해 부서에서 기안한 모든 문서, 기안형식 외의 방법으로 작성하여 결재권자의 결재를 받은 문서, 기타 처리과의 장이 중요하다고 인정하는 문서를 ㉠의 규정에 의한 문서등록대장에 등록하여야 한다.

㉣ 기안용지에 의하여 작성하지 아니한 보고서 등의 문서는 그 문서의 표지 왼쪽 위의 여백에 부서기호, 보존기간, 결재일자 등의 문서등록 표시를 한 후 모든 내용을 문서등록대장에 등록하여야 한다.

---

① '대결'은 결재권자가 부재 중일 경우 직무대행자가 행하는 결재 방식이다.

② 최종 결재권자는 상황에 맞는 전결권자를 임의로 지정할 수 있다.

③ '전결'과 '대결'은 문서 양식상의 결재방식이 동일하다.

④ 문서등록대장은 매년 1회 과별로 새롭게 정리된다.

⑤ 기안문은 결재일자가 기재되며 그 일자에 따라 문서등록대장에 등록된다.

> ✔해설 '결재권자는 업무의 내용에 따라 이를 위임하여 전결하게 할 수 있다'고 규정되어 있으나, 동시에 '이에 대한 세부사항은 따로 규정으로 정한다.'고 명시되어 있다. 따라서 상황에 맞는 전결권자를 임의로 지정한다는 것은 규정에 부합하는 행위로 볼 수 없다.
> ③ 전결과 대결은 모두 실제 최종 결재를 하는 자의 원 결재란에 전결 또는 대결 표시를 하고 맨 오른쪽 결재란에 서명을 한다는 점에서 문서 양식상의 결재방식이 동일하다.

8 다음 ㉠~㉥ 중 조직 경영에 필요한 요소에 대한 설명을 모두 고른 것은?

㉠ 조직의 목적 달성을 위해 경영자가 수립하는 것으로 보다 구체적인 방법과 과정이 담겨있다.
㉡ 조직에서 일하는 구성원으로, 경영은 이들의 직무수행에 기초하여 이루어지기 때문에 이들의 배치 및 활용이 중요하다.
㉢ 생산자가 상품 또는 서비스를 소비자에게 유통시키는 데 관련된 모든 체계적 경영활동이다.
㉣ 특정의 경제적 실체에 관해 이해관계에 있는 사람들에게 합리적이고 경제적인 의사결정을 하는 데 있어 유용한 재무적 정보를 제공하기 위한 것으로, 이러한 일련의 과정 또는 체계를 뜻한다.
㉤ 경영을 하는 데 사용할 수 있는 돈으로 이것이 충분히 확보되는 정도에 따라 경영의 방향과 범위가 정해지게 된다.
㉥ 조직이 변화하는 환경에 적응하기 위하여 경영활동을 체계화하는 것으로 목표달성을 위한 수단이다.

① ㉠㉢㉤
② ㉡㉢㉣
③ ㉠㉡㉣㉥
④ ㉠㉡㉢㉣
⑤ ㉠㉡㉤㉥

해설 조직 경영에 필요한 4대 요소는 경영목적(㉠), 인적자원(㉡), 자금(㉤), 경영전략(㉥)이다. ㉢은 마케팅에 관한 설명이며, ㉣은 회계 관리를 설명하고 있다.

Answer 7.② 8.⑤

9 다음 기사를 읽고 밑줄 친 부분에 관련한 설명으로 틀린 것은?

결국 밖에서 지켜보고 이야기를 듣는 것 자체만으로도 안타까움을 넘어서 짜증스럽기까지 했던 골 깊은 조직 갈등이 대형 사고를 쳤다. 청주시문화산업진흥재단의 안종철 사무총장과 이상현 비엔날레부장, 정규호 문화예술부장, 변광섭 문화산업부장, 유향걸 경영지원부장 등 4명의 집단사표, 지난 8일 지역사회에 충격을 안겨준 이번 사태는 출범 초기부터 안고 있던 정치적 행태와 <u>조직문화</u>의 병폐가 더 이상 갈 곳을 잃고 폭발하고만 것이라는 지적이다. 청주시문화재단은 선거캠프 보은 인사, 지역 인사의 인척 등 복잡한 인적 구성으로 인해 조직 안의 세력이 갈리고 불신이 깊게 자리 잡다 보니 한 부서에서 일어나는 작은 일까지 굴절된 시각으로 확대 해석하는 일들이 빈번하게 발생하면서 구성원들의 사기저하와 불만이 팽배한 상태였다. 문화재단의 한 직원은 "그동안 지역의 문화예술발전을 위해 정부 공모사업 유치와 다양한 문화행사를 펼쳤지만, 업무 외에 접하는 서로 간의 불신과 음해가 많은 상처와 회의감을 줬다"며 "실제로 이런 조직문화에 지치고 염증을 느껴 재단을 떠난 사람들도 많고, 지금도 업무보다 사람에 시달리는 게 더 힘들다"고 토로했다. 이와 함께 이승훈 청주시장이 취임하면서 강조하고 있는 경제활성화를 초점에 둔 '문화예술의 산업화'가 이번 사태의 한 원인이 됐다는 지적도 있다. 전임 한범덕 시장은 '향유하는 문화'를 지향한 반면, 이승훈 현 시장은 '수익 창출 문화산업'에 방점을 찍고 있다. 임기만료를 앞두고 시행한 안 총장의 목표관리 평가와 최근 단행한 전 부서장의 순환인사도 연임을 염두에 두고 현 시장의 문화예술정책 기조를 받들기 위한 것임은 다 알고 있던 터였다. 이러한 안 총장의 행보는 50대 초반의 전문가가 2년만 일하고 떠나기는 개인적으로나 업무적으로나 아쉬움이 클 거라는 동조 의견과 의욕은 좋으나 포용력과 리더십이 부족하다는 양면적인 평가를 받아왔다. 안 총장은 그동안 청주국제공예비엔날레, 한·중·일 예술명인전 등 국제행사의 성공적 개최는 물론 2014년 지역문화브랜드 최우수상 수상, 2015년 동아시아 문화도시 선정 등 의욕적인 활동을 벌였으나 밀어붙이기식 업무 추진이 내부 직원들의 불만을 샀다. 안 총장은 그동안 시청의 고위직이 맡았던 기존의 관례를 깨고 전 한범덕 시장 시절 처음으로 외부 공모를 통해 임명된 인사다. 그렇기 때문에 안 총장 본인도 휴가를 반납하면서 까지 열정적으로 일하며 '첫 외부인사로서 새로운 신화'를 쓰고자 했으나, 결국 재단이 출범 초기부터 안고 있던 고질적 병폐에 백기를 들었다는 해석도 가능하다. 아무튼 재단을 진두지휘하는 수장과 실무 부서장들의 전원 사표라는 초유 사태는 시민들에게 큰 실망감을 안겨주고 있으며, 청주문화재단의 이미지를 대내외적으로 크게 실추시키고 있다. 이번 사태를 기점으로 정치색과 행정을 벗어나 좀 더 창의적으로 일할 수 있는 조직혁신과 업무에만 매진할 수 있는 인적 쇄신 등 대대적 수술이 필요하다. 청주국제공예비엔날레, 국립현대미술관 분원 유치, 2015 동아시아 문화도시 선정 등 그동안 재단이 이루어놓은 굵직한 사업이 차질 없이 추진되고, '문화로 행복한 청주'를 만드는 일에 전념할 수 있는 청주시문화재단으로 새롭게 만들어야 한다는 여론이다. 한 지역문화예술인은 "집단사표 소식을 전해 듣고 깜짝 놀랐다"며 "사무총장은 그렇다 치고 10여 년 세월을 고생하고 애써서 가꾼 문화재단의 명예를 성숙하지 못한 처신으로 이렇게 허물 수 있냐"고 반문하며 안타까워했다. 이어 "이번 사태는 공중에 떠 있는 문화재단의 현주소를 시인한 것이며 이 일을 거울삼아 대대적인 조직정비를 단행해 건강한 '통합청주시의 문화예술의 전초기지'로 거듭났으면 좋겠다"고 말했다.

① 조직구성원들의 고유 가치에도 동기부여를 함으로써 종업원들의 조직에 대한 근로의욕 및 조직에 대한 몰입도를 낮출 수 있는 역할을 수행한다.

② 하나의 조직 구성원들이 공유하는 가치와 신념 및 이념, 관습, 전통, 규범 등을 통합한 개념이다.

③ 조직문화의 기능은 그 역할이 강할수록, 기업 조직의 활동에 있어서 통일된 지각을 형성하게 해 줌으로써 조직 내 통제에 긍정적인 역할을 할 수가 있다.

④ 조직 구성원들에게 정보의 탐색 및 그에 따른 해석과 축적, 전달 등을 쉽게 할 수 있으므로, 그들 구성원들에게 공통의 의사결정기준을 제공해주는 역할을 한다.

⑤ 대부분의 조직이 '조직 전반'의 문화라는 것을 가지고 있더라도 그 안에는 다양한 하위 문화가 존재한다.

✔ 해설 조직구성원들의 고유 가치에도 동기부여를 함으로써 종업원들의 조직에 대한 근로의욕 및 조직에 대한 몰입도를 높일 수 있는 역할을 수행한다.

10 다음은 의료기기 영업부 신입사원 J씨가 H대리와 함께 일본 거래처 A기업의 "사토 쇼헤이" 부장에게 신제품을 알리기 위해 일본 출장에 가서 생긴 일이다. 다음 밑줄 친 행동 중 "사토 쇼헤이" 부장의 표정이 좋지 않았던 이유가 될 만한 것은?

> J씨는 출장 ①2주 전에 메일로 사토 쇼헤이 부장에게 출장의 일시와 약속장소 등을 확인한 후 하루 일찍 일본으로 출발했다. 약속 당일 A기업의 사옥 프론트에 도착한 두 사람은 ②소속과 이름을 밝히고 사토 쇼헤이 부장과 약속이 있다고 전했다. 안내된 회의실에서 사토 쇼헤이 부장을 만난 두 사람은 서로 명함을 교환한 후 ③신제품 카탈로그와 함께 선물로 준비한 한국의 김과 차를 전달하고 프레젠테이션을 시작했고, J씨는 H대리와 사토 상의 대화에서 중요한 부분들을 잊지 않기 위해 ④그 자리에서 명함 뒤에 작게 메모를 해두었다. 상담이 끝난 후 ⑤엘리베이터에서 사토 상이 먼저 탈 때까지 기다렸다가 탑승하였다. 사옥 입구에서 좋은 답변을 기다리겠노라고 인사하는데 어쩐지 사토 상의 표정이 좋지 않았다.

✔ 해설 일본에서는 명함은 그 사람 그 자체, 얼굴이라는 인식이 있어 받은 명함은 정중히 취급해야 한다. 받자마자 주머니나 명함케이스에 넣으면 안 되며, 상담 중에는 책상 위 눈앞에 정중하게 두고, 상담 종료 후에 정중하게 명함케이스에 넣어야 한다. 또한 명함에 상대방 이름의 읽는 방법이나 미팅 날짜 등을 적고 싶은 경우에도 상담 후 방문 기업을 나온 뒤에 행하는 것이 좋다.

11 다음의 내용을 보고 밑줄 친 부분에 대한 특성으로 옳지 않은 것은?

> 롯데홈쇼핑은 14일 서울 양평동 본사에서 한국투명성기구와 '윤리경영 세미나'를 개최했다고 15일 밝혔다. 롯데홈쇼핑은 지난 8월 국내 민간기업 최초로 한국투명성기구와 '청렴경영 협약'을 맺고 롯데홈쇼핑의 반부패 청렴 시스템 구축, 청렴도 향상·윤리경영 문화 정착을 위한 교육, 경영 투명성과 윤리성 확보를 위한 활동 등을 함께 추진하기도 했다.
>
> 이번 '윤리강령 세미나'에서는 문형구 고려대학교 경영학과 교수가 '윤리경영의 원칙과 필요성'을, 강성구 한국투명성기구 상임정책위원이 '사례를 통해 본 윤리경영의 방향'을 주제로 강의를 진행했다. 문형구 교수는 <u>윤리경영</u>을 통해 혁신이 이뤄지고 기업의 재무성과가 높아진 실제 연구사례를 들며 윤리경영의 필요성에 대해 강조했으며, "롯데홈쇼핑이 잘못된 관행을 타파하고 올바르게 사업을 진행해 나가 윤리적으로 모범이 되는 기업으로 거듭나길 바란다"고 말했다. 또 강성구 상임정책위원은 윤리적인 기업으로 꼽히는 '존슨 앤 존슨'과 '유한킴벌리'의 경영 사례들 세세히 설명하고 "윤리경영을 위해 기업의 운영과정을 투명하게 공개하는 것이 중요하다"고 강조했다. 강연을 마친 후에는 개인 비리를 막을 수 있는 조직의 대응방안 등 윤리적인 기업으로 거듭나는 방법에 대한 질의응답이 이어졌다. 임삼진 롯데홈쇼핑 CSR동반성장위원장은 "투명하고 공정한 기업으로 거듭나기 위한 방법에 대해 늘 고민하고 있다"며, "강연을 통해 얻은 내용들을 내부적으로 잘 반영해 진정성 있는 변화의 모습을 보여 드리겠다"고 말했다.

① 윤리경영은 경영상의 관리지침이다.
② 윤리경영은 경영활동의 규범을 제시해준다.
③ 윤리경영은 응용윤리이다.
④ 윤리경영은 경영의사결정의 도덕적 가치기준이다.
⑤ 윤리경영은 투명하고 공정하며 합리적인 업무 수행을 추구한다.

> ✔ **해설** 윤리경영의 특징
> ㉠ 윤리경영은 경영활동의 옳고 그름에 대한 판단 기준이다.
> ㉡ 윤리경영은 경영활동의 규범을 제시해준다.
> ㉢ 윤리경영은 경영의사결정의 도덕적 가치기준이다.
> ㉣ 윤리경영은 응용윤리이다.

12 다음의 빈칸에 들어갈 말을 순서대로 나열한 것은?

조직의 (㉠)은/는 조직 내의 부문 사이에 형성된 관계로 조직목표를 달성하기 위한 조직구성원들의 상호작용을 보여준다. 이는 결정권의 집중정도, 명령계통, 최고경영자의 통제, 규칙과 규제의 정도에 따라 달라지며 구성원들의 업무나 권한이 분명하게 정의된 기계적 조직과 의사결정권이 하부구성원들에게 많이 위임되고 업무가 고정적이지 않은 유기적 조직으로 구분될 수 있다. (㉡)은/는 이를 쉽게 파악할 수 있고 구성원들의 임무, 수행하는 과업, 일하는 장소 등을 파악하는데 용이하다.

한편 조직이 지속되게 되면 조직구성원들 간 생활양식이나 가치를 공유하게 되는데 이를 조직의 (㉢)라고 한다. 이는 조직구성원들의 사고와 행동에 영향을 미치며 일체감과 정체성을 부여하고 조직이 (㉣)으로 유지되게 한다. 최근 이에 대한 중요성이 부각되면서 긍정적인 방향으로 조성하기 위한 경영층의 노력이 이루어지고 있다.

	㉠	㉡	㉢	㉣
①	구조	조직도	문화	안정적
②	목표	비전	규정	체계적
③	미션	핵심가치	구조	혁신적
④	직급	규정	비전	단계적
⑤	문화	회사내규	핵심가치	협력적

✔**해설** 조직체제 구성요소
㉠ 조직목표 : 조직이 달성하려는 장래의 상태로 조직이 존재하는 정당성과 합법성을 제공한다. 전체 조직의 성과, 자원, 시장, 인력개발, 혁신과 변화, 생산성에 대한 목표가 포함된다.
㉡ 조직구조 : 조직 내의 부문 사이에 형성된 관계로 조직목표를 달성하기 위한 조직구성원들의 상호작용을 보여준다. 조직구조는 결정권의 집중정도, 명령계통, 최고경영자의 통제, 규칙과 규제의 정도에 따라 달라지며 구성원들의 업무나 권한이 분명하게 정의된 기계적 조직과 의사결정권이 하부구성원들에게 많이 위임되고 업무가 고정적이지 않은 유기적 조직으로 구분될 수 있다. 조직의 구성은 조직도를 통해 쉽게 파악할 수 있는데, 이는 구성원들의 임무, 수행하는 과업, 일하는 장소 등을 파악하는데 용이하다.
㉢ 조직문화 : 조직이 지속되게 되면서 조직구성원들 간에 공유되는 생활양식이나 가치로 조직구성원들의 사고와 행동에 영향을 미치며 일체감과 정체성을 부여하고 조직이 안정적으로 유지되게 한다. 최근 조직문화에 대한 중요성이 부각되면서 긍정적인 방향으로 조성하기 위한 경영층의 노력이 이루어지고 있다.
㉣ 조직의 규칙과 규정 : 조직의 목표나 전략에 따라 수립되어 조직구성원들의 활동범위를 제약하고 일관성을 부여하는 기능을 하는 것으로 인사규정, 총무규정, 회계규정 등이 있다. 특히 조직이 구성원들의 행동을 관리하기 위하여 규칙이나 절차에 의존하고 있는 공식화 정도에 따라 조직의 구조가 결정되기도 한다.

Answer 11.① 12.①

13 다음은 어느 회사의 홈페이지 소개 페이지이다. 다음의 자료로 알 수 있는 것을 모두 고른 것은?

창조적 열정으로 세상의 가치를 건설하여 신뢰받는
BEST PARTNER & FIRST COMPANY

GLOBAL BEST & FIRST

핵심가치

GREAT INNOVATION 변화 창의적 발상으로 나부터 바꾸자	GREAT CHALLENGE 최고 도전과 열정으로 최고가 되자	GREAT PARTNERSHIP 신뢰 존중하고 소통하여 함께 성장하자

VISION 2020 GOAL
Sustainable Global Company로의 도약
수익성을 동반한 지속가능한 성장을 추구합니다.
글로벌사업 운영체계의 확립을 통해 세계속 GS건설로 도약합니다.

2020년 경영목표 수주 35조, 매출 27조, 영업이익 2조

㉠ 회사의 목표	㉡ 회사의 구조
㉢ 회사의 문화	㉣ 회사의 규칙과 규정

① ㉠㉡

② ㉠㉢

③ ㉡㉢

④ ㉡㉣

⑤ ㉢㉣

✔해설 주어진 자료의 VISION 2020(경영목표)을 통해 조직이 달성하려는 장래의 상태, 즉 회사의 목표를 알 수 있으며 핵심가치를 통해 창의, 도전과 열정, 존중과 소통 등을 강조하는 회사의 문화를 알 수 있다.

14 다음은 I기업의 조직도와 팀장님의 지시사항이다. H씨가 팀장님의 심부름을 수행하기 위해 연락해야 할 부서로 옳은 것은?

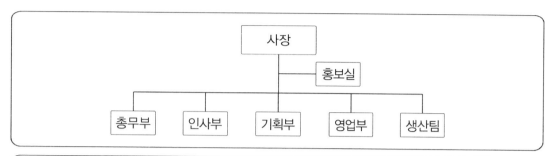

    H씨! 내가 지금 너무 바빠서 그러는데 부탁 좀 들어줄래요? 다음 주 중에 사장님 모시고 클라이언트와 만나야 할 일이 있으니까 사장님 일정을 확인해주시구요. 이번 달에 신입사원 교육·훈련계획이 있었던 것 같은데 정확한 시간이랑 날짜를 확인해주세요.

① 총무부, 인사부
② 총무부, 홍보실
③ 기획부, 총무부
④ 기획부, 홍보실
⑤ 영업부, 기획부

✔해설 사장의 일정에 관한 사항은 비서실에서 관리하나 비서실이 없는 회사의 경우 총무부(또는 팀)에서 비서 업무를 담당하기도 한다. 또한 신입사원 관리 및 교육은 인사부에서 관리한다.

15 다음 지문의 빈칸에 들어갈 알맞은 것을 〈보기〉에서 고른 것은?

> 기업은 합법적인 이윤 추구 활동 이외에 자선·교육·문화·체육 활동 등 사회에 긍정적 영향을 미치는 책임 있는 활동을 수행하기도 한다. 이처럼 기업이 사회적 책임을 수행하는 이유는 _____

〈보기〉
- ㉠ 기업은 국민의 대리인으로서 공익 추구를 주된 목적으로 하기 때문이다.
- ㉡ 기업의 장기적인 이익 창출에 기여할 수 있기 때문이다.
- ㉢ 법률에 의하여 강제된 것이기 때문이다.
- ㉣ 환경 경영 및 윤리 경영의 가치를 실현할 수 있기 때문이다.

① ㉠㉡   ② ㉠㉢
③ ㉡㉢   ④ ㉡㉣
⑤ ㉢㉣

✔해설 기업은 환경 경영, 윤리 경영과 노동자를 비롯한 사회 전체의 이익을 동시에 추구하며 그에 따라 의사 결정 및 활동을 하는 사회적 책임을 가져야 한다.
㉠ 기업은 이윤 추구를 주된 목적으로 하는 사적 집단이다.

▎16~17 ▎ 다음 결재규정을 보고 주어진 상황에 알맞게 작성된 양식을 고르시오.

〈결재규정〉

- 결재를 받으려면 업무에 대해서는 최고결재권자(대표이사)를 포함한 이하 직책자의 결재를 받아야 한다.
- '전결'이라 함은 회사의 경영활동이나 관리활동을 수행함에 있어 의사결정이나 판단을 요하는 일에 대하여 최고 결재권자의 결재를 생략하고, 자신의 책임 하에 최종적으로 의사결정이나 판단을 하는 행위를 말한다.
- 전결사항에 대해서도 위임 받은 자를 포함한 이하 직책자의 결재를 받아야 한다.
- 표시내용 : 결재를 올리는 자는 최고결재권자로부터 전결사항을 위임 받은 자가 있는 경우 결재란에 전결이라고 표시하고 최종 결재권자에 위임 받은 자를 표시한다. 다만, 결재가 불필요한 직책자의 결재란은 상황대각선으로 표시한다.
- 최고결재권자의 결재사항 및 최고결재권자로부터 위임된 전결사항은 다음의 표에 따른다.

구분	내용	금액기준	결재서류	팀장	본부장	대표이사
접대비	거래처 식대, 경조사비 등	20만 원 이하	접대비지출품의서 지출결의서	● ■		
		30만 원 이하			● ■	
		30만 원 초과				● ■
교통비	국내 출장비	30만 원 이하	출장계획서 출장비신청서	● ■		
		50만 원 이하		●	■	
		50만 원 초과		●		■
	해외 출장비			●		■

- ● : 기안서, 출장계획서, 접대비지출품의서
- ■ : 지출결의서, 세금계산서, 발행요청서, 각종 신청서

16 영업부 사원 L씨는 편집부 K씨의 부친상에 부조금 50만 원을 회사 명의로 지급하기로 하였다. L씨가 작성한 결재 방식은?

①

접대비지출품의서			
결 재	담당	팀장	본부장	최종 결재

| 결 재 | L | | | 팀장 |

②

접대비지출품의서			
결 재	담당	팀장	본부장	최종 결재

| 결 재 | L | | 전결 | 본부장 |

③

지출결의서			
결 재	담당	팀장	본부장	최종 결재

| 결 재 | L | 전결 | | 대표이사 |

④

지출결의서			
결 재	담당	팀장	본부장	최종 결재

| 결 재 | L | | | 대표이사 |

⑤

지출결의서			
결 재	담당	팀장	본부장	최종 결재

| 결 재 | L | | | 대표이사 |

해설 경조사비는 접대비에 해당하므로 접대비지출품의서나 지출결의서를 작성하고 30만 원을 초과하였으므로 결재권자는 대표이사에게 있다. 또한 누구에게도 전결되지 않았다.

17 영업부 사원 I씨는 거래업체 직원들과 저녁 식사를 위해 270,000원을 지불하였다. I씨가 작성해야 하는 결재 방식으로 옳은 것은?

①

접대비지출품의서			
결재	담당	팀장	본부장	최종 결재
	I			전결

②

접대비지출품의서			
결재	담당	팀장	본부장	최종 결재
	I	전결		본부장

③

지출결의서			
결재	담당	팀장	본부장	최종 결재
	I	전결		본부장

④

지출결의서			
결재	담당	팀장	본부장	최종 결재
	I			본부장

⑤

접대비지출품의서			
결재	담당	팀장	본부장	최종 결재
	I		전결	본부장

✔️해설 거래처 식대이므로 접대비지출품의서나 지출결의서를 작성하고 30만 원 이하이므로 최종 결재는 본부장이 한다. 본부장이 최종 결재를 하고 본부장 란에는 전결을 표시한다.

|18~19| 다음은 인사부에서 각 부서에 발행한 업무지시문이다. 업무지시문을 보고 물음에 답하시오.

업무지시문(업무협조전 사용에 대한 지시)

수신 : 전 부서장님들께
참조 :

제목 : 업무협조전 사용에 대한 지시문
업무 수행에 노고가 많으십니다.
  부서 간의 원활한 업무진행을 위하여 다음과 같이 업무협조전을 사용하도록 결정하였습니다. 업무효율화를 도모하고자 업무협조전을 사용하도록 권장하는 것이니 본사의 지시에 따라주시기 바랍니다. 궁금하신 점은 ___㉠___ 담당자 (내선 : 012)에게 문의해주시기 바랍니다.

– 다음 –

1. 목적
  (1) 업무협조전 이용의 미비로 인한 부서 간 업무 차질 해소
  (2) 발신부서와 수신부서 간의 명확한 책임소재 규명
  (3) 부서 간의 원활한 의견교환을 통한 업무 효율화 추구
  (4) 부서 간의 업무 절차와 내용에 대한 근거확보
2. 부서 내의 적극적인 사용권장을 통해 업무협조전이 사내에 정착될 수 있도록 부탁드립니다.
3. 첨부된 업무협조전 양식을 사용하시기 바랍니다.
4. 기타 : 문서관리규정을 회사사규에 등재할 예정이오니 업무에 참고하시기 바랍니다.

2015년 12월 10일

S통상
___㉠___ 장 ○○○ 배상

---

18 다음 중 빈칸 ㉠에 들어갈 부서로 가장 적절한 것은?

① 총무부   ② 기획부

③ 인사부   ④ 영업부

⑤ 생산부

✔**해설** 조직기구의 업무분장 및 조절 등에 관한 사항은 인사부에서 관리한다.

19 업무협조전에 대한 설명으로 옳지 않은 것은?

① 부서 간의 책임소재가 분명해진다.
② 업무 협업 시 높아진 효율성을 기대할 수 있다.
③ 업무 절차와 내용에 대한 근거를 확보할 수 있다.
④ 부서별로 자유로운 양식의 업무협조전을 사용할 수 있다.
⑤ 부서 간의 원활한 의사소통이 가능해진다.

 업무지시문에 첨부된 업무협조전 양식을 사용하여야 한다.

20 다음의 주어진 경영참가제도 중 근로자가 조직의 자본에 참가하는 제도를 모두 고른 것은?

┌───┐
│ ㉠ 노동주제도   ㉡ 공동의사결정제도   │
│ ㉢ 이윤분배제도   ㉣ 노사협의회제도   │
│ ㉤ 종업원지주제도   │
└───┘

① ㉠㉢   ② ㉠㉤
③ ㉢㉣   ④ ㉢㉤
⑤ ㉣㉤

 경영참가제도 … 근로자 또는 노동조합을 경영의 파트너로 인정하고 이들을 조직의 경영의사결정 과정에 참여시키는 제도이다. 경영참가제도의 가장 큰 목적은 경영의 민주성을 제고하는 것으로 근로자 또는 노동조합이 경영과정에 참여하여 자신의 의사를 반영함으로써 공동으로 문제를 해결하고, 노사 간의 세력 균형을 이룰 수 있다. 또한 근로자나 노동조합이 새로운 아이디어를 제시하거나 현장에 적합한 개선방안을 마련해줌으로써 경영의 효율성을 제고할 수 있다.
※ 경영참가제도의 유형
　㉠ 경영참가 : 경영자의 권한인 의사결정과정에 근로자 또는 노동조합이 참여하는 것으로 공동의사결정제도와 노사협의회제도 등이 있다.
　㉡ 이윤참가 : 조직의 경영성과에 대하여 근로자에게 배분하는 것으로 이윤분배제도 등이 있다.
　㉢ 자본참가 : 근로자가 조직 재산의 소유에 참여하는 것으로 근로자가 경영방침에 따라 회사의 주식을 취득하는 종업원지주제도, 노동제공을 출자의 한 형식으로 간주하여 주식을 제공하는 노동주제도 등이 있다.

21 다음은 SWOT분석에 대한 설명과 프랑스 유제품 회사 국내영업부의 SWOT분석이다. 주어진 전략 중 가장 적절한 것은?

> SWOT이란, 강점(Strength), 약점(Weakness), 기회(Opportunity), 위협(Threat)의 머리글자를 모아 만든 단어로 경영 전략을 수립하기 위한 도구이다. SWOT분석을 통해 도출된 조직의 외부/내부 환경을 분석 결과를 통해 각각에 대응하는 전략을 도출하게 된다.
>
> SO 전략이란 기회를 활용하면서 강점을 더욱 강화하는 공격적인 전략이고, WO 전략이란 외부환경의 기회를 활용하면서 자신의 약점을 보완하는 전략으로 이를 통해 기업이 처한 국면의 전환을 가능하게 할 수 있다. ST 전략은 외부환경의 위험요소를 회피하면서 강점을 활용하는 전략이며, WT 전략이란 외부환경의 위협요인을 회피하고 자사의 약점을 보완하는 전략으로 방어적 성격을 갖는다.
>
> | 내부
외부 | 강점(Strength) | 약점(Weakness) |
> |---|---|---|
> | 기회(Opportunity) | SO 전략(강점-기회 전략) | WO 전략(약점-기회 전략) |
> | 위협(Threat) | ST 전략(강점-위협 전략) | WT 전략(약점-위협 전략) |

강점(Strength)	• 세계 제일의 기술력 보유 • 압도적으로 큰 기업 규모 • 프랑스 기업의 세련된 이미지
약점(Weakness)	• 국내에서의 낮은 인지도 • 국내 기업에 비해 높은 가격
기회(Opportunity)	• 국내 대형 유제품 회사의 유해물질 사태로 인한 반사효과 • 신흥 경쟁사의 유입 가능성이 낮음
위협(Threat)	• 대체할 수 있는 국내 경쟁 기업이 많음 • 경기침체로 인한 시장의 감소

내부 외부	강점(Strength)	약점(Weakness)
기회(Opportunity)	(가)	(나)
위협(Threat)	(다)	(라)

① (가) : 다양한 마케팅전략을 통한 국내 인지도 상승을 통해 국내 경쟁력을 확보

② (나) : 프랑스 기업의 세련된 이미지를 부각시킨 마케팅으로 반사효과 극대화

③ (나) : 기술력을 강조한 마케팅으로 반사효과 극대화

④ (다) : 세련된 이미지와 기술력 홍보로 유해한 성분이 없음을 강조

⑤ (라) : 유통 마진을 줄여 가격을 낮추고 국내 경쟁력을 확보

> ✔**해설** 높은 가격이라는 약점을 유통 마진 감소를 통한 가격 인하로 보완하고 이를 통해 국내 경쟁기업들의 위협 속에서 경쟁력을 확보하려는 전략은 적절한 WT 전략이라 할 수 있다.

22 다음은 영업부 사원 H씨가 T대리와 함께 거래처에 방문하여 생긴 일이다. H씨의 행동 중 T대리가 지적할 사항으로 가장 적절한 것은?

> 거래처 실무 담당인 A씨와 그 상사인 B과장이 함께 나왔다. 일전에 영업차 본 적이 있는 A씨에게 H씨는 먼저 눈을 맞추며 반갑게 인사한 후 먼저 상의 안쪽 주머니의 명함 케이스에서 명함을 양손으로 내밀며 소속과 이름을 밝혔다. B과장에게도 같은 방법으로 명함을 건넨 후 두 사람의 명함을 받아 테이블 위에 놓고 가볍게 이야기를 시작했다.

① 명함은 한 손으로 글씨가 잘 보이도록 여백을 잡고 건네야 합니다.
② 소속과 이름은 명함에 나와 있으므로 굳이 언급하지 않아도 됩니다.
③ 고객이 2인 이상인 경우 명함은 윗사람에게 먼저 건네야 합니다.
④ 명함은 받자마자 바로 명함케이스에 깨끗하게 넣어두세요.
⑤ 명함 케이스는 가방에 넣어두는 것이 좋습니다.

✔ **해설** ① 명함을 건넬 때는 양손으로 명함의 여백을 잡고 고객이 바로 볼 수 있도록 건넨다.
② 소속과 이름을 정확하게 밝히며 명함을 건넨다.
④ 명함을 받자마자 바로 넣는 것은 예의에 어긋나는 행동이다. 명함을 보고 가벼운 대화를 시작하거나 테이블 위에 바르게 올려두는 것이 좋다.
⑤ 명함지갑은 꺼내기 쉬운 곳(상의 안주머니 등)에 넣어둔다.
※ 명함 수수법
　㉠ 명함을 동시에 주고받을 때는 오른손으로 주고 왼손으로 받는다.
　㉡ 혹시 모르는 한자가 있는 경우 "실례하지만, 어떻게 읽습니까?"라고 질문한다.
　㉢ 면담예정자 한 사람에 대하여 최소 3장정도 준비한다.
　㉣ 받은 명함과 자신의 명함은 항시 구분하여 넣는다.

23 다음 중 교토의정서 제17조의 배출권거래제도에 대한 정의로 가장 적절한 것은?

① 가입국이 되면 온실가스를 감축하려는 노력과 이에 관련된 정보를 공개해야 하는 제도

② 선진국 기업이 개발도상국에 투자해 얻은 온실가스 감축분을 자국의 온실가스 감축실적에 반영할 수 있게 한 제도

③ 선진국 기업이 다른 선진국에 투자해 얻은 온실가스 감축분의 일정량을 자국의 감축실적으로 인정받을 수 있도록 한 제도

④ 온실가스 감축의무가 있는 국가가 당초 감축목표를 초과 달성했을 경우 여유 감축쿼터를 다른 나라에 팔 수 있도록 한 제도

⑤ 온실가스 감축에 대한 국가별 순위를 매겨 무역거래에 혜택을 주는 제도

> ✔해설 교토의정서의 주요 내용
> ㉠ 배출권거래제도(ET ; emission trading) : 온실가스 감축의무가 있는 국가가 당초 감축목표를 초과 달성했을 경우 여유 감축쿼터를 다른 나라에 팔 수 있도록 한 제도
> ㉡ 공동이행제도(JI ; joint implementation) : 선진국 기업이 다른 선진국에 투자해 얻은 온실가스 감축분의 일정량을 자국의 감축실적으로 인정받을 수 있도록 한 제도
> ㉢ 청정개발체제(CDM ; clean development mechanism) : 선진국 기업이 개발도상국에 투자해 얻은 온실가스 감축분을 자국의 온실가스 감축실적에 반영할 수 있게 한 제도

24 민츠버그는 경영자의 역할을 대인적, 정보적, 의사결정적 역할으로 구분하였다. 다음에 주어진 경영자의 역할을 올바르게 묶은 것은?

> ㉠ 조직의 대표자   ㉡ 변화전달
> ㉢ 정보전달자   ㉣ 조직의 리더
> ㉤ 문제 조정   ㉥ 외부환경 모니터
> ㉦ 대외적 협상 주도   ㉧ 상징자, 지도자
> ㉨ 분쟁조정자, 자원배분자   ㉩ 협상가

	대인적 역할	정보적 역할	의사결정적 역할
①	㉠㉢㉥	㉡㉣㉦㉧	㉤㉨㉩
②	㉡㉤㉧	㉠㉢㉨	㉣㉥㉦㉩
③	㉠㉢㉣㉧	㉡㉥㉦	㉤㉨㉩
④	㉠㉣㉧	㉡㉢㉥	㉤㉦㉨㉩
⑤	㉡㉤㉧	㉠㉢㉣	㉥㉦㉨㉩

✅ 해설 민츠버그의 경영자 역할

　　㉠ 대인적 역할 : 상징자 혹은 지도자로서 대외적으로 조직을 대표하고 대내적으로 조직을 이끄는 리더로
　　　서의 역할

　　㉡ 정보적 역할 : 조직을 둘러싼 외부 환경의 변화를 모니터링하고, 이를 조직에 전달하는 정보전달자로서의
　　　역할

　　㉢ 의사결정적 역할 : 조직 내 문제를 해결하고 대외적 협상을 주도하는 협상가, 분쟁조정자, 자원배분자
　　　로서의 역할

25 H항만회사는 내년부터 주요 사업들에 대하여 식스시그마를 적용하려고 한다. 다음 중 식스시그마를 주도적으로 담당하기에 가장 적절한 부서는?

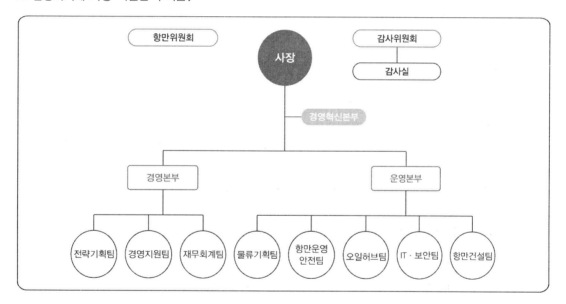

① 경영혁신본부　　　　　　　　② 감사실
③ 경영지원팀　　　　　　　　　④ 항만위원회
⑤ 재무회계팀

✅ 해설 식스시그마란 모든 프로세스에 적용할 수 있는 전방위 경영혁신 운동으로, 1987년 미국의 마이클 해리가 창안한 품질경영 혁신기법이다. 이는 결점을 제로에 가깝게 줄이는 목표를 가리키며 식스시그마의 목적은 제공하는 제품이나 서비스가 고객 요구를 만족시키거나 혹은 그것을 초과 달성하도록 하는 데 있다. 따라서 사장 직속의 경영혁신본부에서 담당하는 것이 가장 적절하다.

Answer 23.④　24.④　25.①

CHAPTER 06 정보능력

1 정보화사회와 정보능력

(1) 정보와 정보화사회

① 자료 · 정보 · 지식

구분	특징
자료 (Data)	객관적 실제의 반영이며, 그것을 전달할 수 있도록 기호화한 것
정보 (Information)	자료를 특정한 목적과 문제해결에 도움이 되도록 가공한 것
지식 (Knowledge)	정보를 집적하고 체계화하여 장래의 일반적인 사항에 대비해 보편성을 갖도록 한 것

② **정보화사회** … 필요로 하는 정보가 사회의 중심이 되는 사회

(2) 업무수행과 정보능력

① 컴퓨터의 활용 분야
  ㉠ 기업 경영 분야에서의 활용 : 판매, 회계, 재무, 인사 및 조직관리, 금융 업무 등
  ㉡ 행정 분야에서의 활용 : 민원처리, 각종 행정 통계 등
  ㉢ 산업 분야에서의 활용 : 공장 자동화, 산업용 로봇, 판매시점관리시스템(POS) 등
  ㉣ 기타 분야에서의 활용 : 교육, 연구소, 출판, 가정, 도서관, 예술 분야 등

② 정보처리과정
  ㉠ **정보 활용 절차** : 기획→수집→관리→활용
  ㉡ 5W2H : 정보 활용의 전략적 기획
    • WHAT(무엇을?) : 정보의 입수대상을 명확히 한다.
    • WHERE(어디에서?) : 정보의 소스(정보원)를 파악한다.
    • WHEN(언제까지) : 정보의 요구(수집)시점을 고려한다.

- WHY(왜?) : 정보의 필요목적을 염두에 둔다.
- WHO(누가?) : 정보활동의 주체를 확정한다.
- HOW(어떻게) : 정보의 수집방법을 검토한다.
- HOW MUCH(얼마나?) : 정보수집의 비용성(효용성)을 중시한다.

예제 1

5W2H는 정보를 전략적으로 수집·활용할 때 주로 사용하는 방법이다. 5W2H에 대한 설명으로 옳지 않은 것은?

① WHAT : 정보의 수집방법을 검토한다.
② WHERE : 정보의 소스(정보원)를 파악한다.
③ WHEN : 정보의 요구(수집)시점을 고려한다.
④ HOW : 정보의 수집방법을 검토한다.

[출제의도]
방대한 정보들 중 꼭 필요한 정보와 수집 방법 등을 전략적으로 기획하고 정보수집이 이루어질 때 효과적인 정보 수집이 가능해진다. 5W2H는 이러한 전략적 정보 활용 기획의 방법으로 그 개념을 이해하고 있는지를 묻는 질문이다.
[해설]
5W2H의 'WHAT'은 정보의 입수대상을 명확히 하는 것이다. 정보의 수집방법을 검토하는 것은 HOW(어떻게)에 해당되는 내용이다.

답 ①

---

(3) 사이버공간에서 지켜야 할 예절

① 인터넷의 역기능
   ㉠ 불건전 정보의 유통
   ㉡ 개인 정보 유출
   ㉢ 사이버 성폭력
   ㉣ 사이버 언어폭력
   ㉤ 언어 훼손
   ㉥ 인터넷 중독
   ㉦ 불건전한 교제
   ㉧ 저작권 침해

② 네티켓(netiquette) … 네트워크(network) + 에티켓(etiquette)

(4) 정보의 유출에 따른 피해사례

① 개인정보의 종류

    ㉠ **일반 정보** : 이름, 주민등록번호, 운전면허정보, 주소, 전화번호, 생년월일, 출생지, 본적지, 성별, 국적 등

    ㉡ **가족 정보** : 가족의 이름, 직업, 생년월일, 주민등록번호, 출생지 등

    ㉢ **교육 및 훈련 정보** : 최종학력, 성적, 기술자격증/전문면허증, 이수훈련 프로그램, 서클 활동, 상벌사항, 성격/행태보고 등

    ㉣ **병역 정보** : 군번 및 계급, 제대유형, 주특기, 근무부대 등

    ㉤ **부동산 및 동산 정보** : 소유주택 및 토지, 자동차, 저축현황, 현금카드, 주식 및 채권, 수집품, 고가의 예술품 등

    ㉥ **소득 정보** : 연봉, 소득의 원천, 소득세 지불 현황 등

    ㉦ **기타 수익 정보** : 보험가입현황, 수익자, 회사의 판공비 등

    ㉧ **신용 정보** : 대부상황, 저당, 신용카드, 담보설정 여부 등

    ㉨ **고용 정보** : 고용주, 회사주소, 상관의 이름, 직무수행 평가 기록, 훈련기록, 상벌기록 등

    ㉩ **법적 정보** : 전과기록, 구속기록, 이혼기록 등

    ㉪ **의료 정보** : 가족병력기록, 과거 의료기록, 신체장애, 혈액형 등

    ㉫ **조직 정보** : 노조가입, 정당가입, 클럽회원, 종교단체 활동 등

    ㉬ **습관 및 취미 정보** : 흡연/음주량, 여가활동, 도박성향, 비디오 대여기록 등

② 개인정보 유출방지 방법

    ㉠ 회원 가입 시 이용 약관을 읽는다.

    ㉡ 이용 목적에 부합하는 정보를 요구하는지 확인한다.

    ㉢ 비밀번호는 정기적으로 교체한다.

    ㉣ 정체불명의 사이트는 멀리한다.

    ㉤ 가입 해지 시 정보 파기 여부를 확인한다.

    ㉥ 남들이 쉽게 유추할 수 있는 비밀번호는 자제한다.

2 **정보능력을 구성하는 하위능력**

(1) 컴퓨터활용능력

① 인터넷 서비스 활용

　㉠ 전자우편(E-mail) 서비스 : 정보 통신망을 이용하여 다른 사용자들과 편지나 여러 정보를 주고받는 통신 방법

　㉡ 인터넷 디스크/웹 하드 : 웹 서버에 대용량의 저장 기능을 갖추고 사용자가 개인용 컴퓨터의 하드디스크와 같은 기능을 인터넷을 통하여 이용할 수 있게 하는 서비스

　㉢ 메신저 : 인터넷에서 실시간으로 메시지와 데이터를 주고받을 수 있는 소프트웨어

　㉣ 전자상거래 : 인터넷을 통해 상품을 사고팔거나 재화나 용역을 거래하는 사이버 비즈니스

② 정보검색 … 여러 곳에 분산되어 있는 수많은 정보 중에서 특정 목적에 적합한 정보만을 신속하고 정확하게 찾아내어 수집, 분류, 축적하는 과정

　㉠ 검색엔진의 유형

　　• 키워드 검색 방식 : 찾고자 하는 정보와 관련된 핵심적인 언어인 키워드를 직접 입력하여 이를 검색 엔진에 보내어 검색 엔진이 키워드와 관련된 정보를 찾는 방식

　　• 주제별 검색 방식 : 인터넷상에 존재하는 웹 문서들을 주제별, 계층별로 정리하여 데이터베이스를 구축한 후 이용하는 방식

　　• 통합형 검색방식 : 사용자가 입력하는 검색어들이 연계된 다른 검색 엔진에게 보내고 이를 통하여 얻어진 검색 결과를 사용자에게 보여주는 방식

　㉡ 정보 검색 연산자

기호	연산자	검색조건
*, &	AND	두 단어가 모두 포함된 문서를 검색
|	OR	두 단어가 모두 포함되거나 두 단어 중에서 하나만 포함된 문서를 검색
-, !	NOT	'-' 기호나 '!' 기호 다음에 오는 단어는 포함하지 않는 문서를 검색
~, near	인접검색	앞/뒤의 단어가 가깝게 있는 문서를 검색

③ 소프트웨어의 활용

　㉠ 워드프로세서

　　• 특징 : 문서의 내용을 화면으로 확인하면서 쉽게 수정 가능, 문서 작성 후 인쇄 및 저장 가능, 글이나 그림의 입력 및 편집 가능

　　• 기능 : 입력기능, 표시기능, 저장기능, 편집기능, 인쇄기능 등

ⓛ 스프레드시트
- 특징 : 쉽게 계산 수행, 계산 결과를 차트로 표시, 문서를 작성하고 편집 가능
- 기능 : 계산, 수식, 차트, 저장, 편집, 인쇄기능 등

예제 2

귀하는 커피 전문점을 운영하고 있다. 아래와 같이 엑셀 워크시트로 4개 지점의 원두 구매 수량과 단가를 이용하여 금액을 산출하고 있다. 귀하가 다음 중 D3셀에서 사용하고 있는 함수식으로 옳은 것은? (단, 금액 = 수량 × 단가)

	A	B	C	D	E
1	지점	원두	수량(100g)	금액	
2	A	케냐	15	150000	
3	B	콜롬비아	25	175000	
4	C	케냐	30	300000	
5	D	브라질	35	210000	
6					
7		원두	100g당 단가		
8		케냐	10,000		
9		콜롬비아	7,000		
10		브라질	6,000		
11					

① =C3*VLOOKUP(B3, $B$8:$C$10, 1, 1)

② =B3*HLOOKUP(C3, $B$8:$C$10, 2, 0)

③ =C3*VLOOKUP(B3, $B$8:$C$10, 2, 0)

④ =C3*HLOOKUP($B$8:$C$10, 2, B3)

[출제의도]
본 문항은 엑셀 워크시트 함수의 활용도를 확인하는 문제이다.
[해설]
"VLOOKUP(B3,$B$8:$C$10, 2, 0)"의 함수를 해설해보면 B3의 값(콜롬비아)을 B8:C10에서 찾은 후 그 영역의 2번째 열(C열, 100g당 단가)에 있는 값을 나타내는 함수이다. 금액은 "수량 × 단가"으로 나타내므로 D3셀에 사용되는 함수식은 "=C3*VLOOKUP(B3, $B$8: $C$10, 2, 0)"이다.

※ HLOOKUP과 VLOOKUP
  ⓐ HLOOKUP : 배열의 첫 행에서 값을 검색하여, 지정한 행의 같은 열에서 데이터를 추출
  ⓑ VLOOKUP : 배열의 첫 열에서 값을 검색하여, 지정한 열의 같은 행에서 데이터를 추출

답 ③

ⓒ 프레젠테이션
- 특징 : 각종 정보를 사용자 또는 대상자에게 쉽게 전달
- 기능 : 저장, 편집, 인쇄, 슬라이드 쇼 기능 등
ⓓ 유틸리티 프로그램 : 파일 압축 유틸리티, 바이러스 백신 프로그램

④ 데이터베이스의 필요성
  ㉠ 데이터의 중복을 줄인다.
  ㉡ 데이터의 무결성을 높인다.
  ㉢ 검색을 쉽게 해준다.
  ㉣ 데이터의 안정성을 높인다.
  ㉤ 개발기간을 단축한다.

(2) 정보처리능력

① **정보원** … 1차 자료는 원래의 연구성과가 기록된 자료이며, 2차 자료는 1차 자료를 효과적으로 찾아보기 위한 자료 또는 1차 자료에 포함되어 있는 정보를 압축·정리한 형태로 제공하는 자료이다.

   ㉠ **1차 자료** : 단행본, 학술지와 논문, 학술회의자료, 연구보고서, 학위논문, 특허정보, 표준 및 규격 자료, 레터, 출판 전 배포자료, 신문, 잡지, 웹 정보자원 등

   ㉡ **2차 자료** : 사전, 백과사전, 편람, 연감, 서지데이터베이스 등

② **정보분석 및 가공**

   ㉠ **정보분석의 절차** : 분석과제의 발생 → 과제(요구)의 분석 → 조사항목의 선정 → 관련정보의 수집(기존자료 조사/신규자료 조사) → 수집정보의 분류 → 항목별 분석 → 종합·결론 → 활용·정리

   ㉡ **가공** : 서열화 및 구조화

③ **정보관리**

   ㉠ 목록을 이용한 정보관리

   ㉡ 색인을 이용한 정보관리

   ㉢ 분류를 이용한 정보관리

예제 3

인사팀에서 근무하는 J씨는 회사가 성장함에 따라 직원 수가 급증하기 시작하면서 직원들의 정보관리 방법을 모색하던 중 다음과 같은 A사의 직원 정보관리 방법을 보게 되었다. J씨는 A사가 하고 있는 이 방법을 회사에도 도입하고자 한다. 이 방법은 무엇인가?

> A사의 인사부서에 근무하는 H씨는 직원들의 개인정보를 관리히는 업무를 담당하고 있다. A사에서 근무하는 직원은 수천 명에 달하기 때문에 H씨는 주요 키워드나 주제어를 가지고 직원들의 정보를 구분하여 관리하여, 찾을 때도 쉽고 내용을 수정할 때도 이전보다 훨씬 간편할 수 있도록 했다.

① 목록을 활용한 정보관리
② 색인을 활용한 정보관리
③ 분류를 활용한 정보관리
④ 1:1 매칭을 활용한 정보관리

[출제의도]
본 문항은 정보관리 방법의 개념을 이해하고 있는가를 묻는 문제이다.

[해설]
주어진 자료의 A사에서 사용하는 정보관리는 주요 키워드나 주제어를 가지고 정보를 관리하는 방식인 색인을 활용한 정보관리이다. 디지털 파일에 색인을 저장할 경우 추가, 삭제, 변경 등이 쉽다는 점에서 정보관리에 효율적이다.

답 ②

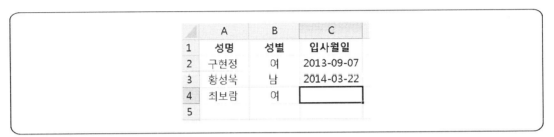

출제예상문제

1 다음은 어느 회사의 사원 입사월일을 정리한 자료이다. 아래 워크시트에서 [C4] 셀에 수식 '= EOMONTH(C3,1)'를 입력하였을 때 결과 값은? (단, [C4] 셀에 설정되어 있는 표시형식은 '날짜'이다)

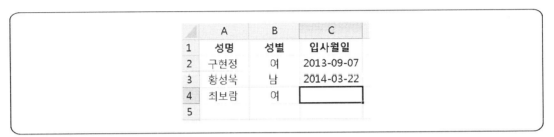

	A	B	C
1	성명	성별	입사월일
2	구현정	여	2013-09-07
3	황성욱	남	2014-03-22
4	최보람	여	
5			

① 2014-04-30   ② 2014-03-31

③ 2014-02-28   ④ 2013-09-31

⑤ 2013-08-31

해설 'EOMONTH(start_date, months)' 함수는 시작일에서 개월수만큼 경과한 이전/이후 월의 마지막 날짜를 반환한다. 따라서 [C3] 셀에 있는 날짜 2014년 3월 22일의 1개월이 지난 4월의 마지막 날은 30일이다.

2   다음 워크시트에서 [A1:B2] 영역을 선택한 후 채우기 핸들을 사용하여 드래그 했을 때 [A5:B5]영역 값으로 바르게 짝지은 것은?

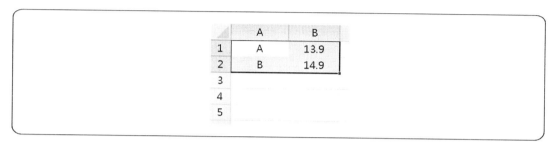

① A, 15.9

② B, 17.9

③ A, 17.9

④ C, 14.9

⑤ E, 16.9

> ✔ 해설 'A'와 'B'가 번갈아 가면서 나타나므로 [A5] 셀에는 'A'가 입력되고 13.9에서 1씩 증가하면서 나타나므로 [B5] 셀에는 '17.9'가 입력된다.

3 다음 워크시트에서 수식 '=POWER(A3, A2)'의 결과 값은 얼마인가?

	A
1	1
2	3
3	5
4	7
5	9
6	11

① 5   ② 81

③ 49   ④ 125

⑤ 256

✔해설 POWER(number, power) 함수는 number 인수를 power 인수로 제곱한 결과를 반환한다. 따라서 5의 3 제곱은 125이다.

4 엑셀에서 새 시트를 열고자 할 때 사용하는 단축키는?

① 〈Shift〉+〈F11〉   ② 〈Ctrl〉+〈W〉

③ 〈Ctrl〉+〈F4〉   ④ 〈Ctrl〉+〈N〉

⑤ 〈Ctrl〉+〈P〉

✔해설 ②③ 현재 통합문서를 닫는 기능이다.
④ 새 통합문서를 만드는 기능이다.
⑤ 작성한 문서를 인쇄하는 기능이다.

5 다음 워크시트에서처럼 주민등록번호가 입력되어 있을 때, 이 셀의 값을 이용하여 [C1] 셀에 성별을 '남' 또는 '여'로 표시하고자 한다. [C1] 셀에 입력해야 하는 수식은? (단, 주민등록번호의 8번째 글자가 1이면 남자, 2이면 여자이다)

	A	B	C
1	임나라	870808-2235672	
2	정현수	850909-1358527	
3	김동하	841010-1010101	
4	노승진	900202-1369752	
5	은봉미	890303-2251547	

① =CHOOSE(MID(B1,8,1), "여", "남")

② =CHOOSE(MID(B1,8,2), "남", "여")

③ =CHOOSE(MID(B1,8,1), "남", "여")

④ =IF(RIGHT(B1,8)="1", "남", "여")

⑤ =IF(RIGHT(B1,8)="2", "남", "여")

✔ 해설   MID(text, start_num, num_chars)는 텍스트에서 원하는 문자를 추출하는 함수이다. 주민등록번호가 입력된 [B1] 셀에서 8번째부터 1개의 문자를 추출하여 1이면 남자, 2면 여자라고 하였으므로 답이 ③이 된다.

┃6~8┃ 다음 완소그룹 물류창고의 책임자와 각 창고 내 보관된 제품의 코드 목록을 보고 물음에 답하시오.

책임자	제품코드번호	책임자	제품코드번호
권두완	17015N0301200013	노완희	17028S0100500023
공덕영	17051C0100200015	박근동	16123G0401800008
심근동	17012F0200900011	양균호	17026P0301100004
정용준	16113G0100100001	박동신	17051A0200700017
김영재	17033H0301300010	권현종	17071A0401500021

ex) 제품코드번호

2017년 3월에 성남 3공장에서 29번째로 생산된 주방용품 앞치마 코드

1703	–	1C	–	01005	–	00029
(생산연월)		(생산공장)		(제품종류)		(생산순서)

생산연월	생산공장				제품종류				생산순서
	지역코드		고유번호		분류코드		고유번호		
• 1611 – 2016년 11월 • 1706 – 2017년 6월	1	성남	A	1공장	01	주방용품	001	주걱	• 00001부터 시작하여 생산 순서대로 5자리의 번호가 매겨짐
			B	2공장			002	밥상	
			C	3공장			003	쟁반	
	2	구리	D	1공장			004	접시	
			E	2공장			005	앞치마	
			F	3공장			006	냄비	
	3	창원	G	1공장	02	청소도구	007	빗자루	
			H	2공장			008	쓰레받기	
			I	3공장			009	봉투	
	4	서산	J	1공장			010	대걸레	
			K	2공장	03	가전제품	011	TV	
			L	3공장			012	전자레인지	
	5	원주	M	1공장			013	가스레인지	
			N	2공장			014	컴퓨터	
	6	강릉	O	1공장	04	세면도구	015	치약	
			P	2공장			016	칫솔	
	7	진주	Q	1공장			017	샴푸	
			R	2공장			018	비누	
	8	합천	S	1공장			019	타월	
			T	2공장			020	린스	

6 완소그룹의 제품 중 2017년 5월에 합천 1공장에서 36번째로 생산된 세면도구 비누의 코드로 알맞은 것은?

① 17058S0401800036　　　　　② 17058S0401600036

③ 17058T0402000036　　　　　④ 17058T0401800036

⑤ 17058S0401500036

> ✔ 해설　• 2017년 5월 : 1705
> • 합천 1공장 : 8S
> • 세면도구 비누 : 04018
> • 36번째로 생산 : 00036

7 2공장에서 생산된 제품들 중 현재 물류창고에 보관하고 있는 가전제품은 모두 몇 개인가?

① 1개　　　　　② 2개

③ 3개　　　　　④ 4개

⑤ 5개

> ✔ 해설　'17015N0301200013', '17033H0301300010', '17026P0301100004' 총 3개이다.

8 다음 중 창원 1공장에서 생산된 제품을 보관하고 있는 물류창고의 책임자들끼리 바르게 연결된 것은?

① 김영재 – 박동신　　　　　② 정용준 – 박근동

③ 권두완 – 양균호　　　　　④ 공덕영 – 권현종

⑤ 양균호 – 노완희

> ✔ 해설　② 정용준(16113G0100100001) – 박근동(16123G0401800008)

┃9~10┃ 다음은 H사의 물품 재고 창고에 적재되어 있는 제품 보관 코드 체계이다. 다음 표를 보고 이어지는 질문에 답하시오.

〈예시〉

2010년 12월에 중국 '2 Stars' 사에서 생산된 아웃도어 신발의 15번째 입고 제품 → 1012 – 1B – 04011 – 00015

생산 연월	공급처				입고 분류				입고품 수량
	원산지 코드		제조사 코드		용품 코드		제품별 코드		
	1	중국	A	All-8	01	캐주얼	001	청바지	
			B	2 Stars			002	셔츠	
			C	Facai			003	원피스	
	2	베트남	D	Nuyen	02	여성	004	바지	
			E	N-sky			005	니트	
	3	멕시코	F	Bratos			006	블라우스	
2012년 9월 – 1209			G	Fama	03	남성	007	점퍼	00001부터 다섯 자리 시리얼 넘버가 부여됨.
	4	한국	H	혁진사			008	카디건	
2010년 11월 – 1011			I	K상사			009	모자	
			J	영스타	04	아웃 도어	010	용품	
	5	일본	K	왈러스			011	신발	
			L	토까이			012	래쉬가드	
			M	히스모	05	베이비	013	내복	
	6	호주	N	오즈본			014	바지	
			O	Island					
	7	독일	P	Kunhe					
			Q	Boyer					

9 2011년 10월에 생산된 '왈러스' 사의 여성용 블라우스로 10,215번째 입고된 제품의 코드로 알맞은 것은 무엇인가?

① 1010 – 5K – 02006 – 00215

② 1110 – 5K – 02060 – 10215

③ 1110 – 5K – 02006 – 10215

④ 1110 – 5L – 02005 – 10215

⑤ 2011 – 5K – 02006 – 01021

> ✔**해설** 2011년 10월 생산품이므로 1110의 코드가 부여되며, 일본 '왈러스' 사는 5K, 여성용 02와 블라우스 해당 코드 006, 10,215번째 입고품의 시리얼 넘버 10215가 제품 코드로 사용되므로 1110 – 5K – 02006 – 10215가 된다.

10 제품 코드 0810 – 3G – 04011 – 00910에 대한 설명으로 옳지 않은 것은 무엇인가?

① 해당 제품의 입고 수량은 적어도 910개 이상이다.

② 중남미에서 생산된 제품이다.

③ 여름에 생산된 제품이다.

④ 캐주얼 제품이 아니다.

⑤ 아웃도어용 비의류 제품이다.

✔해설 2008년 10월에 생산되었으며, 멕시코 Fama사의 생산품이다. 또한, 아웃도어용 신발을 의미하며 910번째로 입고된 제품임을 알 수 있다.

11 다음은 H회사의 승진후보들의 1차 고과 점수 및 승진시험 점수이다. "생산부 사원"의 승진시험 점수의 평균을 알기 위해 사용해야 하는 함수는 무엇인가?

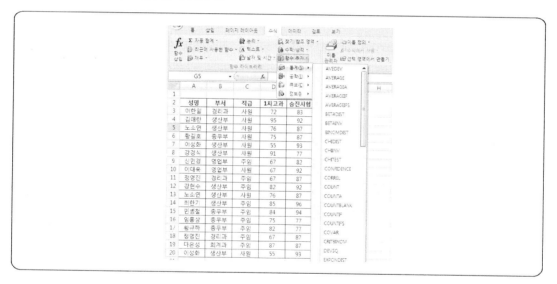

① AVERAGE

② AVERAGEA

③ AVERAGEIF

④ AVERAGEIFS

⑤ COUNTIF

✔해설 구하고자 하는 값은 "생산부 사원"의 승진시험 점수의 평균이다. 주어진 조건에 따른 평균값을 구하는 함수는 AVERAGEIF와 AVERAGEIFS인데 조건이 1개인 경우에는 AVERAGEIF, 조건이 2개 이상인 경우에는 AVERAGEIFS를 사용한다.
[=AVERAGEIFS(E3:E20,B3:B20,"생산부",C3:C20,"사원")]

Answer 9.③ 10.③ 11.④

▌12~14 ▌ 다음 자료는 J회사 창고에 있는 가전제품 코드 목록이다. 다음을 보고 물음에 답하시오.

SE−11−KOR−3A−1512	CH−08−CHA−2C−1308	SE−07−KOR−2C−1503
CO−14−IND−2A−1511	JE−28−KOR−1C−1508	TE−11−IND−2A−1411
CH−19−IND−1C−1301	SE−01−KOR−3B−1411	CH−26−KOR−1C−1307
NA−17−PHI−2B−1405	AI−12−PHI−1A−1502	NA−16−IND−1B−1311
JE−24−PHI−2C−1401	TE−02−PHI−2C−1503	SE−08−KOR−2B−1507
CO−14−PHI−3C−1508	CO−31−PHI−1A−1501	AI−22−IND−2A−1503
TE−17−CHA−1B−1501	JE−17−KOR−1C−1506	JE−18−IND−1C−1504
NA−05−CHA−3A−1411	SE−18−KOR−1A−1503	CO−20−KOR−1C−1502
AI−07−KOR−2A−1501	TE−12−IND−1A−1511	AI−19−IND−1A−1503
SE−17−KOR−1B−1502	CO−09−CHA−3C−1504	CH−28−KOR−1C−1308
TE−18−IND−1C−1510	JE−19−PHI−2B−1407	SE−16−KOR−2C−1505
CO−19−CHA−3A−1509	NA−06−KOR−2A−1401	AI−10−KOR−1A−1509

〈코드 부여 방식〉
[제품 종류]−[모델 번호]−[생산 국가]−[공장과 라인]−[제조연월]

〈예시〉
TE−13−CHA−2C−1501
2015년 1월에 중국 2공장 C라인에서 생산된 텔레비전 13번 모델

제품 종류 코드	제품 종류	생산 국가 코드	생산 국가
SE	세탁기	CHA	중국
TE	텔레비전	KOR	한국
CO	컴퓨터	IND	인도네시아
NA	냉장고	PHI	필리핀
AI	에어컨		
JE	전자레인지		
GA	가습기		
CH	청소기		

12 위의 코드 부여 방식을 참고할 때 옳지 않은 내용은?

① 창고에 있는 기기 중 세탁기는 모두 한국에서 제조된 것들이다.

② 창고에 있는 기기 중 컴퓨터는 모두 2015년에 제조된 것들이다.

③ 창고에 있는 기기 중 청소기는 있지만 가습기는 없다.

④ 창고에 있는 기기 중 2013년에 제조된 것은 청소기 뿐이다.

⑤ 창고에 텔레비전은 5대가 있다.

✔해설 NA−16−IND−1B−1311가 있으므로 2013년에 제조된 냉장고도 창고에 있다.

13 J회사에 다니는 Y씨는 가전제품 코드 목록을 파일로 불러와 검색을 하고자 한다. 검색의 결과로 옳지 않은 것은?

① 창고에 있는 세탁기가 몇 개인지 알기 위해 'SE'를 검색한 결과 7개임을 알았다.

② 창고에 있는 기기 중 인도네시아에서 제조된 제품이 몇 개인지 알기 위해 'IND'를 검색한 결과 10개임을 알았다.

③ 모델 번호가 19번인 제품을 알기 위해 '19'를 검색한 결과 4개임을 알았다.

④ 1공장 A라인에서 제조된 제품을 알기 위해 '1A'를 검색한 결과 6개임을 알았다.

⑤ 2015년 1월에 제조된 제품을 알기 위해 '1501'를 검색한 결과 3개임을 알았다.

✔해설 ② 인도네시아에서 제조된 제품은 9개이다.

14 2017년 4월에 한국 1공장 A라인에서 생산된 에어컨 12번 모델의 코드로 옳은 것은?

① AI − 12 − KOR − 2A − 1704

② AI − 12 − KOR − 1A −1704

③ AI − 11 − PHI − 1A − 1704

④ CH − 12 − KOR − 1A − 1704

⑤ CH − 11 − KOR − 3A − 1705

✔해설 [제품 종류] − [모델 번호] − [생산 국가] − [공장과 라인] − [제조연월]
AI(에어컨) − 12 − KOR − 1A −1704

15 다음의 알고리즘에서 인쇄되는 S는?

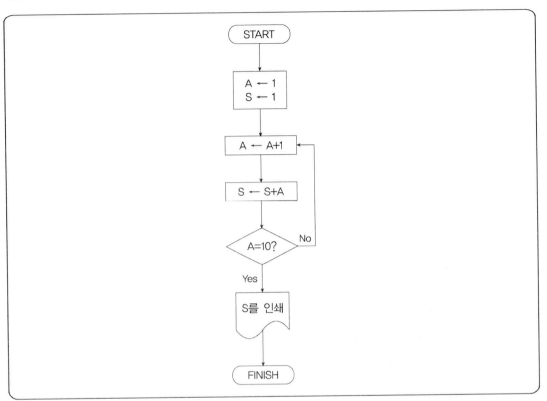

① 36
② 45
③ 55
④ 66
⑤ 77

✅ 해설   A=1, S=1
A=2, S=1+2
A=3, S=1+2+3
…
A=10, S=1+2+3+…+10
∴ 출력되는 S의 값은 55이다.

16 다음의 알고리즘에서 인쇄되는 A는?

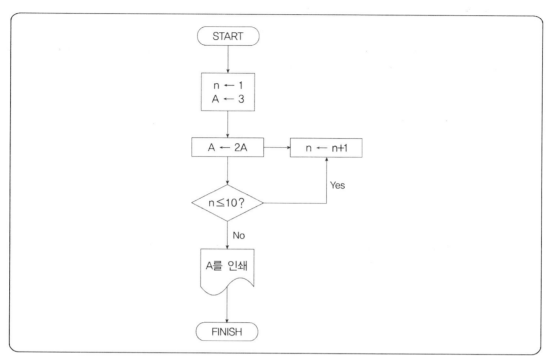

① $2^8 \cdot 3$

② $2^9 \cdot 3$

③ $2^{10} \cdot 3$

④ $2^{11} \cdot 3$

⑤ $2^{12} \cdot 3$

✔해설   n=1, A=3
n=1, A=2 · 3
n=2, A=2^2 · 3
n=3, A=2^3 · 3
…
n=11, A=2^{11} · 3
∴ 출력되는 A의 값은 $2^{11} \cdot 3$이다.

17 T회사에서 근무하고 있는 N씨는 엑셀을 이용하여 작업을 하고자 한다. 엑셀에서 바로 가기 키에 대한 설명이 다음과 같을 때 괄호 안에 들어갈 내용으로 알맞은 것은?

> 통합 문서 내에서 (㉠) 키는 다음 워크시트로 이동하고 (㉡) 키는 이전 워크시트로 이동한다.

	㉠	㉡
①	〈Ctrl〉+〈Page Down〉	〈Ctrl〉+〈Page Up〉
②	〈Shift〉+〈Page Down〉	〈Shift〉+〈Page Up〉
③	〈Tab〉+←	〈Tab〉+→
④	〈Alt〉+〈Shift〉+↑	〈Alt〉+〈Shift〉+↓
⑤	〈Ctrl〉+〈Shift〉+〈Page Down〉	〈Ctrl〉+〈Shift〉+〈Page Up〉

✔해설 엑셀 통합 문서 내에서 다음 워크시트로 이동하려면 〈Ctrl〉+〈Page Down〉을 눌러야 하며, 이전 워크 시트로 이동하려면 〈Ctrl〉+〈Page Up〉을 눌러야 한다.

18 다음 워크시트에서 영업2부의 보험실적 합계를 구하고자 할 때, [G2] 셀에 입력할 수식으로 옳은 것은?

	A	B	C	D	E	F	G
1	성명	부서	성별	보험실적		부서	보험실적 합계
2	윤진주	영업1부	여	13		영업2부	
3	임성민	영업2부	남	12			
4	김옥순	영업1부	여	15			
5	김은지	영업3부	여	20			
6	최준오	영업2부	남	8			
7	윤한성	영업3부	남	9			
8	하은영	영업2부	여	11			
9	남영호	영업1부	남	17			

① =DSUM(A1:D9,3,F1:F2)

② =DSUM(A1:D9,"보험실적",F1:F2)

③ =DSUM(A1:D9,"보험실적",F1:F3)

④ =SUM(A1:D9,"보험실적",F1:F2)

⑤ =SUM(A1:D9,4,F1:F2)

✔해설 DSUM(데이터베이스, 필드, 조건 범위) 함수는 조건에 부합하는 데이터를 합하는 수식이다. 데이터베이스는 전체 범위를 설정하며, 필드는 보험실적 합계를 구하는 것이므로 "보험실적"으로 입력하거나 열 번호 4를 써야 한다. 조건 범위는 영업2부에 한정하므로 F1:F2를 써준다.

19 다음 시트의 [D10]셀에서 =DCOUNT(A2:F7,4,A9:B10)을 입력했을 때 결과 값으로 옳은 것은?

	A	B	C	D	E	F
1	4차 산업혁명 주요 테마별 사업체당 종사자 수					
2		2015	2016	2017	2018	2019
3	자율주행	24.2	21.2	21.9	20.6	20
4	인공지능	22.6	17	19.2	18.7	18.7
5	빅데이터	21.8	17.5	18.9	17.8	18
6	드론	43.8	37.2	40.5	39.6	39.7
7	3D프린팅	25	18.6	21.8	22.7	22.6
8						
9	2015	2019				
10	<25	>19				

① 0

② 1

③ 2

④ 3

⑤ 4

✔ 해설 DCOUNT는 조건을 만족하는 개수를 구하는 함수로, [A2:F7]영역에서 '2015'(2015년도 종사자 수)가 25 보다 작고 '2019'(2019년도 종사자 수)가 19보다 큰 레코드의 수는 1이 된다. 조건 영역은 [A9:B10]이 되며, 조건이 같은 행에 입력되어 있으므로 AND 조건이 된다.

20 다음 워크시트에서 [A2] 셀 값을 소수점 첫째자리에서 반올림하여 [B2] 셀에 나타내도록 하고자 한다. [B2] 셀에 알맞은 함수식은?

	A	B
1	숫자	반올림한 값
2	987.9	
3	247.6	
4	864.4	
5	69.3	
6	149.5	
7	75.9	

① ROUND(A2, −1)

② ROUND(A2, 0)

③ ROUNDDOWN(A2, 0)

④ ROUNDUP(A2, −1)

⑤ ROUND(A3, 0)

✔해설 ROUND(number, num_digits)는 반올림하는 함수이며, ROUNDUP은 올림, ROUNDDOWN은 내림하는 함수이다. ROUND(number, num_digits)에서 number는 반올림하려는 숫자를 나타내며, num_digits는 반올림할 때 자릿수를 지정한다. 이 값이 0이면 소수점 첫째자리에서 반올림하고 −1이면 일의자리 수에서 반올림한다. 따라서 주어진 문제는 소수점 첫째자리에서 반올림하는 것이므로 ②가 답이 된다.

21~22 | 다음은 선택정렬에 관한 설명과 예시이다. 이를 보고 물음에 답하시오.

선택정렬(Selection sort)은 주어진 데이터 중 최솟값을 찾고 최솟값을 정렬되지 않은 데이터 중 맨 앞에 위치한 값과 교환한다. 교환은 두 개의 숫자가 서로 자리를 맞바꾸는 것을 말한다. 정렬된 데이터를 제외한 나머지 데이터를 같은 방법으로 교환하여 반복하면 정렬이 완료된다.

〈예시〉

68, 11, 3, 82, 7을 정렬하려고 한다.
• 1회전 (최솟값 3을 찾아 맨 앞에 위치한 68과 교환)

68	11	3	82	7

3	11	68	82	7

• 2회전 (정렬이 된 3을 제외한 데이터 중 최솟값 7을 찾아 11과 교환)

3	11	68	82	7

3	7	68	82	11

• 3회전 (정렬이 된 3, 7을 제외한 데이터 중 최솟값 11을 찾아 68과 교환)

3	7	68	82	11

3	7	11	82	68

• 4회전 (정렬이 된 3, 7, 11을 제외한 데이터 중 최솟값 68을 찾아 82와 교환)

3	7	11	82	68

3	7	11	68	82

21 다음 수를 선택정렬을 이용하여 오름차순으로 정렬하려고 한다. 2회전의 결과는?

> 5, 3, 8, 1, 2

① 1, 2, 8, 5, 3
② 1, 2, 5, 3, 8
③ 1, 2, 3, 5, 8
④ 1, 2, 3, 8, 5
⑤ 1, 2, 8, 3, 5

㉠ 1회전

5	3	8	1	2

1	3	8	5	2

㉡ 2회전

1	3	8	5	2

1	2	8	5	3

22 다음 수를 선택정렬을 이용하여 오름차순으로 정렬하려고 한다. 3회전의 결과는?

> 55, 11, 66, 77, 22

① 11, 22, 66, 55, 77　　　　② 11, 55, 66, 77, 22

③ 11, 22, 66, 77, 55　　　　④ 11, 22, 55, 77, 66

⑤ 11, 22, 55, 66, 77

㉠ 1회전

55	11	66	77	22

11	55	66	77	22

㉡ 2회전

11	55	66	77	22

11	22	66	77	55

㉢ 3회전

11	22	66	77	55

11	22	55	77	66

23 다음 시트처럼 한 셀에 두 줄 이상 입력하려는 경우 줄을 바꿀 때 사용하는 키는?

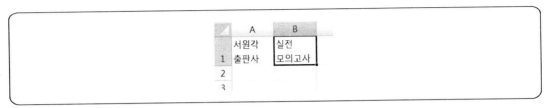

① 〈Shift〉＋〈Ctrl〉＋〈Enter〉　　　② 〈Alt〉＋〈Enter〉

③ 〈Alt〉＋〈Shift〉＋〈Enter〉　　　④ 〈Shift〉＋〈Enter〉

⑤ 〈Ctrl〉＋〈Enter〉

> **해설** 한 셀에 두 줄 이상 입력하려고 하는 경우 줄을 바꿀 때는 〈Alt〉＋〈Enter〉를 눌러야 한다.

24 다음 중 아래 시트에서 'C6' 셀에 제시된 바와 같은 수식을 넣을 경우 나타나게 될 오류 메시지는 어느 것인가?

	A	B	C
1	직급	이름	수당(원)
2	과장	홍길동	750,000
3	대리	조길동	600,000
4	차장	이길동	830,000
5	사원	박길동	470,000
6	합계		=SUM(C2:C6)

① #NUM!　　　　　　　　　② #VALUE!

③ #DIV/0!　　　　　　　　④ 순환 참조 경고

⑤ #N/A

> **해설** 수식에서 직접 또는 간접적으로 자체 셀을 참조하는 경우를 순환 참조라고 한다. 열려있는 통합 문서 중 하나에 순환 참조가 있으면 모든 통합 문서가 자동으로 계산되지 않는다. 이 경우 순환 참조를 제거하거나 이전의 반복 계산(특정 수치 조건에 맞을 때까지 워크시트에서 반복되는 계산) 결과를 사용하여 순환 참조와 관련된 각 셀이 계산되도록 할 수 있다.

25 다음 워크시트는 학생들의 수리영역 성적을 토대로 순위를 매긴 것이다. 다음 중 [C2] 셀의 수식으로 옳은 것은?

	A	B	C
1		수리영역	순위
2	이순자	80	3
3	이준영	95	2
4	정소이	50	7
5	금나라	65	6
6	윤민준	70	5
7	도성민	75	4
8	최지애	100	1

① =RANK(B2,$B$2:$B$8)

② =RANK(B2,$B$2:$B$8,1)

③ =RANK(C2,$B$2:$B$8)

④ =RANK(C2,$B$2:$B$8,0)

⑤ =RANK(C2,$B$2:$B$8,1)

✔해설 RANK(number,ref,[order]) : number는 순위를 지정하는 수이므로 B2, ref는 범위를 지정하는 것이므로 $B$2:$B$8이다. oder는 0이나 생략하면 내림차순으로 순위가 매겨지고 0이 아닌 값을 지정하면 오름차순으로 순위가 매겨진다.

PART

04

논술시험

CHAPTER 01

논술의 기초와 작성방법

1 논술의 정의와 특징

(1) 논술이란?

근거와 주장
검증과 반박
설득과 조화
→ 논(論)술(述) ←
계단식 구성
열거법
우선순위법
소논문법

　사람들은 어떠한 주제에 대해 자신의 의견을 전달하고 싶어 한다. 이렇게 주장을 피력하는 방법으로 글로 쓰는 논술과 말로 전달하는 구술이 있다. 논술과 구술 모두 자신의 의견을 전달하는 방법이라는 공통점을 지니지만 표현하는 수단이 다르기 때문에 그 방법에서도 차이가 날 수 밖에 없다. 논술은 어떤 논제에 관하여 의견을 논리적으로 서술하는 행위 또는 그런 서술을 말한다. 따라서 논술을 할 때에는 자신이 주장하는 의견에 대하여 그것을 뒷받침할 수 있는 근거가 필요하다. 타당한 근거가 제시될 때만이 자신이 주장하는 의견이 받아들여 질 수 있으며, 논술의 목표라고 할 수 있는 독자의 설득이 가능해진다. 정리하자면 논술의 답안을 작성할 때에는 두 가지의 핵심 요소가 필수적이라고 할 수 있다.

① 자신이 주장하고자 하는 바를 명료하게 제시한다.

② 주장에 따른 타당한 근거를 제시하여 설득력을 높인다.

　논술 쓰기에 있어서 가장 우선적으로 해야 할 것은 논제를 파악하는 것이다. 제시문 또는 문제를 읽고 출제자의 의도를 고려하여 정확한 논점을 확립해야 한다. 논제에 대한 파악이 끝나면 논지를 설정해야 한다. 논지 설정은 논제에 대해 어떤 주장을 어떻게 할 것인지에 대한 결정이다. 보통 논지(논제에 대한 자신의 주장)는 한두 문장 정도의 주제문 또는 결론으로 표현될 수 있다. 논지를 정할 때에는 출제자의 의도와 자신의 견해를 반영하되 타당한 근거를 찾기 쉬운 논지로 정하는 것이 논술 답안을 작성할 때 수월할 수 있다.

이렇게 논지가 설정되면 이에 대한 적합한 논거를 생성하여 개요를 짜고 답안을 작성한 후 고쳐 쓰기를 하는 순서로 논술 쓰기가 마무리 된다. 순서도로 나타내면 다음과 같다.

논제 파악 ➡ 논지 설정 ➡ 논거 생성 ➡ 개요 짜기 ➡ 답안 작성 ➡ 고쳐 쓰기

(2) 사고력

논술에서 가장 중요한 요소는 생각하는 힘, 즉 사고력의 증진이다. 사고력을 키우기 위해서는 다양한 체험과 폭 넓은 독서로 배경지식을 쌓아야 한다. 타인과의 의견 교환인 토론 역시 사고력 향상에 도움이 된다. 하지만 아무리 많은 체험을 하고 창의적인 생각을 지녔다 하더라도 적절히 활용하지 못한다면 소용이 없다. 따라서 논술 학습이 필요하다. 논술을 잘하기 위해서는 사고에 대한 훈련이 필요한데 사고의 유형으로는 다음과 같은 것이 있다.

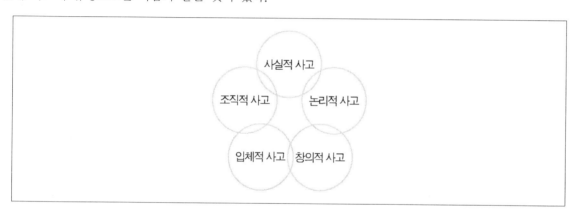

① 사실적 사고 : 독자를 설득하기 위해서는 사실에 근거하여 논술해야 한다.

② 조직적 사고 : 자신의 주장과 주장을 뒷받침할 근거를 조직적으로 구조화해야 한다.

③ 논리적 사고 : 이치를 따지고 앞뒤를 가려 모순 없이 타당하게 생각해야 한다.

④ 입체적 사고 : 올바른 판단을 위해 다양한 시각에서 종합적으로 생각해야 한다.

⑤ 창의적 사고 : 논제에 대한 독창적인 생각으로 뻔함이 아닌 새로움을 반영해야 한다.

2 논술 작성 개요(서론 · 본론 · 결론)

논술의 구성 방법에는 여러 가지가 있는데 실제 시험에 임했을 때 어떤 구성 방법을 취하는 것이 바람직한가에 대한 고찰이 필요하다. 논술 시험에서는 독자가 바로 채점자가 된다. 채점자는 정해진 시간 안에 다수의 논술을 읽고 평가해야 하기 때문에 그 내용이 얼마나 쉽게 읽히는지의 여부가 큰 영향을 미친다. 즉, 가독성이 좋은 글을 써야 한다는 것이다. 논술에서의 가독성은 **논제**와 **결론**에 대해 **명확하게 표현**하는 것으로 높일 수 있다. 취업 논술의 논제는 경제 용어 또는 사회 현상에 대한 의견 및 대안을 질문하는 형태들이 많은 비중을 차지한다. 일반적인 논술이 그러하듯 서론, 본론, 결론의 세 단계로 논술하는 것이 바람직하다.

① 서론 … 논제에 제시된 용어를 정의한다. 용어의 정의가 필요한 이유는 이후 논리를 전개할 때 의미의 혼동을 줄이고, 독자로 하여금 내용을 쉽게 이해시키기 위함이다.

② 본론 … 사회 · 경제적인 현상을 설명한다. 자신의 생각보다는 이론이나 일반적으로 통용되는 현상을 소개하는 것이 바람직하다.

③ 결론 … 본론에서 언급한 것을 근거로 자신의 주장을 정리한다.

〈개요 작성의 예시〉

논제 : 사회 양극화현상이 불러올 수 있는 소비성향 변화를 서술하고, 경제학적 관점에서 전체 소비에 어떤 영향을 미치는지 논하시오.

① 서론 : '사회 양극화현상', '소비 성향', '전체 소비' 등 주요 용어를 정의한다. 용어 정의는 간단하게 한 두 문장 정도면 충분하다.

② 본론 : '소비성향 변화가 전체 소비에 미치는 영향'에 대해 설명한다. 주요 현상을 정리하고 일반화하며, 몇 가지의 예시를 드는 것이 바람직하다.

③ 결론 : 본론의 내용을 근거로 '전체 소비의 변화'에 대해서 자신의 의견을 정리한다.

---

3 논술 잘 쓰기

논술은 앞에서 살펴본 바와 같이 논리적인 글쓰기이다. 소설이나 수필 등 다른 산문과의 가장 큰 차이도 이러한 논리성에 있다. 대다수의 학습자들이 논술에 익숙하면서도 어려움을 느끼는 이유는 여러 가지가 있지만 그 중에서도 이 논리성이 큰 부분을 차지한다. 정답이 정해져 있지 않다는 논술의 특징은 수험생들에게 장점으로 작용할 수 있음에도 불구하고 많은 수험생들이 오히려 부담을 느낀다. 논술은 정해진 답을 외워서 빨리 옮겨 쓰는 것이 아니기 때문에 그 전개 방식이 다양하다. 채점하는 입장에서도 이러한 다양성을 존중하여 정해진 틀에 의한 글만을 답으로 인정하지 않고 폭넓은 논리 구조를 허용하고 있다. 그러므로 자신의 생각을 조리 있게 정리하여 풀어쓰는 것이 논술의 핵심이라 할 수 있다. 그러나 이러한 내용을 알고 있음에도 불구하고 현실적으로 직면하는 문제는 논술 실력이 금방 늘지 않는다는 것이다.

점수를 위한 글쓰기와 결과에 대한 부담, 상대적으로 빈약한 학습 자료 등은 수험생들이 논술을 어렵게 느끼게 하는 요인이 되어왔다. 하지만 논술은 고급 개별 지도를 받아야만 향상되는 것은 아니다. 앞으로 소개하는 내용을 잘 숙지한다면 누구나 논술을 잘 쓸 수 있게 된다. 논술을 잘 쓰기 위해서 반드시 행해야 할 세 가지를 살펴보자.

① 좋은 글을 쓰는 방법 첫 번째는 '다독(多讀)'이다.

㉠ 많이 읽는 것이 좋은 글쓰기의 시작임을 강조하는 것은 새삼스러워 보이기까지 하지만 현실적으로 제일 지켜지지 않는 분야 중 하나이다. 결코 많이 읽는 것이 대충 읽는 것을 뜻하지는 않는다. 인터넷 신문, 태블릿PC를 이용한 모바일 잡지 등 기존에는 존재하지 않던 다양한 매체들이 우리 주변에 등장하였다. 우리는 이러한 정보의 바다에 수시로 접속하면서 다양한 자료를 접하지만 이러한 형태의 읽기는 올바른 다독(多讀)의 방법이 아니다. 이러한 읽기가 초래하는 제일 큰 문제점은 읽는 속도이다. 전자 매체는 그 특성상 다양한 메뉴와 기능들을 활용하여 손쉽게 내용의 전이가 가능하다. 글을 읽다가도 재미가 없어지거나, 마음에 들지 않는 내용이 등장하면 손쉽게 페이지를 바꿀 수 있다. 이러한 특징은 기존의 신문, 책이 가지지 못하는 것으로 속독을 넘어서서 훑어보기 수준의 독서 형태를 초래한다.

ⓛ 문제는 이렇게 쉽고 빠르게 읽는 과정에서 그 글에 담긴 내용의 흐름을 잡지 못한다는 것에 있다. 다른 사람의 글을 읽는 것의 핵심은 그 글이 잘 써진 글인지 여부와 무관하게 그에 담긴 핵심 흐름을 파악하는 것이다. 나쁜 글은 그 내용에 일관성이 떨어지고 핵심 논리 구조가 존재하지 않으며 좋은 글은 그 글의 형태적 구성과 핵심 내용의 흐름도 자연스럽다는 것을 다독(多讀)을 통해 느껴야 한다. 이러한 생각 없이 막연히 많이 읽는 방식은 결코 자신의 글쓰기 실력과 연관되지 않는다. 엄밀히 말하면 그러한 읽기 방법은 눈으로 '보았다' 이지 '읽었다'라고 말할 수 없기 때문이다. 안 좋은 글을 보면 오히려 글쓰기에 해가 된다고 생각하는 독자들도 있다. 그러나 그것은 잘못된 생각이다. 글은 문제 풀이와 같이 맞고 틀림이 명확하지 않다. 그러나 그 글의 질을 평가할 수는 있는데 이러한 평가의 핵심이 바로 논리구조이다. 그러므로 어떠한 글의 논리구조가 흐리멍텅하다면, 그 글은 안 좋은 글이지만 그 글을 읽음으로써 논리구조의 부족을 생각하게 되고 스스로 부족한 부분을 채우려는 노력을 시도하게 된다. 다른 이의 나쁜 글도 자신에게 '타산지석(他山之石)'이 될 수 있다.

ⓒ 또한 경계해야 할 맹신 중 하나는 '잘 쓰인 좋은 글을 많이 읽으면 좋다'라는 것이다. 분명 좋은 글을 많이 접하는 것은 어휘나 글의 구성, 내용의 흐름 등에 있어서 본받을 점들이 많다. 하지만 좋은 글을 '많이' 읽는 것만으로 자신의 글쓰기 실력을 향상시킬 수는 없다. 자신의 주장을 논리적으로 펼 수 있는 생각을 가진 상태로 다른 좋은 글에서 접한 미사여구와 논리구조를 적용하는 것이 중요하다.

② 좋은 글을 쓰는 방법 두 번째는 바로 '다작(多作)'이다.

㉠ 다작(多作)이란 직접 많이 써보는 것인데 이 역시 식상할 정도로 많이 들어왔던 말일 것이다. 하지만 다독(多讀)에서의 핵심이 단순히 '많이' 읽는 것이 아니었음을 상기한다면 다작(多作)에서도 단순히 '많이' 글을 쓴다는 것을 의미하지 않음을 짐작해 볼 수 있을 것이다. 글쓰기는 생각의 투영과 같아서 생각하는 것이 변하지 않으면 글쓰기도 크게 변하지 않는다. 이는 한 자리에서 같은 주제로 두 개 이상의 서로 다른 글쓰기를 하는 것이 얼마나 어려운지를 살펴보면 알 수 있다. 이러한 보완(feed-back) 없는 글쓰기는 결국 유사한 글의 중복된 작성과 같다. 그렇다고 여기서 말하는 다작이 글을 쓸 때마다 매번 문체를 바꾸는 것을 의미하지는 않는다. 문체를 수시로 바꾼다는 것은 현실적으로 불가능에 가깝다. 또한 문체는 사람마다 글을 쓰는 성향으로서 일관성을 가지는 것도 중요하기 때문에 문체가 다작의 핵심이 되지는 못한다.

ⓛ 다작(多作)의 중심에는 바로 개선(改善)이 있다. '많이' 표현을 해보는 과정이 중요하지만 그러한 과정을 통해 일련의 개선(改善)이 발생하여야 그 글쓰기가 진정으로 의미 있는 행위가 된다. 논술은 교재에 나온 주제를 몇 번이고 반복해서 쓰는 것만으로 실력이 향상되지 않는다. 심지어 대부분 논술의 주제들은 매우 상식적이고 친숙하지 않던가. 그러한 친숙한 주제들을 반복해 답변하는 것이 시간의 효용상 얼마나 가치 있는 일인지는 스스로 반문해볼 필요가 있다. 그렇다면 개선(改善)은 어떻게 '다작(多作)'의 효과를 가져오며 어떻게 그러한 개선(改善)을 얻어낼 수 있을까?

ⓒ 같은 주제에 대하여 글을 쓰더라도 생각의 흐름이 변하면 글도 변하게 된다. 수필이나 산문이 아닌 논술의 핵심이 논리성에 있는 것을 감안할 때, 이러한 생각의 흐름의 변화는 논술에서 매우 중요하다고 할 수 있다. 생각에는 정해진 틀이 존재하지 않으므로 다양한 각도로 구성을 엮어갈 수 있다. 이러한 생각의 장점은 간혹 논리성의 부재라는 치명적 단점을 초래하기도 하는데 우리가 속담으로 친숙한 '까마귀 날자 배떨어졌다'와 같은 것이 그것이다. 우연적 상황에 많이 인용되는 본 속담은 논리적인 글이 지양(止揚)해야 할 특징을 극명하게 보여준다. 논리적인 글은 그 연결구조가 우연에 의하면 안 된다. 끈끈한 논리적 결속력을 바탕으로 글을 전개해야 독자들의 혼돈을 줄이고 핵심을 빨리 이해하도록 할 수 있다. 그러므로 논술을 위한 글쓰기 연습을 할 때 '다작'을 통하면서 본인의 논리구조에 개선을 행해야 한다.

③ 논술을 잘 쓰기 위한 마지막 핵심은 바로 '다화(多話)'이다.

ㄱ 많이 말해야 한다는 '다화(多話)'의 핵심은 위에서 살펴본 '다작(多作)'의 경우와 같이 개선(改善)에 있다. 논술은 생각의 표현이라 하였는데 이러한 생각을 함양시켜 주는 방법으로 많이 이야기하는 방법이 있다. 글쓰기의 문체만큼이나 사람의 생각도 가치관에 따라 특징이 있어서 그러한 특징을 벗어나기가 쉽지 않다. 문제는 생각이 가치관을 투영하여 보여준다는 것이 아니라 이러한 가치관에 얽매여서 다른 관점을 이해하지 못하거나 일방적으로 매도하는 경우가 발생할 수 있다는 데 있다. 자신의 생각이 확실한 사람일수록 글쓰기가 쉬워지는 경향이 있으나 이러한 글쓰기는 두 번째에 언급한 '다작의 함정'에 빠지기 쉽다. 주제에 대해 다양한 방법의 접근이 가능하고 본인의 생각이 논리적으로 완벽하지 않을 수 있기 때문에 다른 이들과의 대화를 통하여 자신의 생각을 확인해보고 발상을 전환해보는 과정이 반드시 필요하다. 이러한 과정을 통해 개선된 생각과 더 완성된 논리 흐름을 만들어 낼 수 있기 때문이다.

ⓛ 이러한 '다화'의 방법은 이야기를 통하는 경우도 많고 논술의 경우 '첨삭(添削)'을 통하여 이루어
지게 된다. 첨삭은 직접 대화하지 못하는 경우에도 일정 부분 의견을 주고받을 수 있는 길을 열
어주어 글쓰기의 개선에 큰 도움을 준다. 대부분의 논술학원들에서 이러한 '첨삭'을 강조하고 첨
삭 능력이 그 학원의 경쟁력으로 작용할 정도이니 다자간 대화가 불가능한 논술에 있어서 이러
한 '첨삭'이 '다화'의 기능으로서 얼마나 중요한지 알 수 있다.

ⓒ 정리해보면 좋은 글쓰기를 위해서는 평소에 많은 자료들을 접하고, 친구들과 많은 대화를 통하여 본인의
생각을 정리하며, 그것을 다작을 통해 표현하면서 이에 첨삭을 첨가하여 개선을 꾀하는 것이 필요하다.
좋은 논술을 쓰는 방법은 '저 언덕 너머에' 있지 않다. 우리 주변 가까운 곳에 있는 자료들로부
터 시작하여 우리의 머릿속에서 완성이 되고 누군가의 질문과 조언으로 보완이 되는 것이다.

4 논술은 쓰는 사람보다 읽는 사람이 항상 유리하다.

논술을 잘 쓰기 방법에 첨언해 보자면 논술은 그 특징상 쓰는 사람보다 글을 읽는 사람이 유리하다.
여기서 유리하다는 말은 심신의 흐트러짐이 적고 정신이 정돈되어 있다는 것을 의미한다. 왜 논술은
읽는 사람이 유리할까?

논술을 쓰는 현실적인 상황을 생각해보면 논술은 우리가 집에서 서너 시간씩 책과 노트북을 끼고
인터넷을 거쳐 가며 쓰지 않는다. 제한된 1시간 남짓한 시간 내에 1,500자에 달하는 분량을 채워야 하
다 보니 물리적인 필기 시간의 압박도 상당하다. 이러한 현실적인 상황에서 아무리 머리에 잘 정리가
되어 있고 많은 양을 암기했다고 해도 교과서에 판 박힌 그대로 훌륭한 논술을 즉석에서 써내는 것은
불가능하다. 그러므로 교과서적 글쓰기를 100점 만점으로 본다면 실전 논술에서는 80점만 받아도 만
점수준에 가깝게 썼다고 할 수 있는 것이다. 그러므로 본인의 글쓰기를 평가할 때 결코 교과서나 학습
서에 나온 모범답안과 직접 비교하는 우를 범하지 않았으면 한다. 이러한 모범 답안은 말 그대로 모범
적인 답안이다. 현실적인 제약들이 거의 제거된 상태에서 퇴고를 거쳐 완성된 답안인 것이다. 이러한
답안과 수험생 여러분이 현장에서 작성하는 답안은 같이 평가되어서는 안 된다.

이렇게 급하게 쓰인 실제 논술 시험지는 채점자에 의해 채점되게 되는데 채점자들은 읽는 이의 입
장에서 글쓴이의 논리 구조를 파악하는데 주력할 충분한 시간이 있다. 이는 채점자가 아닌 일반적인

누구라도 읽는 사람이면 누구나 되돌려 읽기, 생각하고 다시 읽기 등의 과정을 거쳐 더 유리한 위치에 있게 되는 것을 의미한다. 그러므로 여러분의 글이 이를 읽는 친구들이나 다른 사람들에 의해 지적받고 교정되어지더라도 그것은 지극히 당연한 결과임을 생각해야 한다. 다시 한 번 강조하지만 논술의 핵심은 머릿속에 구조화 시켜놓은 생각을 글의 뼈대로 삼아 현장에서 그동안의 상식들과 글 솜씨로 살을 붙여내는 과정이다. 이를 읽는 채점관이나 독자들이 제일 우선 느끼는 것도 그 논리 핵심의 유무이며 현실적 한계로 이러한 구조에 빈틈이 있을 경우 쉽게 찾아내게 된다. 그러므로 단지 첨삭(添削)이 많은 글이 나쁜 글도 아니오, 첨삭이 적은 글이 항상 좋은 글이 아님은 명백하다. 이를 잘 이해하고 글쓰기에 임하게 된다면 글을 쓰고 평가받는 데서 오는 불안감을 덜 수 있고 본인의 생각을 정리하여 핵심화하는데 더욱 집중할 수 있게 된다. 논술을 잘 쓰는 방법은 이와 같이 쓰고 평가받는 방법을 되풀이 하는 것이다. 그러므로 수험생 누구나 이것을 잘 숙지하면 훌륭히 논술을 소화해 낼 수 있게 됨을 명심하자.

5 경제 신문 효과적으로 잘 읽기

경제 신문은 최근 취업 논술 준비에 있어서 필수 기초 자료로서 각광받고 있다. 그동안은 각종 구술 면접과 문제풀이식 시험이 평가의 주를 이뤘다면 점차 논술이 그 과정에서 차지하는 비중이 증가하는 추세다. 경제 신문의 장점은 무엇보다도 신속성이다. 시사적인 자료들이 시의적절(時宜適切)하게 등장하여 현재의 사회적인 쟁점과 흐름을 볼 수 있게 해준다. 또한 신문이 가지는 특징으로 정갈한 문체와 구체적인 자료의 제시를 들 수 있다. 확실한 자료를 바탕으로 한 논리적 전개 흐름은 경제 기사의 핵심으로 여타 정치, 연예 부문 기사에 비해 논증력이 강하다. 그래서 그 주제가 주는 시사성과 더불어 기사 흐름의 논리성에서 배울 점이 많기 때문에 논술 쓰기에 준비에 더 없이 좋은 자료가 된다.

이러한 경제 기사를 접할 때 주의해야할 점이 있는데, 첫 번째는 그 용어의 친숙성에 너무 연연하지 않는 것이다. 일반적인 신문도 자주 접하지 않았던 사람이 경제신문을 접하면 제일 먼저 느끼는 것은 그 용어가 난해하여 글의 이해를 방해하고 결국 기사 읽는 것을 포기하고 싶어지는 느낌이다. 이는 일반 신문을 자주 접하는 사람들에게서도 흔하게 발생하는 현상으로서 경제 기사들이 시사성 짙고 영역이 특화된 용어들을 많이 담고 있기 때문에 발생하는 것이다. 그래서 대부분의 경제 기사들은 그 기사의 끝부분에 핵심 용어의 정의를 달아 놓아 독자의 이해를 돕고 있다. 여기서 중요한 것은 경제 기사를 읽는 핵심은 그 해당 업무에 임하는 직접 이해관계 당사자를 제외하고는 큰 흐름을 읽는 것이지 그 자체 결과를 분석하는 것이 아니라는 것이다.

예를 들어 '우리나라의 엥겔지수가 0.2로서 작년에 비해 0.14 상승했다…' 라는 기사의 내용이 있을 때, 엥겔지수가 무엇인지를 당장 모르더라도 기사를 끝까지 읽어나가야 한다. 기사를 계속 읽어보게 되면 엥겔지수에 대한 정의를 꼬리말에 달아 놓기 전에도 '엥겔지수가 상승한 현상은 국민들의 식료품 지출 비중이 증가함을 뜻하는데, 이는 국민들의 장바구니 물가가 상승한 결과로 보여 진다.' 라는 기사의 부분에서 엥겔지수의 실용적 의미를 파악할 수 있다. 그러므로 경제 기사를 읽을 때, 제시된 숫자의 값 자체에 연연하지 말고, 그 값들을 등장시킴으로써 기자가 보여주고자 하는 핵심을 이해해야 한다. 또한 특정 인물의 등장도 그 인물 자체보다 그렇게 등장시킨 배경에 집중하여 기사의 맥을 짚어낼 수 있도록 한다. 일반 독자가 GDP 상승률이 4%인 것과 4.3%인 것의 차이를 신경 쓰는 것은 무의미하므로 경제 기사는 그 기사의 디테일보다 내용의 구성에 집중하여 읽는 연습을 해야 한다.

또한 경제 기사는 제목에 그 기사의 성향이나 의견이 묻어있는 경우가 많다. 기사에는 사실적인 자료와 함께 개괄적인 의견이 포함되곤 하는데 경제라는 것이 현상을 설명하고 해석하는 것에서 시작했음을 감안하면 정해진 원인에 의한 정해진 결과로 해석되는 기사는 거의 없음을 쉽게 알 수 있다. 사회적 현상에 대한 합리적인 이론에 기초한 주장을 담게 되는데 이 과정에서 논리 구조가 형성되게 된다. 논술의 학습 목적으로 경제 기사를 접하는 것이 매우 좋은 이유가 바로 여기에 있다. '하더라…', '일 지도 모른다'와 같은 막연하고 약한 주장은 경제 기사에 담기기 어렵다. 정해진 정답이 없기 때문에 현실에 비추어 보아 합당하다고 생각되는 이론을 나름의 논리구조와 함께 도입하기 때문에 다른 어떠한 부문의 기사들 보다 논리성이 뛰어나다. 물론, 어휘력과 글 쓰는 기교의 측면에서 정치 부문의 기사를 참조하는 것도 추천할 수 있으나 우선 논술을 위해서는 생각의 발전과 논리적 연결을 함양해볼 수 있는 경제 기사를 반드시 접하는 노력이 필요하다.

경제 기사를 효과적으로 읽는 또 다른 방법으로는 한 기사에 많은 시간을 할애하지 않는 것이다. 경제 기사는 일정부분의 실제적 수치나 결과물과 이에 관계된 이론을 담고 있다. 이러한 기사는 그 분량이 짧게는 십수 줄에서 길게는 서너 단락까지 다양한데 많은 시간을 할애하여 천천히 읽을수록 오히려 큰 흐름을 읽기는 어려워진다. 그러므로 속독의 형태로 두어 번 읽어 주는 것이 경제 기사를 읽고 그 기사가 담고 있는 핵심을 파악하는데 유리하다. 경제 기사는 외우기 위해 읽는 것이 아니다. 지면의 수치들과 이름들은 망각될 수 있다. 그러나 그 핵심이 마음에 남아 머리에서 상식으로 전환되도록 자주 접해줄 필요가 있다. 그래야 경제 기사를 눈으로 '본' 것이 아닌 '읽은' 것이 된다.

CHAPTER 02 금융권 경제논술 해제와 기출논제

1 경제논술

영어점수와 학점만으로 취직하는 시대는 지났다. 금융권 취업을 준비하는 사람이면 전공지식을 기반으로 한 지금 기관들과 경제적인 기본상식을 체크하는 매경TEST와 한경TESAT 시험들과 함께 반드시 준비해야 할 것으로 경제논술이 있다. 경제논술은 가벼운 도식과 말로 논리 전개하는 구술식부터 A4 2장(200자 원고지 10장 ; 2,000자)내외로 주어진 주제에 대한 생각을 글로 표현하는 서술형으로 이루어져 있다. 이미 유수[有數]의 컨설팅회사, 대기업 경영전략부서, 시중은행, 외국증권사, 금융감독원, 한국은행, 각종 금융공기업 등에 취업 시 2차 면접, 시험으로서 경제논술을 보고 있다. 자체 전공시험이 있는 기업부터 별도의 전공시험이 없는 기업들까지 경제논술이 취업 시 작용하는 비중이 커지고 있다. 이는 각종 자격증, 높은 영어성적 등을 갖춘 고스펙 지원자들이 많아지는 금융권 취업추세에서 경제 · 경영분야의 중요한 이슈들과 현재 당면한 시사적 문제점들을 전공지식과 논리력을 바탕으로 풀어낼 수 있는 지원자를 가려내려는 작업으로 판단된다. 단순한 법칙과 공식 암기에서 벗어나 경제이론, 경영전략 등에 있어서 배운 전공을 제대로 숙지하고 논리적으로 연결시킬 수 있는가가 경제논술의 핵심이다.

2 경제논술과 일반논술의 차이점

대학교 입학 시부터 학창시절 작성하던 과제 리포트와 일반적인 취업논술까지 논술은 생각보다 우리 주변 가까운 곳에 항상 자리하고 있다. 일반적으로 논술은 다양한 사회적 주제들에 대해 자신의 의견을 표현하고 그 주장을 뒷받침하는 증거, 자료 들을 제시함으로써 자신의 주장에 설득력을 실어주는 것이 그 핵심이다. '논술'이라는 단어에서 중압감을 받는 많은 사람들은 자신의 글 솜씨와 글 쓰는 수고스러움에 지레 겁먹고 논술을 부담스러워 한다. 논술의 특성상 정답이 있는 문제들을 정해진 풀이과정에 맞게 풀어내는 지를 보는 것이 아니라는 점에서 맞고, 틀림의 극단성이 주는 부담감은 덜 수 있으나 주장을 펴는데 익숙지 않거나 주장의 근거가 빈약한 경우 공허한 외침이나 궤변으로 전락하기 쉬운 어려움을 지니고 있다. '경제논술'이라는 이름에서 보이듯 주제가 경제 · 경영 쪽에 초점이 맞추어져 있다. 자신의 주장을 펼쳐야 할 주제 자체가 경제 · 경영 · 시사적인 문제라는 것이다. 경제 · 경영이라는 것이 우리가 접하는 사회의 일부라는 점에서 그것들이 던지는 문제들은 신문에서 접하듯 익숙하게 다가올 수 있으나 다양한 경제적 사건에 대해 경영·경제학적 배경 이론들을 사용하여 주장을 뒷받침하고 글의 흐름을 끌어내야하기 때문에 이러한 주제로 논술·구술을 해야 하는 대비생 입장에서는 여간 부담스럽지 않을 수 없다. 경제·경영 쪽 공부를 하고 다수의 문제들을 접한 수험생, 취업준비생들도 각론적 지식들을 연결하여 자신의 논지에 맞게 배치하는 작업에서 상당한 어려움을 느낀다. '경제논술' 역시 논술이므로 일반적인 논술과 크게 다를 바 없으나 몇 가지 점에서 꼭 짚고 넘어가야 할 차이점이 있다.

일반논술과 달리 경제논술이 가지는 첫 번째 차이점은 경제논술은 도덕적, 가치관적 찬반 논란과 다소 거리가 있으므로, 최대한 감정적인 논리전개를 배제해야 한다는 것이다. 무상급식과 같은 것이 주요 예인데 일반적으로 무상급식 찬반 논쟁을 하는 경우 무상급식의 비용부담 측면과 저소득층 학생들의 복지적 측면을 반드시 언급해야 하겠지만 경제 논술적 측면에서는 복지수준 향상, 가치관 과 같이 측정이나 이론적 받침이 어렵고 추상적인 개념보다 공리주의나 역차별 문제, 국가의 보조금 지급에서 생기는 사중손실(deadweight loss) 등을 고려해주어야 좋은 글쓰기가 되는 것이다. 존재여부조차 논란의 여지가 있는 막연한 책임감이나 도덕적 의제의무 등을 주장하거나 주장의 근거로 삼아서도 안 된다. 10장~20장 분량의 에세이를 작성하거나 일기장을 쓰는 것이 아닌 만큼 주어진 주제의 핵심을 파악하고 자신의 방향성을 정하여 적절한 인용을 통해 논술답안을 작성하여야 한다.

일반논술과 달리 경제논술이 가지는 두 번째 차이점은 경제논술은 그 문제에 대한 자신의 주장을 뒷받침할 때 반드시 이론과 법칙들을 논리적으로 연결하여 사용하여야 한다는 점이다. 예를 들어, 러시아의 채무지불유예(모라토리엄) 선언이 우리나라 경제에 미치는 영향을 분석하는 문제의 경우 단순히 러시아는 세계 강대국 중 하나인데 경제가 어려워져서 빚을 갚을 수 없게 되었으므로 빚을 갚지 못한다는 점에서 우리나라도 빚을 갚지 못하는 영향이 파급되어 올 것이라고 주장한다면 너무 막연하고 신빙성이 없다. 적어도 세계 12위의 러시아의 경제규모와 러시아의 모라토리엄이 불러오는 신용경색이 전 세계 자금시장에 주는 영향도 주장의 배경으로 언급해줘야 한다. 자신의 주장이라는 큰 그림을 그리기 위해서 경제적 이론들에 기반을 둔 작은 연결고리들을 생각하고 이어나가야 한다. 어떠한 사건이 주는 느낌으로만 그 효과를 분석하는 것은 무모하다. 논술에서 정해진 답은 없으므로 자신의 주장이 옳은가에 신경을 쏟는 것은 바람직하지 않다. 오히려 작은 연결고리들로 큰 논리적 흐름을 구성하기 위해 노력하는 과정같이, 자신의 주장을 옳게 만들기 위해 증명하는 데 신경을 쏟아야 한다. 이러한 활동은 마치 우리가 접하는 모든 겉모습과 사건들을 시계가 시간을 표현해주는 것이라 한다면 시침과 분침이 돌아가는 그 배경이 되는 시계 속의 태엽(무브먼트)을 탐구하는 것과 같다. 겉모습에서는 확연히 드러나지 않는 막후의 논리구조에 집중해야 경제논술을 잘 쓸 수 있다.

논술을 하는데 정해진 구도나 표현 기법이 있는 것은 아니므로 경제적 법칙의 인용 시 본인의 문제와 논지와의 연결성을 고려하여 원하는 곳에 배치할 수 있다. 몇 개의 개념들을 인용해야 하는지도 글 쓰는 이의 선택이다. 그러나 일반적으로 논술에서 정해진 분량(예를 들어 2000자 내외)이 있는 경우 선호되는 구도와 그 구도에서 효과적인 전개방법이 존재한다. 경제논술에 초점을 맞추어 좋은 경제논술 쓰는 법을 살펴보자.

3 경제논술 파헤치기

(1) 경제논술 분류

일반논술에서 다소 특화된 경제논술의 핵심을 정리해보면, 첫째 추상적 표현과 모호한 도덕적 기준 등의 사용은 최대한 자제해야 한다. 둘째로 인용을 통해 본인의 논지를 뒷받침할 때 그 인용 각론들이 최대한 유기적으로 잘 어우러져서 매끄러운 논리흐름을 갖도록 주의해야 한다.

경제논술은 과연 그 주제의 범위가 어떻게 될까? 경제논술의 주제를 분류하는 것은 복잡한 사고를 요한다. 왜냐하면 경제논술의 문제 형태에 따라서, 문제 난이도에 따라서 그 주제가 품고 있는 핵심개념의 범주가 변화할 수 있기 때문이다. 주제는 시사적 포괄성을 가진 개론적 형태로 주어질 수도 있고 일련의 사건에 대한 각론적 해석을 요구할 수도 있다. 주제가 자세하고 각론적일수록 핵심개념의 탐색 과정이 비교적 쉬우나 정확한 논리구조전개에 신경을 많이 써야 하는 어려움이 있고 주제가 포괄적일수록 핵심개념의 탐색이 어려워 글의 방향성을 잡기 어려워 글의 집중도가 떨어지는 경향이 있다.

예를 들어, 한미 간 FTA의 효과를 논하거나 타국의 모라토리엄(채무이행유예) 선언이 우리나라에 미치는 영향을 해설하는 것과 같은 주제는 매우 시사적이고 포괄적인 주제에 포함되는데 이들은 핵심 개념에 관해 다양한 접근각을 가지고 있다. 고용시장의 변화를 생산함수 측면에서 보아 노동의 수요·공급 변화와 자본의 수요·공급 변화로 접근할 수도 있고 동시에 관세철폐에 따른 수입확대, 수출확대 등에 의한 교역조건 변화와 소비자·공급자 잉여 변화로 접근할 수도 있다. 또한 거시경제적으로 우리나라 GDP의 변화 예측이나 산업별 경쟁구도 변화, 비교우위 무역론 등의 개념을 접목시킬 수도 있다. 유동성 확대와 신용위험 측면에서 문제를 해석할 수도 있다. 이렇게 다양한 접근을 선택적으로 사용할 수 있기 때문에 포괄적 주제가 주어진 경우 경제논술에서 서론 부분의 방향성을 잡는 것이 중요하다. 자칫하면 생산측면의 노동·실업률을 언급하다가 갑자기 거시경제의 교역조건이 언급되는 등 중구난방이 되기 쉽기 때문이다. 다행인 점은 경제논술은 논문을 작성하는 것이 아니기에 포괄적 주제 해석에 인용할 법칙, 개념들의 선택과 배열에 자유도가 높고 그 인용 자료들 간의 견련성도 덜 엄격하게 제어된다.

포괄적 주제가 아닌 각론적 주제가 제시되는 경우에는 위와는 달리 핵심개념 접근 방향성 설정에 대한 고민은 줄어들게 된다. 대신, 논리전개의 자유도가 줄어드는 만큼 인용들 간에 적절한 구도 형성과 일련의 일관성 있는 흐름이 요구된다. 그러한 논리전개 흐름의 현실설명력을 높이는 것이 각론적 주제 논술에서 매우 중요하다. 예를 들어, 미국의 양적완화정책의 효과에 대한 주제가 주어진 경우 교수 간 첨예한 의견 대립으로 표방되는 케인즈 학파와 고전학파의 경제 해석의 차이와 차이의 원인 등을 나열해 주어야 한다. 글 쓰는 여유가 있다면 한쪽 학파를 옹호하는 논술법도 가능하지만 그러한 경우에도 반대 학파의 가치관에 대한 언급은 반드시 필요하다.

경제논술은 그 주제의 방향에 따라 FTA의 효과를 묻는 질문처럼 넓은 시각으로 시사적인 사안을 묻는 유형과 위안화절상문제, 유로화가 지닌 문제점 같이 국가 경제적 관점으로 미시·거시적 현안에 대한 경제학적 사안을 묻는 유형, 그리고 M&A전략, 대리인문제, 블루오션 전략 등 기업을 둘러싼 환경의 변화와 기업 경영전략을 묻는 유형으로 크게 나뉜다. 물론 경제와 경영적 문제를 별개의 각론으로 취급할 수는 없다. 모두 유기적으로 연결되어 우리 사회를 구성하고 있기 때문이다. 그러나 경제논술의 목적상 항상 주어지는 주제마다 그 주제가 요구하는 핵심개념이 있으며 이 핵심개념과 그 개념을 풀어내는 논리구조를 바탕으로 문제의 유형을 구별할 수 있는 것이다. 위 내용을 정리한 도표는 아래와 같다.

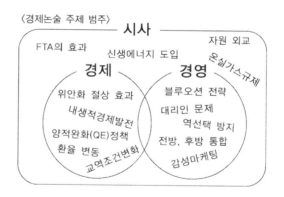

〈경제논술 주제 범주〉

위의 도표에서 각 유형별 핵심 주제들의 분류 예시를 간단히 살펴볼 수 있다. 제시문을 주고 소문항들을 제시하는 문제의 경우 경제와 경영적 핵심 사안을 모두 물어볼 수도 있으며 사회 경제학적 사안들이 국가경제와 기업경영과 모두 연관되어 있기 때문에 위의 예시 주제조차도 질문의 난이도에 따라 범주는 다소 변동될 수 있다.

(2) 경제논술 잘 쓰는 법

경제논술을 잘 쓰는 첫걸음은 주어진 주제를 정확히 파악하는 것이다. 이미 경제논술과 일반논술의 차이를 살펴볼 때 언급하였지만 경제논술의 주제 자체는 생각보다 친숙하다. 그러나 그 주제의 친숙함과는 다르게 그 막후에 숨겨진 논리전개를 찾는 것은 어렵다. 이러한 논리전개 방향을 잘 잡기 위해서는 주제를 접하고 그 주제를 큰 범주별로 구별해야 한다. 주어진 제시문이 있다면 제시문을 읽고 그 제시문과 주제의 핵심이 포괄적이고 시사적인 접근인지 아니면 경제학적인 접근인지 경영학적인 접근인지 아니면 그것들을 모두 물어보고 있는지를 먼저 파악하는 것이 중요하다. 세 가지 유형마다 각자 논리구조 전개 방법과 인용 분야가 다소 다르기 때문이다. 관세율 하락의 효과나 공개시장조작 등의 주제를 전개할 때 기업 통합전략이나 신규마케팅 전략 등을 언급하고 인용하는 것이 글을 엉망으로 만들 수 있음은 굳이 강조하지 않아도 될 것이다.

문제 파악과 분류를 마쳤으면 그 다음단계로 유기적인 논리전개를 해야 하는데, 이때에는 그동안 악습해온 내용을 바탕으로 서너 단계의 인과관계를 구상한다. 논리 연결이 과도하게 많아질수록 그 연결 사이의 견련성이 약화될 수 있고 현실 설명력이 떨어질 수 있다. 또한 단순하게 이단 논법을 사용하여 '~이므로 ~이다.' 라는 논지로만 논술을 구성하는 것은 논증이 빈약하고 무성의해 보일 수 있으므로 피해야 한다. 파급효과들의 구성을 마쳤다면 각 논리연결 단계마다 그 연결을 뒷받침할 법칙이나 사례들을 찾아야 한다. 이 경우 주어진 사회적 현상에 대한 기존의 이론적 해석이나 이론적으로 해석된 전례들을 인용하는 방법이 사용되는데 경제논술에 주로 사용되는 인용의 예를 보면 다음과 같다. 외부효과(네트워크 효과), 코즈의 정리, 무임승차문제, 가치재, 공유지의 비극, 정부실패, 공리주의, 경제적 지대, 신호이론, 정보비대칭, 내생적 성장모형, 성장회계분석, 총요소생산성, 구축효과, 통화승수, 효율적 시장가설, 대부자금설, 필립스곡선, 화폐수량설, 피셔효과, 메츨러의 역설, 교역조건, 수입할당제, 구상무역, 사중손실, 신보호무역주의, 구매력평가설, 이자율평가설, 트리핀의 딜레마, 캐리트레이드, 한계소비성향, 래퍼곡선, 토빈의 q, 톱니효과, 전시효과, 총수요곡선의 자산효과, 이자율효과, 제품 간 대체효과, 소득효과, 메뉴비용, 스태그플레이션, 경기지수, 립스틱효과, 재할인율 정책, 지급준비율 정책, 공개시장조작, 공급충격, 재정정책의 시차 등의 경제학적 관점들을 도입하여 자신의 주장을 뒷받침 할 수 있다.

마지막으로 중요한 것은 법칙들을 인용할 때 단순히 정의의 나열이나 끼워 맞추기 식의 배열은 전혀 도움이 되지 않으므로 주의하여야 한다. 수개의 경제학적 개념들을 단순히 나열하는 것은 오히려 글의 흐름을 방해하고 원하는 인용의 효과를 얻어낼 수 없게 된다. 적은 수의 인용을 하더라도 논지에 알맞은 분석의 틀로서 적용하는 것이 제일 중요하다. 인용 법칙과 설명하고자 하는 현실적 사안을 유기적으로 연결하여 현실 설명력을 높이는 글쓰기를 하여야 한다. 그리고 그 법칙의 현실적 한계와 기타 변수들의 영향도 언급해 주는 것이 좋다. 법칙들이 현실을 완벽하게 설명하지는 못하기 때문에 그 법칙이 갖는 가정과 관련된 내용들도 언급해주어야 좋은 경제논술이 될 수 있다. 수치의 인용 시에도 논술에서 소수점 둘째자리까지의 정확도를 요구한다던지 하는 일은 없으므로 펼치고자 하는 주장에 일부로서 수치를 사용하는 것이 좋다. 물론 터무니없는 숫자를 사용하는 것은 안 되겠지만 합리적인 수준에서 숫자는 보조적으로만 사용하면 된다. 중국의 경제성장률이 8.9%인지 8.5%인지는 논술에서 크게 중요하지 않다. 이런 경우 '약 8%의 경제성장을 유지하던'이라는 문구로도 충분히 원하는 효과를 거둘 수 있으므로 숫자의 정확성에 너무 매달리지 않도록 한다. 결국 평소에 경제 경영에 관한 이론지식과 시사상식들을 많이 알고 이에 대한 단순암기를 넘어서서 이해도를 높여놓는 것이 경제논술 잘 쓰는 법의 핵심이라 볼 수 있다.

4 경제논술 논제들

① 에너지 가격 변동성이 경제에 미치는 영향을 분석하고, 에너지 안정성을 확보하기 위한 방안에 대해 논술하시오.

② 핀테크가 확산되고 있는 현재 국민은행에서 서비스되고 있는 핀테크 관련 상품 중 불편 사항 및 단점을 서술하고 이에 대한 대책에 대해 논술하시오.

③ 가계부채 증가 원인과 지시경제에 미치는 영향을 분석하고, 금융기관의 대응 방안에 대해 논술하시오.

④ 소득불균형의 문제점과 해결방안에 대해 논술하시오.

⑤ 올해부터 시행된 대출규제 정책에 대해 논하시오.

⑥ ICT 기업의 사업 다각화로 인한 금융업 진출과 이로 인해 은행이 받는 영향에 대해 논하시오.

⑦ 기술금융이 이슈화되고 있는데 이것의 의의와 특징 및 문제점, 은행의 대안책에 대해 논하시오.

⑧ 서브프라임 모기지의 부실과 금융기관의 리스크를 상정하고, 10조 원으로 선택할 수 있는 정책을 설명하시오.

⑨ 중국의 금리자유화 추진으로 인해 앞으로 국내 은행에 미칠 영향에 대해 논하시오.

⑩ 금융사기 증가와 금융환경 변화에 따른 금융기관의 역할을 SWOT로 분석하시오.

⑪ 중소기업과 상생금융을 할 수 있는 대안책에 대해 논하시오.

⑫ 국부론과 관련하여 개인의 합리성과 사회적 합리성이 충돌하는 사례를 국민은행에서 찾고 대안책에 대해 논하시오.

⑬ 빅 아이(Big I)와 스몰 위(Small We)에 대해 논하시오.

⑭ 노동시장 양극화가 경제적 불평등에 미치는 영향을 분석하고, 이를 해결하기 위한 정책적 방안에 대

해 논하시오.

⑮ 조조의 인사방식과 탕평책의 인사방식(정치세력 간 균형정책)을 논하시오.

⑯ 환율상승이 경상수지 개선으로 이어지지 않는 이유를 설명하시오.

⑰ TPP의 역외국가인 한국이 향후 어떤 영향을 받고 앞으로 한국이 TPP에 가입한다면 받을 수 있는 이익에 대해 논하시오.

⑱ G2 리스크에 대한 은행의 대처 방안을 논하시오.

5 신협중앙회 기출논제

① 미국 금리의 인상으로 국내 금리가 인상 되었을 때, 국내 경제에 일어날 수 있는 상황과 이를 극복하기 위한 대응방안을 논하시오.

② 간접금융의 정보 비대칭 문제를 거래 전후로 구분하고, 주식 등 지분계약에서 이를 해결하는 방안을 논술하시오.

③ 비트코인(가상화폐)에 대한 긍정론과 부정론 중 하나를 택한 후 이에 대해 논하시오.

④ 안중근 의사가 현대의 청년들에게 시사하는 현대적 의의에 대해 논하시오.

⑤ '금융 엑소더스(금융소외 현상)'에 대한 해결책을 제시하시오.

⑥ 4차 산업혁명의 핵심기술이 금융 비즈니스에 활용되는 예를 들고, 성장하는 금융기관이 되려면 어떤 핵심역량과 전략이 필요한지 서술하시오.

⑦ 3·1은 윤봉길 의사와 관련 깊은 날이다. 대한민국의 청년으로서 나라를 위해 해야 할 일에 대해 논하시오.

⑧ 빅데이터, 인공지능, 블록체인 기술이 금융업에 가져올 변화와 이에 따른 경쟁력을 갖추기 위한 방법을 서술하시오.

⑨ 작품 「임의 침묵」을 바탕으로 작가인 한용운이 시대적 상황에서 느꼈을 감정에 대해 논하시오.

⑩ 동학농민운동이 현대 한국 사회에서 가지는 의의에 대해 논하시오.

⑪ 주식회사에 비해 협동조합이 갖는 경제적, 사회적 의미에 대해 논하시오.

⑫ 정약용의 「목민심서」를 바탕으로 위정자로서의 자세에 대해 논하시오.

CHAPTER
03

논술 답안 작성의 예

---

1. 리쇼어링 정책의 경제적 효과와 과제에 대한 견해를 서술하시오.

〈개요 작성〉

답안 작성지

수험번호 _____   성명 _____

☑ 리쇼어링(Reshoring)

기업이 해외로 이전했던 생산 시설이나 서비스를 다시 본국으로 복귀시키는 현상을 뜻하며 배경으로는 다음과 같은 것들이 있다.

경제적 이유	해외 생산 비용이 상승하면서 비용 절감의 메리트 감소.
공급망 불안정	팬데믹, 지정학적 갈등 등으로 글로벌 공급망의 취약성이 드러남.
기술 발전	자동화, 로봇 공학 등으로 본국 생산의 경쟁력이 향상됨.
정책적 유도	자국 내 일자리 창출과 경제 활성화를 목표로 한 정부의 인센티브 제공

☑ 오프쇼어링(Offshoring)

오프쇼어링은 기업이 비용 절감, 효율성 증대 등을 목적으로 생산시설이나 서비스 기지를 해외로 이전하는 과정을 의미한다. 주로 저렴한 노동력과 세금 혜택을 제공하는 국가로 이전하며, 이를 통해 기업은 비용을 절감할 수 있다. 하지만 오프쇼어링은 자국 내 일자리 감소와 산업 공동화 문제를 초래할 수 있어 사회적, 경제적 논란이 발생하기도 한다.

☑ 공급망(Supply Chain)

공급망은 제품이 원재료 상태에서 최종 소비자에게 전달되기까지의 모든 과정을 포함하는 네트워크를 의미한다. 이는 원재료 조달, 생산, 유통, 판매에 이르는 복잡한 과정으로 구성되며, 효율적인 공급망 관리는 기업의 경쟁력을 결정하는 중요한 요소이다. 최근 팬데믹 등 글로벌 위기로 인해 공급망의 안정성이 주요 이슈로 부각되었다.

☑ 산업 클러스터(Industrial Cluster)

산업 클러스터는 특정 지역에 연관 산업과 기업, 연구 기관 등이 집적되어 상호작용하는 구조를 의미한다. 이러한 클러스터는 혁신과 기술 발전을 촉진하며, 생산성과 경쟁력을 강화하는 데 중요한 역할을 한다. 실리콘밸리와 같은 사례는 성공적인 산업 클러스터의 대표적인 예로 꼽힌다.

☑ 첨단 제조업(Advanced Manufacturing)

첨단 제조업은 고도의 기술과 혁신을 활용하여 고부가가치 제품을 생산하는 제조업을 말한다. 이는 자동화, 인공지능, 빅데이터 등 최신 기술을 활용하여 생산성을 극대화하며, 국가 경제에 중요한 성장 동력으로 작용한다. 첨단 제조업은 고용 창출과 경제적 부가가치 확대에 기여한다.

☑ 기술 격차(Skill Gap)

기술 격차는 산업이 요구하는 기술과 노동자가 보유한 기술 간의 차이를 의미한다. 이는 빠르게 변화하는 기술 환경에서 발생하며, 숙련된 노동력 부족 문제를 야기한다. 기술 격차를 해소하기 위해서는 직업 교육과 훈련 프로그램의 강화가 필수적이다.

☑ 경제 주권(Economic Sovereignty)

경제 주권은 외국 의존도를 줄이고 자국 경제의 자립도를 높이는 상태를 의미한다. 이는 국가가 경제적 결정을 독립적으로 내릴 수 있는 능력을 포함하며, 글로벌 경제 환경에서의 경쟁력을 유지하기 위해 중요한 개념으로 여겨진다. 경제 주권은 리쇼어링과 같은 정책을 통해 강화될 수 있다.

>>>예시답안과 해제

도입

글로벌화와 기술 진보는 많은 기업이 해외로 생산기지를 옮기는 오프쇼어링(Offshoring)을 가속화 시켰다. 하지만 최근 들어 비용 상승, 공급망 불안정, 그리고 국가 경제 활성화 필요성으로 인해 리쇼어링(Reshoring) 현상이 주목받고 있다. 리쇼어링은 해외로 이전한 기업이 다시 본국으로 돌아와 생산활동을 재개하는 현상으로, 이는 국내 경제의 성장과 고용 창출에 기여할 수 있는 중요한 정책적 방향으로 자리 잡고 있다.

경제적 효과

리쇼어링은 여러 면에서 긍정적인 경제적 효과를 가져온다.

첫째, 고용 창출에 효과적이다. 해외로 이전했던 제조업이 본국으로 복귀하면 일자리 창출이 가능해지며 이는 특히 청년 실업 문제를 완화하고, 지역 경제 활성화에 기여할 수 있다.

둘째, 산업 경쟁력을 강화시킨다. 리쇼어링은 기업들이 자국 내 생산활동을 통해 고품질 제품을 신속하게 공급할 수 있도록 한다. 또한, 국가 차원에서는 첨단 제조업 등 고부가가치 산업의 유치와 기술 개발을 촉진할 수 있다.

셋째, 공급망을 안정화한다. 팬데믹과 같은 글로벌 위기 상황에서 해외 공급망의 취약성이 드러난 만큼, 리쇼어링은 안정적인 국내 공급망 구축을 통해 경제적 리스크를 줄일 수 있다.

넷째, 경제 주권을 회복한다. 외국 의존도가 높은 산업 구조를 완화하고, 국내 산업 기반을 강화함으로써 경제적 자립도를 높일 수 있다.

문제점

리쇼어링이 성공적으로 정착하기 위해서는 다음과 같은 문제점이 해결되어야 한다.

첫째, 높은 비용 구조이다. 국내 생산은 해외보다 인건비와 운영비가 높아 기업의 리쇼어링 의사를 저해할 수 있다. 특히 중소기업은 초기 투자 부담이 크기 때문에 지원 정책이 필수적이다.

둘째, 기술 인프라가 미흡하다. 첨단 제조업과 같은 고부가가치 산업은 높은 기술력을 필요로 하지만, 현재 국내 기술 인프라는 일부 산업에 국한되어 있다. 이를 확충하기 위한 기술 개발 및 투자 정책이 요구된다.

셋째, 숙련된 노동력이 부족하다. 국내 노동 시장은 특정 기술에 대한 인력이 부족하며, 이로 인해 리쇼어링된 기업이 안정적으로 운영되기 어려운 상황이 발생할 수 있다.

넷째, 정책의 일관성과 지속성이 부족하다. 리쇼어링은 장기적인 관점에서 추진되어야 하는 정책이므로, 정부는 일관된 산업 육성 전략과 정책적 지원을 유지해야 한다. 정책 변경은 기업 신뢰를 저하시킬 위험이 있다.

부작용

리쇼어링은 긍정적인 효과만 있는 것은 아니다. 기업이 국내 복귀 후에도 경쟁력을 유지하지 못하면, 생산 비용 증가로 인해 기업의 재정적 부담이 심화될 수 있다. 또한, 특정 산업에만 혜택이 집중될 경우 산업 간 불균형이 발생할 가능성도 있다.

해결방안

리쇼어링을 성공적으로 실현하기 위해 다음과 같은 해결 방안이 필요하다.

첫째, 세제 및 금융 지원을 확대한다. 리쇼어링을 유도하기 위해 기업들에게 감세 혜택을 제공하거나, 금융 지원을 통해 초기 비용을 줄일 필요가 있다. 이를 통해 기업의 경제적 부담을 완화하고 리쇼어링 참여를 촉진할 수 있다.

둘째, 산업 생태계를 강화한다. 첨단 기술 중심의 산업 단지를 조성하고, 중소기업과 대기업 간의 협력 구조를 강화하여 리쇼어링 기업들이 안정적으로 정착할 수 있도록 해야 한다. 정부는 지역별 산업 클러스터를 활성화하여 지역 경제 성장에도 기여할 수 있다.

셋째, 기술 및 인력을 개발한다. 노동 시장의 기술 격차를 해소하기 위해 직업 교육 및 훈련 프로그램을 강화해야 한다. 정부와 기업이 협력하여 새로운 기술 환경에 적합한 인력을 양성할 필요가 있다.

넷째, 정책의 지속 가능성을 확보한다. 리쇼어링은 장기적인 경제 전략의 일환으로, 일관되고 지속 가능한 정책이 필요하다. 이를 위해 민간과 공공 부문 간의 긴밀한 협력이 요구된다.

리쇼어링은 단순히 기업의 복귀를 넘어, 국가 경제 구조를 혁신하고 고용 문제를 해결하는 중요한 기회로 작용할 수 있다. 이를 위해 정부와 기업이 긴밀히 협력하고, 장기적인 전략과 실행력 있는 정책을 통해 리쇼어링의 경제적 효과를 극대화해야 할 것이다.

2. 싱크홀과 안전불감증에 대한 생각을 서술하시오.

〈개요 작성〉

답안 작성지

수험번호 _____   성명 _____

☑ 안전불감증

안전불감증이란 규정을 무시한 채 안전에 불감한 증상을 말한다. 안전과 관련된 각종 규정 등을 비용 절감, 제조업에서는 생산 기간 단축이라는 것으로 인해 안전불감증에 빠지기 쉽다.

☑ 싱크홀(Sink Hole)

싱크홀이란 지하수 등으로 인하여 땅의 지반이 내려앉아 지면에 커다란 웅덩이가 생긴 것을 말한다. 일반적으로 지하수와 흙이 섞여 일정한 부피를 유지하던 지층에서 어떤 이유로 인해 지하수가 빠져나가면 흙 사이에 빈 공간이 나타나 그 공간으로 표층이 꺼지면서 싱크홀이 발생한다고 알려져 있다. 싱크홀은 인명피해나 재산피해가 발생할 가능성이 높아 각별한 주의를 요한다.

☑ 동공

지하에 형성된 빈 공간을 뜻하며, 지질학적 또는 인공적인 원인으로 지하에서 발생할 수 있다. 싱크홀 발생과 관련된 맥락에서 동공은 주로 다음과 같은 상황을 나타낸다.

자연적 동공	• 석회암 지역에서 물에 녹는 과정을 통해 형성된 공간 • 지하수의 흐름이나 침식 작용으로 인해 자연적으로 생긴 빈 공간
인공적 동공	• 건설 공사, 지하수 과잉 사용, 광산 개발 등 인위적인 활동으로 인해 지하에 형성된 빈 공간 • 지하 터널, 배수관 파손, 지하 시설물 노후화 등으로 발생

>>>예시답안과 해제

도입

최근 전국적으로 싱크홀이 발생하면서 시민들의 안전에 대한 우려가 커지고 있다. 도심 한복판에서 도로와 인도가 갑작스럽게 함몰되는 현상은 교통사고, 건물 붕괴 등 심각한 2차 피해로 이어질 수 있다. 이러한 싱크홀 문제는 단순한 자연재해가 아니라, 안전 관리 소홀과 구조적 결함, 그리고 안전불감증으로 인한 사회적 문제로도 볼 수 있다. 시민들의 안전을 위협하는 싱크홀 문제를 해결하기 위해 그 원인과 대책을 살펴볼 필요가 있다.

발생 이유

싱크홀 발생의 주요 원인은 다음과 같다.

먼저, 부실한 지반 조사와 관리 문제이다. 지하 개발이 활발한 도심에서는 건설 과정에서 지반 조사가 제대로 이루어지지 않거나 관리가 소홀한 경우가 많다. 이로 인해 지하 공간에 동공이 발생할 가능성이 높아지며, 시간이 지나면서 이러한 동공이 싱크홀로 이어지는 경우가 빈번하다.

다음으로, 안전불감증과 부패한 관리 체계도 중요한 원인으로 작용한다. 비용 절감과 공사 기간 단축을 목표로 안전 기준이 무시되는 경우가 많고, 일부 공무원과 시공사의 유착 관계가 이러한 문제를 더욱 심화시키고 있다. 이는 대형 사고가 반복되더라도 개선되지 않는 안전불감증 문화의 단면을 보여주는 사례로 볼 수 있다.

마지막으로, 기후 변화와 환경적 요인도 싱크홀 발생에 큰 영향을 미친다. 집중호우와 같은 극단적인 날씨 변화는 지하수의 흐름을 변화시키고, 지반 약화를 가속화시킨다. 이러한 기후 변화는 기존의 지반 안정성을 더욱 불확실하게 만들어 싱크홀 발생 가능성을 높이는 중요한 요인이 되고 있다.

해결책

먼저, 정확한 지반 조사와 예방적 관리가 이루어져야 한다. 모든 건설 프로젝트에서 철저한 지반 조사를 의무화하고, 지하 공간에서 동공이 발생할 가능성을 사전에 예측할 수 있는 기술을 도입해야 한다. 또한, 정기적인 점검과 관리 체계를 통해 사소한 문제도 미리 발견하고 신속히 조치할 수 있는 시스템을 구축해야 한다.

다음으로, 안전 매뉴얼 정비와 통합 관리 시스템의 도입이 필요하다. 현재 싱크홀 발생 시 대처할 표준화된 매뉴얼이 부족하므로, 이를 국가와 지방자치단체 차원에서 명확히 규정해야 한다. 아울러, 대형 재난에 대비할 수 있는 통합 관리 시스템을 마련하여, 현장 대응 기관과 지원 기관이 협력해 자원을 효율적으로 활용할 수 있도록 해야 한다.

또한, 안전 문화 정착과 시민 의식 개선이 요구된다. 시민들이 안전의 중요성을 실감할 수 있도록 다양한 체험 프로그램과 캠페인을 활성화해야 한다. 특히, 청소년 등 젊은 세대를 대상으로 안전 교육을 강화하여, 안전불감증 문화를 개선하고 예방 중심의 사고를 확산시키는 노력이 필요하다.

마지막으로, 책임 있는 관리와 투명성 강화가 중요하다. 공공과 민간 영역 모두에서 안전 기준을 철저히 준수하고, 사고 발생 시 그 원인과 대책을 투명하게 공개해야 한다. 이를 통해 사회적 신뢰를 회복하고, 반복적인 사고를 방지할 수 있다.

싱크홀 문제는 단순히 지반 구조의 결함에 그치지 않고, 사회 전반에 만연한 안전불감증과 깊은 관련이 있다. 이를 해결하기 위해서는 체계적인 사전 관리, 표준화된 안전 매뉴얼, 시민의식 개선, 그리고 책임 있는 관리가 필수적이다. 정부, 지자체, 그리고 시민 모두가 협력하여 싱크홀로 인한 사고를 예방하고, 신뢰받는 안전 문화를 만들어가는 데 힘써야 할 것이다.

3. 해외 직구에 대한 생각을 서술하시오.

〈개요 작성〉

답안 작성지

수험번호 _____   성명 _____

☑ 해외에서 직구를 선호하는 이유

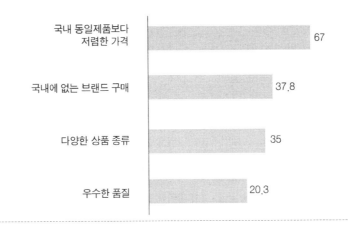

해외직구 선호하는 이유(단위=%)

국내 동일제품보다 저렴한 가격 — 67
국내에 없는 브랜드 구매 — 37.8
다양한 상품 종류 — 35
우수한 품질 — 20.3

도입

해외직구란 인터넷을 통해 해외에서 제품을 직접 구입하는 것을 의미한다. 해외직구가 늘어나게 된 것은 같은 제품이라도 국내에서 판매되는 제품의 가격과 해외에서 판매되는 가격이 차이가 나기 때문이다. 배송비나 관세 등을 합쳐도 국내 제품보다 훨씬 저렴하기 때문에 그 인기가 나날이 커지고 있다.

우리나라에서 가장 많은 직구를 하는 나라는 미국이며 거래 수는 대략 367만 건으로 전체의 74%를 차지했다. 특히 추수감사절인 블랙 프라이데이(Black Friday)에 벌어지는 할인 시기에 가장 많은 직구가 이루어진다. 왜냐하면 최대 90%까지 할인해주는 행사가 있기 때문이다.

저렴한 비용 외에도 한국에서는 구할 수 없는 다양한 제품을 고를 수 있다는 점 또한 직구의 장점이라 할 수 있다.

해외직구의 영향

국내 온라인쇼핑 소비자 4명중 1명꼴로 해외직구를 경험했을 정도로 직구의 인기가 높아지자 이들 직구족의 영향력이 우리 경제에 다음과 같은 영향을 주었다.

해외직구는 우리나라의 불합리한 유통구조의 개선 효과를 나타내었다. 그동안 외국에 비해 상품을 비싸게 팔던 한국 백화점과 매장 등에서 가격을 내리는 등 해외 직구가 유통 가격 개선 효과를 일으키고 있다. 정부에서도 해외직구가 활성화되면 국내 제품 가격의 하락이 되고 결국 물가를 떨어뜨릴 수 있어 해외 직구를 장려하는 정책을 발표하기도 하였다.

또한 복잡한 해외직구를 대행해주는 오픈마켓과 소셜커머스 등 온라인 쇼핑 업체들이 생겨나면서 또 하나의 시장이 만들어졌다. 처음 해외직구 품목이 의류나 건강식품 위주에서 최근에는 태블릿pc, TV, 에어컨 등 가전제품과 장난감, 유모차, 과자까지 유아에 관한 모든 용품제품까지 확대되는 추세며 구입 지역도 미국에서 중국 독일로 점차 넓어지면서 해외직구 구매대행 시장은 더욱 늘어날 것으로 전망된다. 개다가 해외직구를 소개하는 홈페이지를 비롯해 각종 관련 서적들이 출판되고 있다.

해외직구 문제점

해외 직구는 교환이나 환불이 사실상 어려운 등 사후 처리가 미흡하다는 단점이 있다. 국내에서 판매되는 것이 아니기 때문에 사후 서비스를 받기 어렵다거나 마음에 들지 않을 경우 환불 등이 복잡한 점이 있다.

또한 해외직구로 판매되는 제품 중에 위해성분이 검출되는 등 위해 요소가 존재한다. 식품의약품안전처에 따르면 해외 인터넷사이트 판매 식품에서 식품에 사용할 수 없는 위해성분이 검출되어 각별한 주의가 필요하다고 발표했다. 이러한 성분이 포함되는 이유는 해외 인터넷사이트를 통해 구입한 식품은 정식 수입신고 절차를 거치지 않았기 때문이다. 따라서 유해물질 함유 등 안전성이 확보되지 가능성이 높은 물품인지 꼼꼼하게 확인을 하고 구매를 선택해야 한다.

이외에도 각종 커뮤니티를 통한 공동구매를 이용한 사기의 위험성과 피싱 사이트의 위험도 도사리고 있다. 따라서 사기를 당하지 않으려면 먼저 회사 주소 및 전화번호 등의 기본 정보를 확인하는 습관을 기르도록 하며, 해외쇼핑몰의 안전성을 고려해서 구매를 하도록 해야 할 것이다.

PART

05

직무상식

금융 · 경제

✇ 필립스 곡선(Phillips Curve)

물가상승률과 실업률 사이에 있는 역의 상관관계를 나타낸 곡선

영국의 경제학자인 윌리엄 필립스가 1860년대부터 1950년대 사이 영국 실업률과 명목 상승률 통계자료를 분석하여 실업률과 명목임금 상승률 사이에 역의 관계가 존재한다는 것을 발견하였다. 정부가 물가상승률을 감소시키면 실업률은 증가하고, 실업률을 감소시킬 경우 물가가 상승한다. 때문에 물가안정과 완전고용이라는 두 가지 경제정책 목표는 동시에 달성될 수 없으며, 정부가 실업을 해결하기 위해서는 어느 정도의 인플레이션을 감수해야 하고, 물가를 안정시키기 위해서는 실업률 상승을 받아들여야 한다.

✇ 그레셤의 법칙(Gresham's Law)

영국의 재정가 그레셤이 발표한 화폐유통에 관한 법칙

영국의 재정가 그레셤이 "악화(惡貨)가 양화(良貨)를 구축(驅逐)한다."고 표현하여 그레셤의 법칙이라고 한다. 나쁜 돈이 좋은 돈을 몰아낸다는 뜻인데, 그레셤의 법칙은 소재의 가치가 서로 다른 화폐가 동일한 명목 가치를 가진 화폐로 통용되면 소재 가치가 높은 화폐(양화)는 유통시장에서 사라지고 소재 가치가 낮은 화폐(악화)만 유통되는 것을 뜻한다.

✇ 펌뱅킹

기업과 금융기관의 시스템을 연결하여 온라인으로 은행의 업무를 처리하는 것

금융자동화시스템에 해당한다. 전용회선 또는 통신망(VAN)으로 기업과 금융기관을 연결하여 기업이 직접 은행에 방문하지 않고 직접 온라인으로 금융업무를 처리할 수 있다. 홈뱅킹(또는 인터넷뱅킹)과의 차이점은 펌뱅킹의 주된 사용자가 법인기업인 것이다. 또한 인증서나 OTP와 같은 번거로운 절차 없이 전자문서 교환으로 거래를 진행한다. 입금통지, 잔액조회, 급여계산 등과 같은 업무 등을 통해 기업자금관리를 편리하게 할 수 있도록 제공하는 금융서비스이다.

✇ 잭슨홀 미팅(ackson Hole Economic Policy Symposium)

잭슨홀에서 주최되는 경제정책 토론회

미국 휴양지에 해당하는 잭슨홀에서 캔자스시티 연방은행이 주최하여 개최하는 경제정책 토론회로 연례 경제정책 심포지엄에 해당한다. 1986년부터 경제 정책과 금융시장에 관련하여 토론회를 운영하였다. 미국 연방준비제도 의장 및 세계 중앙은행이 모여서 경제 현안에 대한 논의를 한다.

헥셔 – 오린의 정리(Heckscher – Ohlin Theorem)

비교우위 원인을 각국의 생산요소 부존량의 차이로 설명하는 이론

양국이 갖는 재화의 생산 함수가 동일하지만 요소집약도가 상이하여 양국의 요소부존비율도 상이한 경우, 각국은 타국에 비하여 상대적으로 풍부하게 갖고 있는 생산요소를 집약적으로 사용하는 재화의 생산에 비교우위성을 갖게 된다는 이론이다.

코즈의 정리(Coase's Theorem)

미국 경제학자 로널드 코즈의 정부 개입 반대 주장

재산권이 확립되어 있는 경우에는 거래 비용 없이도 협상이 가능하다면 외부 효과로 인해 발생할 수 있는 비효율성은 시장에서 스스로 해결할 수 있다는 이론이다. 정부 개입을 반대하는 입장으로 소유권이 확립되어 있다면 거래를 통하여 효율적인 해결책을 찾을 수 있으므로 환경오염 등 외부성이 야기하는 문제 등을 바로잡기 위해 정부가 나설 필요가 없다. 그러나 코즈의 정리가 가진 약점은 바로 실현 가능성이다.

핀테크

금융을 뜻하는 '파이낸스(Finance)'와 기술을 뜻하는 '테크놀로지(Technology)'의 합성어이다.

예금, 대출, 자산 관리, 결제, 송금 등 다양한 금융 서비스가 IT, 모바일 기술의 발달과 더불어 새로운 형태로 진화하고 있으며, 넓은 의미에서 이러한 흐름에 해당하는 모든 서비스를 핀테크 서비스라고 할 수 있으며 서비스 외 관련된 소프트웨어나 솔루션, 플랫폼을 개발하기 위한 기술과, 의사결정, 위험 관리, 포트폴리오 재구성, 성과 관리, 시스템 통합 등 금융시스템의 개선을 위한 기술도 핀테크의 일부라 할 수 있다.

핀테크의 구분

구분	내용
전통적 핀테크	기존 금융 서비스를 자동화하려는 금융회사가 가치사슬 핵심에 위치하고 IT기업은 이를 보조하는 역할을 수행한다. 예 씨티은행 : 블록체인 및 분산원장기술을 활용해서 디지털화폐로 글로벌 본 · 지점을 연결하여 자금을 결제 · 청산하는 시스템
신흥 핀테크	플렛폼을 제공하는 IT기업이 가치사슬의 핵심을 맡고 기존 금융 서비스 전달 체계를 변혁하여 파괴적 속성을 갖는다. 예 인터넷전문은행 : 공인인증서 없는 비대면 거래로 기존 관행을 파괴함으로써 단기간에 대규모 고객을 확보, 인터넷 뱅킹 · 모바일지급서비스 · 크라우드 펀딩 · P2P대출 · 로보어드바이저 · 스마트계약 · 바이오인증 금융거래

✿ 꼬리위험(Tail Risk)

확률이 지극히 낮은 양극단 꼬리 부분에 해당하는 확률의 사건이 발생할 위험

특정한 평균치를 중심으로 대칭을 이루는 종 모양의 정규분포 곡선 양쪽 끝부분을 나타내는 꼬리부분이 발생할 가능성은 낮지만 한번 발생하면 큰 변수로 작용하여 헤어 나오기 어려움을 일컫는 말이다. 발생 가능성이 낮고 예측하기 어렵지만 한번 위험이 발생하면 큰 영향을 미친다.

✿ 추가경정예산(追加更正豫算)

예산이 성립된 후에 국회를 통과하여 그 내용을 변경하는 것

국가예산이 이미 정해진 상황에서 예산 부족이나 특별한 사유로 인해 부득이하게 필요하다고 판단되는 경우, 정부가 본예산을 변경해 다시 정한 예산을 국회에 제출하여 의결을 거친 후 집행하는 예산이다. 이를 줄여 추경예산이라고도 한다. 우리나라의 경우 헌법 제56조에 따라 예산에 변경을 가할 필요가 있을 때 정부가 추가경정예산안을 편성해 국회에 제출하도록 하고 있으며, 예산안이 국회에서 의결되기 전에 그 내용을 변경하는 수정예산과 차이가 있다.

✿ 리플레이션(Reflation)

경제가 디플레이션에서 벗어나 물가가 오르는 상태

심각한 인플레이션을 야기하지 않을 정도로 재정 및 금융을 확대하면서 경기의 회복과 확대를 도모한다. 리플레이션 정책은 과잉자본을 극복하고 경기회복을 목적으로 하고 있으며 통화재평창이라고도 한다.

✿ 커버드 콜(Covered Call)

콜 옵션을 미리 매도하여 주가지수가 하락할 때 이익을 얻는 전략

특정한 주식을 보유한 상태에서 콜 옵션을 비싼 가격에 매도하여 안정적으로 위험을 피하는 전략이다. 주식만 보유하고 있는 상태에서 주가가 하락할 경우 투자자의 손실은 커지지만 콜 옵션을 매도하는 경우 손실을 줄일 수 있으며, 주가가 상승할 경우에는 콜 옵션에서 손해를 입더라고 보유 주식을 상승하므로 손실이 적다.

✿ 콘탱고 (Contango)

선물가격이 현물가격보다 높은 상태

주식 시장에서 선물가격이 현물가격보다 높거나 결제 월이 멀수록 선물가격이 높아지는 현상을 말한다. 일반적으로 선물가격은 현물가격보다 높아야 하는데, 선물 만기까지 소요되는 현물의 보유 비용이 포함되어야 하기 때문이다.

✖ 캐리트레이드(Carry Trade)

금리가 낮은 통화로 자금을 조달하여 수익을 내는 거래

저금리로 차입하여 고금리의 상품이나 주식 등에 투자해 수익을 내는 거래를 말한다. 차입한 통화가 달러화인 경우에는 달러캐리트레이드(스미스 부인), 유로화인 경우에는 유로캐리트레이드(소피아 부인), 엔화인 경우에는 엔캐리트레이드(와타나베 부인)이라고 한다.

✖ 롤오버(Roll Over)

금융기관이 상환 만기된 부채의 상환을 연장해주는 조치

당사자 간 합의에 의해 만기일정을 연장해주는 것을 말한다. 채권의 경우 새로운 채권을 발행하여 만기를 연장해주는 것을 의미하며 선물의 경우 매수차익거래잔고를 이월하는 것을 의미한다.

✖ 윈도드레싱 (Window Dressing)

기관투자가들이 결산기에 투자수익률을 올리기 위해 주식을 집중적으로 사고파는 행위

기관투자가들이 실적이 좋은 주식 종목은 집중적으로 매입하여 주가를 올리고, 실적이 저조한 항목은 처분하여 투자수익률을 최대한 끌어올리는 행위를 말한다.

✖ 닥터 코퍼(Dr. Copper)

구리 가격이 경기를 예측하는 특성이 있음을 지칭하는 표현

구리는 원유나 금보다 지정학적·정치적인 영향을 덜 받으며 자동차, 건설, 해운 등 제조업 전반에 재료로 사용되므로 경기 선행지표로 활용된다.

✖ 출구전략(Exit Strategy)

각종 완화정책을 경제에 부작용을 남기지 않게 서서히 거두어들이는 전략

경기침체나 위기로부터 경제지표가 되살아나는 경기회복의 조짐이 있는 경제상황에서 침체기간 동안 시중에 풀린 과도한 유동성을 부작용이 생기기 전에 회수하려는 전략이다.

✖ 기간산업(Key Industry)

국가가 경제활동을 원활히 하는 데 필수인 중요한 산업

철강·목재·금속 등 다른 산업의 원자재로 널리 사용되는 물자를 생산하는 산업과 석탄이나 석유, 전력 등 경제활동에 필요한 에너지를 공급하는 산업이 있다.

✖ 더블 딥(Double dip)

경기침체에서 잠시 회복기를 보이다가 이내 침체에 빠지는 현상

불황에서 벗어난 경제가 다시 침체에 빠지는 이중하강 현상을 말한다. W자형 경제구조라고도 하며 경기침체의 골을 두 번 지나야 비로소 완연한 회복을 보일 것이라는 전망 때문에 W자 모양의 더블 딥으로 불리게 됐다.

✖ 긱 이코노미(Gig Economy)

기업들이 계약직 혹은 임시직으로 사람을 고용하는 경제형태

필요할 때마다 임시직을 섭외해 일을 맡기는 경제형태를 말한다. 노동자 입장에서는 어딘가에 고용되어 있지 않고 필요할 때 일시적으로 일을 하는 임시직 경제를 가리킨다. 모바일 시대에 접어들면서 이런 형태의 임시직이 급증하고 있다. 한편, 1920년대 미국 재즈 공연장에서 필요에 따라 연주자를 단기 섭외하던 방식을 의미하는 Gig에서 유래하였다.

✖ 젠트리피케이션(Gentrification)

낙후된 도심이 활성화되면서 거주민이 밀려나는 현상

빈곤 계층이 이르는 정체 지역에 중산층 이상의 계층이 진입하여 낙후된 도심이 활성화되면서 거주하고 있던 빈곤 계층을 몰아내는 현상이다. 해당 지역이 활성화되고 관광객이 늘면서 부동산 가격 등 자산가치가 상승하여 기존 거주자들을 몰아내는 것이다.

✖ 베이시스(Basis)

선물가격과 현물가격의 차이

주식 시장에서 선물가격과 현물가격의 차이를 나타내는 말로, 베이시스가 양(+)이면 콘탱고라고 하고 음(−)이면 백워데이션이라고 한다.

✖ 퍼스트 펭귄 (The First Penguin)

불확실성을 감수하고 용감하게 도전하는 선구자

먹이 사냥을 위해 바다로 뛰어드는 것이 두렵지만, 펭귄 한 마리가 먼저 용기를 내어 뛰어들면 나머지 펭귄들도 이를 따른다는 데에서 유래하였다. 이는 불확실하고 위험 한 상황에서 용감하게 먼저 도전함으로써 다른 이들에게도 참여의 동기를 유발하는 선구자를 의미한다.

✖ 크라우드 소싱(Crowd Sourcing)

소비자들의 참여로 해결책을 얻는 방법

기업 활동의 일부 과정에 소비자를 참여시키는 방법이다. 새로운 제품을 출시할 때 소비자들의 피드백 참여를 통해 기업 입장에서는 참신한 아이디어와 실질적인 의견을, 소비자들은 이에 관한 보수를 받을 수 있다.

✖ 마천루의 저주(Skyscraper Curse)

초고층 빌딩이 지어지는 시기에 맞추어서 경기의 침체가 찾아온다는 가설

1999년 도이체방크의 분석가 앤드루 로런스가 100년간 사례를 분석해 내놓은 가설로 과거 역사를 보면 초고층 빌딩은 경제위기를 예고하는 신호 역할을 해왔다는 가설이다. 국내의 경우 제2롯데월드가 착공을 시작한 후부터 많은 문제가 발생함 을 이러한 가설에 비유하기도 한다.

회색 코뿔소(Gray Rhino)

쉽게 간과하는 위험 요인

지속적으로 경고하지만 쉽게 간과하게 되는 위험 요인을 말한다. 코뿔소는 멀리서도 눈에 띄며 움직임을 알 수 있지만 두려움 때문에 아무런 대처를 하지 못하는 것을 빗대어 표현한 용어이다. 2013년 다보스포럼에서 처음 사용된 개념으로 의사결정자들의 미흡한 시스템과 책임성 결여 등을 원인으로 꼽았다.

빅배스(Big Bath)

새로운 경영자가 전임자가 쌓아 놓은 부실 요소를 한꺼번에 털어버리는 행위

새로 부임하는 기업의 CEO가 전임 CEO의 재임기간 동안에 누적된 손실을 회계장 부상에서 최대한 반영함으로써 경영상의 과오를 전임 CEO에게 넘기는 행위이다. 새로 부임하는 CEO는 회계처리 과정에서 과거에 발생한 손실을 극대화해 잠재적인 부실까지 미리 반영한다. 그러나 이전 경영진의 성과를 보고 투자한 주주들은 이러한 회계처리로 인해 주가 하락에 따른 손실을 볼 수 있다.

관세 탠트럼(Tariff Tantrum)

관세 인상 우려로 인한 금융 시장의 요동

미국 정부의 공격적인 무역 정책으로 발생된 금융 시장의 요동을 말한다. 2018년 미국이 수입 철강과 알루미늄에 관세를 부과하겠다고 밝히자 무역전쟁에 대한 우려가 확산되면서 뉴욕 증시의 주요 지수가 일제히 급락한 것을 두고 관세 탠트럼이라고 한다.

6시그마(6 Sigma)

품질경영 혁신기법

1987년 모토로라의 마이클해리가 통계기법을 활용해 기존의 품질관리 기법을 확장하여 6시그마라는 경영기법을 고안해냈다. 100만 번의 프로세스 중 3 ~ 4번의 실수나 결함이 있는 상태를 말하며, 경영활동에 존재하는 모든 프로세스를 분석하고 규명해서 현재 시그마 수준을 알아낸 다음 혁신을 통해 6시그마 수준에 도달하는 것을 목표로 한다.

일물일가의 법칙(Law of Indifference)

동일한 시점일 경우, 완전경쟁이 행해지는 시장에서 판매하는 동일 상품에 대해서는 하나의 가격만 성립하는 법칙

무차별의 법칙으로, 어떤 한 곳이 다른 곳보다 가격이 비쌀 경우, 해당 상품을 싼 곳에서 사고, 비싼 곳에서 판매하는 사람들이 생겨나 가격은 결국 같아지게 되는 것을 말한다.

손절매

큰 손해를 방지하기 위해 일정액의 손해를 감수하고라도 매도하는 것

가지고 있는 주식의 현재시세가 매입가보다 낮고, 향후 가격 상승의 희망이 전혀 보이지 않는 경우에 손해를 감수하고라도 매도하는 것을 말한다. 손해가 유발될 종목에 대해 적절한 시점에 손절매 한다면 수익을 내는 것이 쉬워진다. 주식은 상승과 하락으로 대별되는데, 상승을 예견해 매입하지만 예상이 빗나가 하락하는 종목도 있을 수 있다. 따라서 하락이 예상된다면 실패를 인정하고, 빠르게 손절매하는 것이 현명하다.

신용점수제(信用點數制)

2021년 1월 1일부터 신용등급제에서 전면 개편된 제도

개인신용평가 회사에서는 신용등급을 산정하지 않고 개인신용평점만을 산정하여 금융소비자와 금융회사에 제공한다. 금융권 신용위험 관리역량을 제고하고 금융회사별 리스크 전략, 금융소비자 특성에 따라 차별화된 서비스 제공이 가능해졌다. 또한 세분화된 대출 심사 기준을 도입하여 획일적인 대출 여부에서 벗어나 저신용층의 금융접근성까지 제고되었다.

리쇼어링(ReShoring)

해외로 나간 국내기업을 다시 자국으로 불러들이는 정책

생산비와 인건비 등을 이유로 해외로 나간 기업들을 각종 세제 혜택과 규제 완화 등을 통하여 자국으로 불러들이는 정책을 말한다. 경기침체와 실업난의 장기화를 해결하기 위한 목적이다.

신용경색 (Credit Crunch)

금융기관에서 돈이 제대로 공급되지 않아 기업들이 어려움을 겪는 현상

금융 시장에 공급된 자금의 절대량이 적거나 자금이 통로가 막혀있을 때 발생하는 데, 특히 돈의 통로가 막혀 발생하는 신용경색은 치유하기가 어렵다. 신용경색이 발생하면 기업들은 자금 부족으로 인해 정상적인 경영이 어려워지고 무역업체들도 수출입 활동에 큰 제약을 받게 된다. 신용경색이 나타나는 과정은 먼저 일부 은행의 도산이나 부실화로 인해 금융시스템 내의 대출가능 규모가 줄어들게 되고, 이들 은행과 거래하던 기업들이 차입이 어려워지면서 기업의 도산확률이 높아지게 된다.

바그너 법칙(Wagners Law)

경제가 성장할수록 국민총생산의 공공부문 지출 비중이 높아진다는 원칙

공공지출 증가의 법칙이라고도 하며 정부의 기능과 활동이 증가하면서 GNP의 공공부문 지출도 증가한다는 원칙이다.

❖ 폰지사기(Ponzi Scheme)

금융 다단계 사기 수법

아무런 사업도 하지 않으면서 신규 투자자의 돈으로 기존 투자자에게 원금과 이자를 갚아나가는 금융 다단계 사기 수법이다.

❖ M커브(M Curve)

여성의 경제활동 참가율을 나타내는 곡선

20 ~ 30대 여성들이 육아부담으로 경제활동을 포기하고 가정에 머물러야 하는 상황을 단적으로 보여주는 곡선이다. 여성인력선진국은 U를 뒤집어 놓은 형태를 보이고 있는 반면에 우리나라는 M자 형태를 보이며 심각한 여성경력단절 현실을 나타내고 있다.

❖ 특허 괴물(Patent Troll)

개인 또는 기업으로부터 특허기술을 사들여 로열티를 챙기는 회사

제품을 생산·판매하지 않고 특허권 또는 지식재산권만을 집중적으로 보유하여 로열티로 이익을 창출하는 전문회사를 가리킨다. 대량의 특허권을 매입하거나 원천기술을 보유한 소규모 기업을 인수·합병하여 특허권을 확보한 후 특정기업이 무단으로 사용 한 제품이 출시되면 해당 기업을 상대로 사용료를 요구하거나 소송 등을 통해 막대한 보상금을 챙긴다. 최근에는 개발 전 단계의 아이디어까지 선점하는 경우가 많아 문제로 지적되고 있다. 특허 괴물이란 용어는 미국의 반도체 회사 인텔(Intel)이 1998년 테 크서치(Techsearch)라는 회사로부터 당한 소송 사건에서 인텔 측 변호사가 이 회사를 특허 괴물이라고 비난한 데서 유래되었다.

❖ 3C(Concepts Competence Connections)

세계 정상급 기업이 되기 위한 요건

하버드대 경영대학원의 캔터 교수가 제시한 요건이다. 첫 번째 발상은 최신의 지식과 아이디어를 습득해야 하며 기술을 계속 향상시켜야 하고, 두 번째 능력은 가장 높은 수준에서 일할 수 있는 능력을 갖춰야 하며, 세 번째 관계는 전 세계에 걸쳐 적합한 인물들과 교류를 갖는 관계를 유지해야 한다는 것이다.

❖ 지하경제(地下經濟)

공식적으로 드러나지 않은 경제활동

일반적으로 GDP에 집계되지 않거나 불법적인 생산 활동에 대한 경제를 지하경제, 그림자경제 등으로 일컫는다. 지하경제의 규모가 클수록 경제 성장이 저하된다.

✖ 애그플레이션(Agflation)

곡물가격이 상승한 영향으로 일반 물가도 덩달아 오르는 현상

곡물가격 상승이 사회 전반의 물가 상승으로 확산되어 경제위기를 초래할 우려가 있으며, 특히 곡물자급률이 낮은 나라는 그 위험성이 더욱 커진다. 곡물가격이 상승하는 요인으로는 지구 온난화 등 기상 이변으로 인한 공급 감소, 육류 소비 증가에 따른 사료용 곡물 수요 증가, 경작지 감소 등이 있다.

✖ 유동성 함정(Liquidity Trap)

경제주체들이 시장에 자금을 내놓지 않는 상태

미국 경제학자 존 메이나드 케인스가 붙인 이름으로 금리를 낮추고 화폐를 유통시켜도 경제주체들이 시장에 자금을 내놓지 않아 경기가 회복되지 못하는 현상을 유동성 함정이라고 한다. 경제주체들이 미래 경기 전망이 불투명하여 소비와 투자를 줄이기 때문이다. 화폐가 순환하지 못하여 돈맥경화가 발생하게 되면 이를 위해 중앙은행은 기준금리를 내리게 되는데 제로금리까지 이르게 된다.

✖ 민스키 모멘트(Minsky Moment)

부채의 확대에 기대어 경기호황이 이어지다 호황이 끝나면서 금융위기가 도래하는 시점

경기호황이 끝난 후, 은행 채무자의 부채 상환능력이 악화되어 채무자가 결국 건전한 자산마저 팔게 되는 금융위기 시점이다. 금융 시장이 호황기에 있으면 투자자들은 고위험 상품에 투자하고 이에 금융 시장은 탄력을 받아 규모가 확대된다. 그러나 투자자들이 원하는 만큼의 수익을 얻지 못하면 부채 상환에 대한 불안이 커지면서 금융 시장은 위축되고 금융위기가 도래하게 된다.

✖ 아웃소싱(Outsourcing)

기업 내부의 업무 일부를 경영 효율의 극대화를 위해 외부의 전문 업체에 위탁해서 처리하는 경영전략

미국 기업이 제조업분야에서 활용하기 시작해서 이제는 경리, 인사, 신제품 개발, 영업 등 모든 분야로 확대되고 있다. 급속한 시장 변화와 치열한 경쟁에서 살아남기 위해 기업은 핵심 사업에 집중하고, 나머지 부수적인 업무는 외주에 의존함으로서 인원절감과 생산성 향상의 효과를 노리고 있다. 또한 어떤 분야든 자사보다 탁월한 능력을 보유하고 있는 기업과 팀을 이뤄 업무를 추진함으로써 업무의 효율을 극대화할 수 있으나, 가격 상승에 따라 저효율과 발주사 직원의 전직 및 직무 감소로 인 한 직원 수 초과, 공급업체와 발주사 간의 마찰, 공급업체에 대한 미숙한 관리 등의 위험요소도 있다.

레몬마켓(Lemon Market)

질적인 측면에서 문제가 있는 저급의 재화나 서비스가 거래되는 시장

레몬은 미국 속어로 불량품을 의미하여 경제 분야에서는 쓸모없는 재화나 서비스가 거래되는 시장을 레몬마켓이라 이르게 되었다. 또한 구매자와 판매자 간 거래 대상 제품에 대한 정보가 비대칭적으로 주어진 상황에서 거래가 이루어지면서 우량품은 자취를 감추고 불량품만 남아도는 시장을 말한다. 이는 불량품이 넘치게 되면서 결과 적으로 소비자도 외면하게 되는 시장이 된다.

슈바베 법칙(Schwabes Law)

근로자의 소득과 주거비에 대한 지출 관계 법칙

소득 수준이 높을수록 집세에 지출되는 금액은 커지지만 전체 생계비에 대한 주거비 의 비율은 낮으며 소득이 낮을수록 전체 생계비에 대한 주거비의 비율은 높아진다는 독일 통계학자 슈바베의 법칙이다.

녹다운 수출(Knock Down Export)

부품이나 반제품의 형태로 수출하는 방식

완제품이 아니라 조립할 수 있는 설비와 능력을 가지고 있는 거래처에게 부품이나 반제품의 형태로 수출하고 실수요지에서 제품으로 완성시키도록 하는 현지조립방식의 수출을 말한다. 이 방식은 수입제한이나 고율의 관세가 부과되는 것을 피하고 상대방의 시장에 침투할 수 있다.

인프라(Infra)

경제활동의 기반을 형성하는 기초 시설

기간시설 또는 인프라 스트럭처는 경제활동의 기반을 형성하는 기초적인 시설들을 말하며, 도로나 하천·항만·공항 등과 같이 경제활동에 밀접한 사회 자본을 흔히 인프라라고 부른다. 최근에는 학교나 병원, 공원과 같은 사회복지, 생활환경 시설 등도 포함된다.

골디락스(Goldilocks)

뜨겁지도 차갑지도 않은 이상적인 경제 상황

인플레이션을 우려할 만큼 과열되지도 않고, 경기침체를 우려할 만큼 냉각되지도 않은 아주 좋은 경제 호황 상태를 영국 전래동화 속 골디락스에 비유한 것이다. 골디락스는 통상적으로 불황기와 호황기 사이에 나타나는데 경기는 계속해서 순환하므로 계속 유지될 것이라고 기대하긴 어렵다.

✿ 투자 심리선(Psychological Line)

일정 기간 동안 투자 심리의 변화를 파악하여 주식 시장의 상태를 진단하는 기준이 되는 수치

최근 12일 동안에 나타난 전일 대비 상승일 수를 누계하고 이를 12로 나누어 백분율로 나타내는데, 이 수치가 75% 이상이면 과열 상태로 보고 25% 이하이면 침체 상태로 본다. 투자 심리선은 단기적으로 심리가 과열한 상태인지 아니면 침체상태 인지를 판단하여 과열상태일 때는 매수보다는 매도의 전략을 취하고 침체상태일 때는 매도보다 매수의 전략을 취하여 장세 대응을 객관적으로 하려는 데 있다.

✿ 자산 효과(Wealth Effect)

자산가치가 오르면 소비도 증가하는 현상

현재 소비가 현재의 소득뿐만 아니라 미래 소득에도 영향을 받게 된다는 이론이다. 물가 상승률에 따라서도 자산 효과를 느끼게 되는데 물가가 상승하면 돈의 가치가 떨어지고, 물가가 하락하면 돈의 가치가 천천히 떨어져 금융자산의 실질가치는 높아지므로 소득은 저축보다 소비에 중점을 두게 된다.

✿ 와블링 이코노미(Wobbling Economy)

국내외 금융 시장이 미국의 금융정책 등에 영향을 받아 작은 변수에도 크게 흔들리는 현상이 반복되는 것

작은 변수에도 심하게 흔들려 예측하기 어려운 움직임을 보이는 시장 상황을 말한다.

✿ 유동성 선호(Liquidity Preference)

동일한 금액일 경우 미래의 현금보다 현재의 현금을 선호하는 행위

유동성 선호로 인해 사람들은 현재 현금을 포기할 경우 더 많은 미래현금을 요구하게 되는데 이와 같은 유동성 선호를 반영하여 화폐의 시간 가치를 나타내는 척도가 시장이자율이다.

✿ 세그멘테이션(Segmentation)

수요 집단별 집중적 마케팅 전략

시장을 세분화하여 각 층마다 욕구와 필요에 맞추어 제품을 디자인하여 제공하는 것을 말한다.

✿ 토빈의 Q(Tobins Q)

기업의 시장가치를 자본의 대체비용으로 나눈 값

미국 경제학자 제임스 토빈이 제시한 개념으로 설비투자의 동향을 설명하거나 기업의 가치평가에 이용되는 지표이다. 주식 시장에서 평가된 기업의 가치는 주식 가격에 발행주식수를 곱하여 산출하는데, 기업의 시가총액을 의미한다.

✼ 스파게티 볼 현상(Spaghetti Bowl Effect)

동시다발적으로 체결되는 FTA의 부작용을 일컫는 용어

여러 국가와 동시다발적으로 FTA를 체결할 때 각 국가마다 복잡한 절차와 규정으로 인하여 기대 효과가 반감되는 현상을 일컫는다.

✼ 체리피커(Cherry Picker)

자신의 실속만 챙기려는 소비자

기업의 상품이나 서비스를 구매하지 않으면서 자신의 실속만 챙기려는 소비자를 말한다. 신포도 대신 체리만 골라먹는 사람이라는 뜻으로 신용카드 회사의 서비스 혜택만 누리고 카드는 사용하지 않는 고객을 가리키던 말이었다. 최근에는 기업의 서비스 약점을 이용하여 상품이나 서비스를 잠시 구매했다가 바로 반품하는 등의 체리피커가 급증하였다. 이에 기업은 블랙리스트를 만들어 일반고객과 차별화를 두 는 등 대응하고 있다.

✼ 그레이 스완(Gray Swan)

예측 가능하고 이미 알려져 있지만 마땅한 해결책이 없는 리스크가 항상 존재하는 시장상태

그레이 스완은 지속적으로 경제에 악영향을 끼쳐 주가 등 주요 경제지표 움직임을 제한하는 요인으로 작용한다.

✼ 콘체른(Konzern)

법률상 독립되어 있으나 실질적으로 결합되어 있는 기업 결합형태

거대 기업이 여러 산업의 다수 기업을 지배할 목적으로 형성되며 기업결합이라고도 한다.

✼ 스캘퍼(Scalper)

빈번하게 주식을 매매하는 초단기 투자자

포지션 보유 기간이 1 ~ 2분에 불과하여 주식 시장에서 초박리를 취하는 사람들로도 불린다. 기관투자자들은 그들이 포지션을 보유하고 있는 시간의 길이에 따라 스캘퍼(Scalper), 일일거래자(Day Trader), 포지션 거래자(Position Trader)로 나눈다.

✼ 미소금융(美少金融)

제도권 금융기관과 거래가 불가능한 저신용자를 대상으로 실시하는 소액대출사업

금융소외계층을 대상으로 창업이나 운영자금 등의 자활자금을 지원하는 소액대출사업으로 무담보 소액대출 제도인 마이크로 크레디트의 일종이다. 지원 대상은 개인 신용등급 7등급 이하(개인 신용평점 하위 20%)의 저소득 혹은 저신용자로 2인 이상이 공동으로 창업하거나 사업자를 등록하여 운영 중인 경우에도 지원 대상에 포함된다. 실제 운영자와 사업자 등록상의 명의자가 다른 경우나 사치나 투기를 조장하는 업종은 제외된다.

환율관찰대상국(Monitoring List)

국가가 환율에 개입하는지를 지속적으로 모니터링 해야 하는 국가

미국 재무장관은 종합무역법, 교역촉진법에 의해 반기별로 주요 교역국에 대한 경제 및 환율 정책 보고서를 의회에 제출한다. 이 보고서에서는 대미 무역 흑자 200억 달러 초과, 국내총생산(GDP) 대비 경상흑자 비율 3% 초과, 지속적인 일방향 시장 개입 (연간 GDP 대비 2% 초과 달러 순매수) 등 세 가지 요건에 해당하면 환율 조작국으로 지정한다고 명시되어 있다. 두 가지 요건에 해당할 경우는 환율관찰대상국으로 분류된다. 환율 조작국으로 지정되면 미 정부의 개발 자금 지원과 공공 입찰에서 배제되고 국제통화기금(IMF)의 감시를 받는다. 환율관찰대상국으로 분류되면 미국 재무부의 모니터링 대상이 된다.

스크루플레이션(Screwflation)

물가 상승과 실질임금 감소 등으로 중산층 가처분 소득이 줄어드는 현상

경제가 지표상으로는 회복하는 것으로 보이나 중산층 입장에서는 수입은 줄고 지출이 늘어나 소비가 위축되고 실질 경기는 제대로 살아나지 못하는 상황을 말한다.

로빈 후드세(Robin Hood Tax)

저소득층을 지원하기 위한 목적으로 부과하는 세금

탐욕스런 귀족이나 성직자들의 재산을 빼앗아 가난한 이들에게 나누어준 로빈 후드처럼 고수익을 올리는 금융기관 등의 기업과 고소득자에게 빈민들을 지원하는 데 쓰는 세금을 부과하는 것을 말한다.

히든 챔피언(Hidden Champion)

숨은 강소기업을 일컫는 용어

세계시장점유율이 1～3위이면서 세계적인 경쟁력을 갖췄지만 잘 알려지지 않은 기업을 말한다. 히든 챔피언 기업의 선정 조건은 세계시장에서 1～3위를 차지하거나 대륙에서 1위를 차지, 매출액은 40억 달러 이하, 대중에게 알려져 있지 않은 기업 등 세 가지다. 히든 챔피언 기업의 공통된 특성은 다음과 같다. 먼저 한 분야의 전문 가로 시장을 좁게 정의하고 있으며 세계화에 공을 들인다. 또 아웃소싱을 하되 연 구개발(R & D) 등 핵심역량은 직접 수행한다. VIP 고객들과 밀접한 관계를 구축하고, 기업문화는 직원에게 일체감과 동기를 부여하는 문화이며 경영자는 기본가치를 중 시하고 장기 재직하는 경우가 많다. 한편 정부는 중소기업보다는 크지만 대기업에는 미치지 못하는 중간 크기의 기업들을 중견기업으로 법제화해 이들이 글로벌 시장을 누비는 히든 챔피언으로 성장할 수 있도록 금융 및 세제 혜택을 주는 방안을 마련하고 있다.

✿ G - 제로(G - Zero)

국제사회를 주도할 리더가 없는 상태

국제사회를 주도할 리더가 없는 상태를 뜻하는 용어로 2011년 세계경제포럼에서 언급되었다. G - 제로 시대에는 국제사회를 이끌던 강력한 국가가 사라져 오판에 의한 우발적 충돌이 발생할 가능성이 높으며 글로벌 불확실성이 커질 것이라고 경고하였다.

✿ 핫머니(Hot Money)

국제금융 시장을 이동하는 단기성 자금

각국의 단기금리의 차이, 환율의 차이에 의한 투기적 이익을 목적으로 하는 것과 국내 통화불안을 피하기 위한 자본도피 등 두 종류가 있다. 핫머니의 특징으로는 자금 이동이 일시에 대량으로 이루어고, 자금이 유동적인 형태를 취한다는 점을 들 수 있다. 따라서 핫머니는 외환의 수급관계를 크게 요동시켜 국제금융 시장의 안정을 저해한다.

✿ 액체사회(Liquid Society)

업종 간의 경계가 허물어지는 사회

두 업종이 마치 액체처럼 한 곳에 용해되어 있는 시장에서 경쟁하는 형태이다. 스포츠용품 전문 업체인 나이키가 기존 경쟁업체인 리복, 아디다스 외에 새로운 경쟁상대로 지목했던 기업이 바로 일본의 게임업체인 닌텐도였다. 지금까지의 젊 은 사람들은 부모로부터 용돈을 받으면, 주로 신발이나 스포츠용품을 구입해온 것에 반해, 이제는 게임기나 게임용 소프트웨어를 주로 구매하게 되었다. 즉, 스포츠업계와 게임업체가 시장에서 서로 경쟁하게 된 것이다.

✿ 차이나 인사이드(China Inside)

중국산 제품의 중간재 비중이 증가하는 현상

완제품을 제조하는 과정에서 소재, 부품, 장비 등 중국산 제품의 비중이 늘어나고 중국 의존이 증가하는 현상을 말한다.

✿ 당기순이익(Net Income)

기업이 일정 기간 동안 얻은 모든 수익에서 지출한 모든 비용을 공제하고 순수하게 이익으로 남은 몫

기업이 한 사업 연도 동안 얼마나 돈을 벌었는지를 나타내는 수치로 기업의 경영상 태를 나타내는 대표적인 지표이다.

✖ 트릴레마(Trillemma)

세 가지 정책 목표의 동시 달성이 불가능한 상황

하나의 정책 목표를 이루려 보면 다른 두 가지 목표를 이룰 수 없는 상태를 일컫는다. 물가 안정, 경기부양 국제수지 개선의 삼중고를 의미한다.

✖ 쿠퍼 효과(Cooper Effect)

경기부양책에 따른 경기회복은 점진적으로 나타나고 긴축정책에 따른 경기 냉각은 빠르게 진행되는 현상

정부와 중앙은행은 경기가 침체기거나 회복기일 때 금융정책을 통해 경기를 안정시키려 하는데, 경기의 흐름에 따라 금융정책의 효과가 나타나는 데 걸리는 시간이 서로 다른 현상을 말한다.

✖ SDR(Special Drawing Rights)

IMF의 특별인출권

IMF 가맹국이 규약에 정해진 일정 조건에 따라 IMF로부터 국제유동성을 인출할 수 있는 권리이다.

✖ 애널리스트(Analyst)

기업과 관련된 조사와 분석을 담당하는 사람

기업의 현재가치를 정확히 측정할 뿐만 아니라 미래가치에도 주목한다. 경기흐름이 라는 거시적인 틀 속에서 기업의 재무 및 손익구조 등을 분석해 기업의 적정 주가를 산출해 그 결과가 주식 시장에 연결되며, 해당 기업의 주가가 기업의 내재가치 보다 낮아 저평가되면 매수를, 반대일 경우에는 매도의견을 낸다. 또한 이들의 한마디에 주가가 출렁이기도 한다.

✖ 부의 효과(Wealth Effect)

자산가격이 상승하면 소비도 증가하는 현상

주식 등 자산의 가치가 상승하거나 예상되는 경우 그 영향으로 소비가 늘어나는 효과를 말하며 자산 효과라고도 한다.

✖ 장발장 은행(Jeanvaljean Bank)

취약계층을 돕기 위해 설립된 은행

벌금형을 선고받았지만 생활고로 벌금을 낼 수 없는 형편의 취약계층을 돕기 위해 설립된 은행이다. 장발장 은행은 신용조회 없이 무담보 무이자로 벌금을 빌려준다. 대상자는 소년소녀가장, 미성년자, 기초생활보장법상 수급권자와 차상위계층이 우선 대상이며 개인과 단체의 기부로 운영되고 있다.

✼ 엔젤계수(Angel Coefficient)

아이들(유아에서 초등학생까지) 가계에서 지출하는 비용 중 아이들을 위해 사용되는 돈이 차지하는 비중

엔젤계수에는 과외비와 학원비 같은 교육비, 장난감구입비, 용돈, 의복비, 아이들을 위한 외식비 등이 포함된다. 우리나라의 경우 엔젤계수가 높은 편인데, 아무리 가정 형편이 어려워도 아이들을 위한 지출은 줄지 않고 있기 때문이다. 특히 교육비를 미래를 위한 투자로 인식하기 때문에 부모들은 불황이 심할수록 교육비를 늘리지 않으면 불안해하고, 아울러 불황일수록 교육경쟁은 더 치열해지면서 과외비와 학원비 같은 교육비가 증가한다. 한편 어린이를 대상으로 하는 사업을 엔젤 비즈니스라고 한다.

✼ 빅뱅디스럽션(Bigbang Disruption)

창조와 붕괴를 동시에 일으키는 혁신

기존 제품이나 서비스를 개선하는 것에서 그치지 않고 시장을 재편하여 새로운 기술의 제품과 서비스를 생산하는 것을 의미한다. 기업과 제품의 수명은 대체로 짧아지지만 빠른 적응과 혁신을 통해 기업의 성장에 큰 영향을 미친다.

✼ 섀도보팅(Shadow Voting)

주주가 총회에 참석하지 않아도 투표한 것으로 간주하여 결의에 적용하는 제도

주주총회가 무산되지 않도록 하기 위해 참석하지 않은 주주들의 투표권도 행사할 수 있도록 하는 대리행사제도이다. 불참한 주주들의 의사가 반영되는 위임투표와는 다르게 다른 주주들의 투표 비율을 적용한다. 그러나 경영진과 대주주가 악용하는 사례가 빈번하여 결국 폐지하게 되었다.

✼ 머천다이징(Merchandising)

적당한 상품을 적당하게 제공하기 위한 상품화 계획

적당한 상품을 알맞은 값으로 적당한 시기에 적당량을 제공하기 위한 상품화 계획이다. 이러한 상품을 생산하기 위해서는 제품의 품질, 디자인, 제품의 개량, 새로운 용도 발견, 제품라인의 확장 등에 관한 철저한 시장조사가 행해져야 한다.

✼ 다운사이징(Downsizing)

기업 규모 축소 혹은 감원 등의 구조조정

흑자를 위한 단기적 전략이 아닌 장기적인 경영전략이다. 다운사이징을 통해 비생산적인 사업부문을 수익성 높은 사업으로 전환할 수 있지만, 구성원들의 사기가 저하되고 생산성이 떨어지는 부작용이 있을 수 있다.

✖ 코브라 효과(Cobra Effect)

해결 대책이 사태를 악화시키거나 역효과를 초래하는 현상

문제를 해결하기 위한 해결책이 오히려 사태를 악화시키거나 예상치 못한 역효과를 초래하는 현상으로, 코브라 역설이라고도 한다. 인도가 영국의 지배를 받던 당시에 코브라 수 감축을 위해 행했던 정책이 오히려 코브라 수를 증가시킨 것에서 유래되었다.

✖ 교차판매(Cross Selling)

금융회사가 다른 금융회사의 개발 상품을 판매하는 방식

금융기관들이 대형화, 겸업화하면서 다른 금융회사가 개발한 상품까지 판매하는 적극적인 판매방식으로 손해보험사 소속 설계사가 생명보험사 상품을, 생명보험사 소속 설계사가 손해보험 상품을 팔 수 있는 것으로 2008년 8월부터 시행되었다. 국내 금융기관들도 서서히 이런 교차판매 개념을 도입하고 있으며, 앞으로 금융기관들은 각종 금융상품의 대형 슈퍼마켓과도 같은 형태로 발전하게 될 전망이다.

✖ 레드라이닝(Redlining)

금융기관 및 보험회사가 특정 지역에 붉은 선을 긋고 그 지역에 금융 서비스를 거부하는 행위

지역 주민들의 신용도를 바탕으로 A(초록색), B(파란색), C(노란색), D(빨간색)로 나누어 지도에 표시했으며, 낙후된 도심이나 유색인종이 살고 있는 지역이 빨간색으로 표시했는데 해당 지역의 거주민들은 대출을 받지 못하거나 대출을 받더라도 높은 이자율을 부담해야 했다.

✖ 슈퍼 개미(Super Catfish)

자산 규모가 큰 개인투자자

우리나라에 슈퍼 개미란 용어가 등장한 것은 1990년대 중반으로, 당시는 주로 선물이나 옵션 등 변동성이 큰 상품을 매매하여 큰돈을 번 몇몇 개인들을 지칭하는 용어로 사용되었으며, 이들은 사회에 대한 파급효과보다는 개인적인 차원에서 투자수익 을 극대화하는 게 목표였다. 그러나 2000년대 들어 슈퍼 개미는 새롭게 진화하면서 자신의 실체를 좀 더 분명히 드러낸다. 상당수가 단순투자를 넘어 경영참여를 선언하며 주주행동주의를 적극 실천하고 자본시장의 주역으로 부상하고 있다.

✖ 오토윔비어법(Otto Warmbier 法)

북한의 국제금융 시장 접근을 전면 차단하는 대북 금융제재법

제재 대상으로 지정한 북한 단체에 금융 서비스를 제공하는 전 세계 해외 금융기관에 대해 제재를 가한다는 내용으로 북한과 거래하는 모든 기관과 개인의 미국 은행시스템 접근을 차단하도록 하고 있다. 이를 통해 북한의 핵무기 개발 자금을 원천 차단하겠다는 목적이다.

✖ 오쿤의 법칙(Okuns Law)

실업률과 국민총생산의 밀접한 관계

경기회복기에 고용의 증가속도보다 국민총생산의 증가속도가 더 크고 불황기에는 고용의 감소속도보다 국민 총생산의 감소속도가 더 크다는 법칙이다.

✖ 흑묘백묘론(黑猫白猫論)

1970년대 말 덩샤오핑의 중국 경제정책

검은 고양이든 흰 고양이든 쥐만 잘 잡으면 된다는 뜻으로 1970년대 말부터 덩샤오핑이 취한 중국의 경제정책이다. 자본주의든 공산주의든 상관없이 중국 인민을 잘 살게 하면 그것이 제일이라는 뜻이다.

✖ 파레토 법칙(Paretos Law)

소득분포에 관한 통계적 법칙

상위 20%의 소비자가 전체 이익의 80%를 차지한다는 의미이다.

✖ 그림자 노동(Shadow Work)

대가 없이 해야 하는 노동

노동을 했음에도 보수를 받지 못하는 무급 노동으로 오스트리아 철학자 이반 일리치가 처음으로 언급하였다. 직접 주유하는 셀프 주유소나 보다 저렴하게 상품을 구입하기 위해 정보를 찾는 행위 등이 그림자 노동에 해당한다. 비용을 아낄 수 있지 만 자신의 시간을 소비해야 한다는 단점이 있다. 최근 기술 발달로 무인화 시스템 이 보급화 되면서 그림자 노동이 늘어가는 추세다.

✖ 챌린저 뱅크(Challenger Bank)

소규모 신생 특화은행

기존 대형은행의 지배적인 시장영향력에 도전하는 소규모 특화은행을 말한다. 지점과 인력에 드는 비용을 절감하여 경쟁력 있는 금리, 단순한 상품 등을 제공한다. 국내에서는 케이뱅크, 카카오뱅크 등 챌린저 뱅크 개념의 인터넷전문은행을 인가하였다.

✖ 리베이트(Rebate)

지불대금이나 이자의 상당액을 지불인에게 되돌려주는 행위

요금 자체를 감액하는 것은 할인이지만 리베이트는 대금의 지급 수령 이후 별도로 이루어진다. 오랫동안 묵인되어온 거래관행으로 원래는 메이커가 판매처에 격려금을 주면서 판로를 유지할 목적으로 생긴 것이다. 최근에는 물품의 고가 또는 대량 거래 시 수수하는 거래장려금 또는 할인금으로 고액거래에 따른 위험성에 대한 보상적 성격을 갖고 있으며 신규 거래처에 대한 개척비용·가격담합·조작에 의한 이면약정으로 수수하는 커미션 성격도 가지고 있다.

⁑ 이자 보상 배율(Interest Coverage Ratio)

기업이 수입에서 이자비용으로 얼마를 지출하는지 나타내는 수치

기업의 채무상환 능력을 나타내는 지표로 영업이익을 이자비용으로 나눈 것이다. 기업이 수입에서 얼마만큼을 이자비용으로 쓰고 있는지를 나타낸다.

⁑ 분식회계(粉飾會計)

기업이 부당한 방법으로 자산이나 이익을 부풀려 계산하는 회계

기업의 실적을 부풀리기 위해 장부를 조작하는 행위로 가공의 매출을 기록하거나 비용을 적게 계상하는 등 재무제표상의 수치를 고의로 왜곡시키는 것을 말한다.

⁑ 레이팅(Rating)

유가증권에 등급을 매기는 행위

사채를 발행하는 회사의 자격을 규정하는 것을 말한다. 채권 발행 회사의 순자산, 자기자본비율, 자본 이익률 등을 기준으로 기채할 수 있는 조건을 갖추었는지 평가 하는 것이다.

⁑ 루카스 함정(The Lucas Critique)

정부가 효과를 기대하고 정책을 폈을 때 경제현실은 예측 방향대로 움직이지 않는다는 가설

미국 경제학자 루카스가 정부 정책의 효과를 분석할 때 사용하는 방식에 대한 비판으로 과거에 정부 정책하에 성립하였던 값을 이용하여 새로운 정부 정책의 효과를 분석하는 데에 한계가 있다는 주장이다. 이는 정부가 어떠한 경제 효과를 기대하고 정책을 시행했을 때 실제로 경제현실은 예측 방향대로 움직이지 않는다는 의미이다.

⁑ 사모 크레디트(Private Credit)

부채(Debt)에 투자하는 행위

기업의 주식에 투자하는 사모 펀드(PEF)와 달리 부채에 투자하는 것으로 투자 기업이 부도가 날 경우 주식보다 먼저 돈을 돌려받을 수 있어서 안정적이다.

⁑ 리니언시(Leniency)

담합행위를 한 기업이 자진신고를 할 경우 처벌을 경감하는 제도

자진신고자 감면 제도라고도 하며 담합을 저지른 기업이 사실을 시인하고 협조하면 처벌을 경감해주는 제도이다. 제일 먼저 자진신고한 기업은 과징금을 100퍼센트 면제해주고, 두 번째로 신고한 기업은 과징금 절반을 면제해준다. 리니언시를 통하여 담합 재발을 줄일 수 있는 만큼 악용하는 기업이 늘어나, 2012년부터 리니언시 적용 받은 기업은 이후 5년 동안 자진신고해도 리니언시 지위를 부여하지 않기 로 했다.

기펜재(Giffen Goods)

소득효과가 대체효과보다 커서 가격과 수요가 함께 증가(감소)하는 재화

가격의 상승(하락)이 오히려 수요량의 상승(하락)을 가져오는 재화로 기펜재의 경우 가격과 수요량이 같은 방향으로 이동하기 때문에 수요의 법칙이 적용되지 않는다.

근저당권(根抵當權)

불특정 채권을 일정액의 한도에서 담보하는 저당권

일정 기간 동안 증감변동할 불특정 채권을 결산기에 최고액을 한도로 담보하기 위한 저당권이다.

PER(Price Earning Ratio)

주가 · 수익 비율

특정 시장 또는 특정 회사의 주당시가를 주당이익으로 나눈 수치이다. 이는 투자판단의 기준이 된다.

윤리라운드(ER : Ethic Round)

경제활동의 윤리적 환경과 조건을 각 나라마다 표준화하려는 국제적인 움직임

비윤리적 기업의 제품은 국제거래에서 규제하자는 윤리라운드(ER)가 국제 경제 질서에 새롭게 등장하여, 21세기 들어 중요한 통상과제로 떠오르고 있다. 윤리라운드 (ER)의 목표는 비윤리적인 방법으로 원가를 절감시켜 제조한 제품의 국제 간 거래는 불공정거래로 인식하고, 기업윤리강령의 윤리를 실천하는 기업의 제품만 국제 거래가 되도록 하자는 것이다.

버핏세(Buffet Rule)

워런 버핏이 세금 증세를 주장한 방안

연간 소득 100만 달러 이상의 고소득자에게 최소한 30%의 세율을 적용하자는 주장으로 고소득자일수록 더 많은 세금을 지불해야 하며 궁극적으로는 사회적 평등을 실현하는 것에 목적을 두고 있다.

공유지의 비극(The Tragedy of the Commons)

공유자원을 개인의 이익을 극대화함에 따라 자원이 남용되고 고갈되는 현상

사회 구성원 모두가 자유롭게 사용할 수 있는 공공자원을 서로의 사리사욕으로 인해 극대화 하여 자원이 남용되고 고갈되는 현상을 말한다. 개인의 지나친 욕심으로 결국 사회 전체와 자연까지 파괴할 수 있음을 경고한다.

❖ 페이데이 론(Payday Loan)

월급날 대출금을 갚기로 하고 돈을 빌리는 초고금리 소액대출

미국의 신용위기 상황이 지속되면서 서민들이 모기지 이자상환을 위해 높은 금리인데도 급전을 마련하는 경우가 늘고 있으며, 이로 인한 가계파산이 늘어 미국 경제에 부정적인 영향을 끼쳤다.

❖ 트러스트(Trust)

동일산업부문에서 자본의 결합을 축으로 한 독점적 기업결합

시장지배를 목적으로 동일한 생산단계에 속한 기업들이 하나의 자본에 결합되는 것을 말한다.

❖ 데스 밸리(Death Valley)

창업한 기업들이 3년차쯤, 자금난에 빠지는 현상

창업기업들이 사업화 과정에서 자금 조달 및 시장진입 등 어려움을 겪으며 통상 3 ~ 7년차 기간에 주저앉는 경우가 많은데, 이를 데스 밸리라고 한다.

❖ 콤비나트(kombinat)

여러 생산부문이 근접 입지하여 형성된 기업의 지역적 결합체

일정한 지역에서 기초 원료로부터 제품에 이르기까지 생산 단계가 다른 각종 생산 부문이 기술적으로 결합되어 집약적인 계열을 형성한 기업의 지역적 결합체를 일컫는다.

✽ 디버깅(Debugging)

오류 수정 및 컴퓨터 프로그램의 잘못을 찾아내고 고치는 작업

일단 작성된 프로그램들이 정확한가, 즉 잘못 작성된 부분이 없는가를 조사하는 과정이다. 이 작업은 기계에 넣기 전에 책상 위에서 주어진 문제대로 프로그램이 작성되었는가를 순서도와 메모리의 작업 영역표에 실제 데이터를 넣어서 수동 작업으로 정확한 결과가 나오는가를 검사하는 데스크상의 검사와 컴퓨터를 이용한 표준적 데이터로 메인 루틴을 조사하는(이때, 예외 사항이 포함된 데이터와 오류가 있는 데이터 포함) 컴퓨터를 사용한 검사이다. 실제 데이터를 사용하는 조사 등 세 단계로 나누어 진행된다. 또한 이 작업은 프로그램의 한 스텝 한 스텝씩을 추적해가는 추적(Trace) 기능을 이용해도 좋지만, 프로그램 처리 내용이나 기억 장치의 내용을 덤프하여 디버그 보조기(Debugging Aid)를 이용하는 것이 바람직하다.

✽ 버스(Bus)

중앙처리장치 내부 또는 외부의 자료, 주소, 제어신호를 전달하는 역할

CPU에서는 주소(번지)버스(Address Bus)와 데이터버스(Data Bus)가 주로 사용된다. 주소(번지)버스는 주기억 장치의 주소를 지정하기 위한 신호선이다. 데이터버스는 CPU와 주기억 장치에서 데이터를 송수신하기 위한 신호선, 제어버스(Control Bus)는 시스템 동작을 제어하기 위한 신호선이다.

✽ 시큐어 코딩(Secure Coding)

소프트웨어 보안의 취약점을 보완하는 프로그래밍을 하는 것

소프트웨어의 소스코드에 존재하는 위험을 제거하고 보안 위한 프로그래밍 활동이다. 일정 규모 이상의 기업에서는 시큐어 코딩을 의무화하고 있다. 시큐어 코딩의 규칙으로는 입력 데이터 검증, 보안기능, 에러처리기능, API오용, 캡슐화, 시간 및 상태, 코드 오류 등이 있다.

✽ 스풀링(Spooling)

입출력 장치가 독립적으로 작동하는 것

입력장치를 통해 가능한 많은 입력을 저장하거나 출력장치가 인쇄할 수 있는 상태가 될 때까지 출력을 저장할 수 있는 대용량 버퍼로, 디스크를 이용한 것이다. 버퍼링은 단 하나의 JOB을 계산처리하고 입·출력을 중복시킬 수 있으나 스풀링은 많은 JOB을 중복시킬 수 있다.

✿ 에지 컴퓨팅(Edge Computing)

스마트폰이나 통신 기지국 등 통신 말단에서 데이터를 자체 처리하는 기술

중앙 집중 서버가 모든 데이터를 처리하는 클라우드 컴퓨팅과 다르게 분산된 소형 서버를 통해 실시간으로 처리하는 기술을 일컫는다. 사물인터넷 기기의 확산으로 데이터의 양이 폭증하면서 이를 처리하기 위해 개발되었다.

✿ 에스크로(Escrow)

구매자와 판매자의 원활한 상거래를 위해 제3자가 중개하는 서비스

구매자와 판매자의 신용관계가 불확실 할 때 상거래가 원활하게 이루어질 수 있도록 제3자가 중개하는 매매 보호 서비스이다. 구매자가 제3자에게 거래금을 보내면 판매자는 제3자에게 거래금을 확인하고 상품을 발송한다. 상품을 받은 구매자는 제3자에게 알 리고 제3자는 판매자에게 거래금을 보낸다. 중개역할을 하는 제3자는 수수료로 수익을 얻는다.

✿ 카니보어 시스템(Carnivore System)

네트워크에서 모든 E-메일을 감시하는 시스템

인터넷 서비스 회사의 네트워크에 연결하여 모든 E-메일 내용을 감시할 수 있는 장치이다. 미국 수사국(FBI)이 범죄 예방을 이유로 카니보어 시스템을 도입하였다.

✿ 데이터 댐

디지털 뉴딜을 실현하기 위한 수단 중 하나

각종 데이터가 모여 결합·가공되는 유무형의 공간이다. 디지털 뉴딜에는 DNA 생태계 강화, 디지털 포용 및 안전망 구축, 비대면 산업 육성, SOC 디지털화 등이 포함되어 있다.

✿ 파밍(Pharming)

피싱(Phising)에서 진화한 해킹 수법

악성프로그램을 통해 피해자가 가짜 금융사이트에 접속하도록 하여 금융정보를 조작, 피해자의 돈을 부당하게 탈취하는 수법을 말한다.

✿ FIDO(Fast Identity Online)

생체인식 기술을 활용한 개인 인증 기술

지문, 홍채 등 신체적 특성의 생체정보를 이용하거나 동작 등 행동적 특성의 생체 정보 인증도 이용하여 비밀번호 없이 편리하고 안전한 개인 인증 기술이다.

❖ 서밋(Summit)

IBM이 개발한 세계에서 가장 빠르고 강력한 슈퍼컴퓨터

30년간 데스크톱 컴퓨터가 작업해야 할 분량을 불과 한 시간 만에 처리할 수 있는 컴퓨터로, 서밋 구축에는 인공지능(AI)이 사용됐다고 설명했다. 기존 슈퍼컴퓨터에 사 용된 대규모 모델링과 시뮬레이션 기술이 아니라 AI 기반의 대용량 데이터 처리 기술이 서밋에 적용되었다는 것이다. 이 같은 슈퍼컴퓨터 시스템 구축을 위해 IBM은 이미 지 처리 반도체(GPU) 기업인 엔비디아 등과 공동으로 관련 기술을 개발했다.

❖ 등대공장(Lighthouse Fact)

4차 산업혁명의 핵심 기술을 도입하여 제조업의 미래를 이끌고 있는 공장

사물인터넷(IoT)과 인공지능(AI), 빅데이터 등 4차 산업혁명의 핵심 기술을 적극적으로 도입하여 제조업의 미래를 혁신적으로 이끌고 있는 공장을 의미한다. 세계경제 포럼(WEF)이 2018년부터 선정하고 있는데, 한국에서는 처음으로 2019년 7월 포스코가 등대공장에 등재됐다.

❖ 이더리움(Ethereum)

블록체인 기술을 기반으로 한 가상화폐의 일종

러시아 이민자 출신 캐나다인 비탈리크 부테린이 2014년 개발한 가상화폐이다. 거래 명세가 담긴 블록이 사슬처럼 이어져 있는 블록체인 기술을 기반으로 하며 인터넷만 연결되어 있으면 어디서든 전송이 가능하다. 거래소에서 비트코인으로 구입하거나 비트코인처럼 컴퓨터 프로그램으로 채굴해 얻을 수 있다.

❖ 소셜 블랙아웃(Social Blackout)

스마트 폰이나 인터넷으로부터 자신을 완전히 차단하는 행위

소셜 미디어(Social Media)와 대규모 정전사태를 의미하는 블랙아웃(Black Out)의 합성어로, 직장인들이 휴가 중 단체 대화방을 나가거나 소셜 미디어 어플을 삭제하는 경우가 소셜 블랙아웃에 해당한다. 또 과도한 몰입이나 타인과의 비교로 인한 SNS 피로감에서 일시적으로 벗어나고자 소셜 블랙아웃을 선택하는 사람도 있다.

❖ 플랫폼 노동

플랫폼 노동은 스마트폰 사용이 일상화되면서 등장한 노동 형태

앱이나 SNS 등의 디지털 플랫폼에 소속되어 일하는 것을 말한다. 즉, 고객이 스마트폰 앱 등 플랫폼에 서비스를 요청하면 이 정보를 노동 제공자가 보고 고객에게 서비스를 한다. 플랫폼 노동은 노무 제공자가 사용자에게 종속된 노동자가 아닌 자 영업자이므로 특수 고용노동자와 유사하다는 이유로 디지털 특고로도 불린다. 예컨대 배달대행 앱, 대리운전 앱, 우버 택시 등이 이에 속한다.

⁂ 낸드플래시(NAND Flash)

플래시 메모리의 형태

전원이 없는 상태에서도 데이터를 저장 · 삭제할 수 있으며 휴대용 저장장치나 컴퓨터 등 폭넓게 쓰인다.

⁂ HTML(Hyper Text Markup Language)

하이퍼텍스트의 구조를 서술하는 일종의 컴퓨터언어

직접 프로그램을 제작하는 데에 사용되는 C나 PASCAL과 달리 웹에서 사용되는 각각의 하이퍼텍스트 문서를 작성하는데 사용되며, 우리가 인터넷에서 볼 수 있는 수많은 홈페이지들은 기본적으로 HTML이라는 언어를 사용하여 구현된 것이다.

⁂ CPO(Chief Privacy Officer)

개인정보 보호책임자

개인정보 보호최고책임자 · 최고프라이버시책임자라고도 하며 사이버보안관이라는 별칭도 있다. 기업의 법률 · 인사 · 정보기술 · 영업 · 마케팅 부서 등에 개인정보를 관리하는 직책이 있지만, 인터넷의 발달로 개인정보 전담자가 필요해져 생겨난 신종 전문가이다. 정부의 사생활 보호규정과 법률에 위반되는 정책을 찾아내 수정하며, 해킹 등 사이버범죄로부터 회원정보를 지켜내기 위한 안전장치를 마련하는 등의 업무를 한다. 개인정보 보호를 위한 교육 자료를 제공하기도 하고 표준개발 작업에 도 참여한다.

⁂ HTTP(Hyper Text Transfer Protocol)

마우스 클릭만으로 필요한 정보로 직접 이동할 수 있는 방식

HTTP는 이 방식의 정보를 교환하기 위한 하나의 규칙으로, 웹사이트 중 http로 시작되는 주소는 이런 규칙으로 하이퍼텍스트를 제공한다는 의미를 담고 있다.

⁂ 클라우드 서비스(Cloud Service)

각종 자료를 내부 저장 공간이 아닌 외부 클라우드 서버에 저장한 뒤 다운로드 받는 서비스

인터넷으로 연결된 초대형 고성능 컴퓨터(데이터센터)에 소프트웨어와 콘텐츠를 저장해 두고 필요할 때마다 꺼내 쓸 수 있는 서비스다. 사용자가 스마트폰이나 PC등 을 통해 문서, 음악, 동영상 등 다양한 콘텐츠를 편리하게 이용할 수 있지만 인터넷 케이블이 끊어지면 국가적 정보 블랙아웃 상태가 올 우려가 있다고 전문가들은 지적하고 있다.

챗봇(Chatbot)

문자 또는 음성으로 대화하는 기능이 있는 컴퓨터 프로그램 또는 인공지능

정해진 응답 규칙에 따라 사용자 질문에 응답할 수 있도록 만들어진 시스템이다. 사람처럼 자연스러운 대화를 진행하기 위해 단어나 구(句)의 매칭만을 이용하는 단순한 챗봇부터 복잡하고 정교한 자연어 처리 기술을 적용한 챗봇까지 수준이 다양하다.

망 중립성(Network Neutrality)

통신망 제공사업자는 모든 콘텐츠를 동등하고 차별 없이 다뤄야 한다는 원칙

통신망을 갖춘 모든 네트워크 사업자는 모든 콘텐츠를 동등하게 취급하고 인터넷 사업자들에게 어떤 차별도 하지 말아야 한다는 원칙을 말한다.

사물인터넷(IoT)

사물에 센서를 장착하여 정보를 수집하고 제어 · 관리할 수 있도록 인터넷으로 연결되어 있는 시스템

일상 사물의 유무선인터넷에 연결하여 물체와 물체 간 정보를 교환하며 언제 어디 서나 제어할 수 있는 신개념 인터넷을 말한다.

버그바운티(Bugbounty)

보안 취약점 신고 포상제

기업의 서비스나 제품 등을 해킹해 취약점을 발견한 화이트 해커에게 포상금을 지급하는 제도이다. 블랙해커의 악의적인 의도로 해킹당할 시 입는 손해를 방지하기 위하여 공개적으로 포상금을 걸고 버그바운티를 진행한다. 기업들의 자발적인 보안 개선책으로, 화이트 해커가 새로운 보안 취약점을 발견하면 기업은 이를 개선시켜 보안에 보다 적극적으로 노력하게 된다. 현재 구글, 애플, 페이스북, 마이크로소프트(MS) 등 글로벌 기업에서 보안성을 고도화하기 위해 시행 중이며 국내에서는 삼성, 네이버, 카카오 등 이 시행 중이다.

메타버스(Metaverse)

가공, 추상(Meta)와 세계(Universe)의 합성어

3차원 가상세계를 뜻한다. 기존의 가상현실보다 업그레이드된 개념으로 가상현실이 현실 세계에 흡수된 형태이다. 즉, 가상세계의 현실화인 셈이며, 증강현실, 라이프로깅, 거울세계, 가상세계로 더욱 세분화할 수 있다. 메타버스는 1992년 미국 SF 소설 「스토 크래시」에서 처음 사용되었으며 이와 비슷한 사례로 영화 「아바타」가 있다. 코로나19 유행으로 언택트 문화가 활발해지면서 관련 사업이 더욱 각광받기 시작했는데, 특히 게임 산업이 두드러지고 있다. 우리가 잘 아는 닌텐도, 로블록스, 마인크래프트가 대표적인 예다.

디도스(D DoS)

컴퓨터 여러 대가 특정 사이트를 마비시키려고 공격하는 해킹 수법

특정 컴퓨터의 자료를 훔치거나 삭제하기 보다는 정당한 신호를 받지 못하도록 방해하는 데 있다. 해당 컴퓨터의 기능을 마비시키기 위해 동시에 여러 대의 컴퓨터가 공격을 가해 대량 접속을 일으킨다. 컴퓨터의 사용자가 인지하지 못한 사이에 컴퓨터가 악성코드에 감염되어 특정 사이트를 공격하는 데 쓰일 수 있는데 이런 컴퓨터를 좀비 PC라 부른다.

디도스 종류

1. 스파이 앱(SPY) : 사용자들의 통화 내용, 문자메시지, 음성 녹음을 통한 도·감청 기능까지 갖춘 앱을 일컫는 말로, 스파이 애플리케이션의 준말이다.
2. 스머핑(Smurfing) : IP와 인터넷금, 대출, 자산ㄱ 제어 메시지 프로토콜(ICMP)의 특성을 이용하여 인터넷망을 공격하는 행위이다. 정보교환을 위해 프로토콜로 운용중인 노드를 핑 명령으로 에코 메시지를 보내어 가짜 네트워크 주소인 스머핑 주소를 만든다. 이 주소로 보내진 다량의 메시지로 트랙픽이 가득 차서네트워크 사용이 어려워진다.
3. 스니핑(sniffing) : 네트워크상에서 존재하는 타인의 패킷 자료에 관하여 도정하는 해킹 수법중 하나로 전화기 도청 장치 설치 과종과 유사한 해킹수법이다.
4. 스푸핑(Spoofing) : 위장된 정보로 시스템에 접근하여 정보를 빼가는 해킹수법이다.
5. 워터링홀(Watering hole) : 사자가 먹이를 습격하기 위하여 물웅덩이 근처에 매복하고 있다가 먹이가 물웅덩이에 빠지면 공격하는 것에서 유래한 용어로 특정 계층이나 관련된 인사들만이 접근하는 사이트들에 악성코드 감염을 유도하는 수법이다.

랜섬웨어(Rancomeware)

악성코드의 일종

인터넷 사용자의 컴퓨터에 잠입해 내부 문서나 사진 파일 등을 암호화하여 열지 못하도록 한 뒤, 돈을 보내면 해독용 열쇠 프로그램을 전송해준다며 비트코인이나 금품을 요구한다.

인포데믹(Infodemic)

잘못된 정보가 온라인 등을 통해 빠르게 확산되는 현상

정보전염병이라고도 부르며 허위정보, 가짜뉴스 등 전염병처럼 무차별적으로 전파되는 것을 일컫는다.

소물인터넷(Internet of Small Things)

소물에 적용되는 사물인터넷 기술

웨어러블 기기 등 비교적 크기가 작고 사물인터넷을 구성하는 사물 간 교환하는 데이 터의 양이 많지 않은 기기를 소물이라고 한다. 해외 선진국을 중심으로 시장 선점을 위해 활발한 연구가 진행 중이며, 국내에서도 통신사들이 앞다투어 소물인터넷 시장 에 뛰어들고 있다.

✖ 캐시리스 사회(Cash Less Society)

경제주체 사이의 거래에서 현금을 이용하지 않는 사회

현금을 가지고 다닐 필요 없이 신용카드, 모바일 카드 등을 이용해 소비·상업 활동을 할 수 있는 사회를 말한다. IT산업의 발달로 컴퓨터와 전산망이 잘 갖춰지고, 금융기관 업무가 EDPS화(전자 데이터 처리 시스템화)되면서 캐시리스 사회가 가능해졌다.

✖ 디지털 장의사(Cyber Undertaker)

개인이 원하지 않는 인터넷 기록이나 사망한 사람의 디지털 흔적을 찾아 지워 주는 전문 업체

개인 혹은 유족들이 디지털 장의사에게 고인이 인터넷에 남긴 흔적의 완전 제거를 의뢰하면 디지털 세탁소는 삭제 대상 정보들의 위치(URL)를 파악한 뒤 찾아낸 정보들 중 명예훼손이나 사생활 침해 소지가 있다고 판단되는 정보를 추려낸 뒤 의뢰인을 대리해 본격적인 삭제 요청에 나선다.

✖ 베타 테스트(Beta Test)

하드웨어나 소프트웨어를 공식적으로 발표하기 전에 오류가 있는지를 발견하기 위해 미리 정해진 사용자 계층들이 써 보도록 하는 테스트

하드웨어나 소프트웨어의 개발 단계에서 상용화하기 전에 실시하는 제품 검사 작업을 말하며 제품의 결함 여부, 제품으로서의 가치 등을 평가하기 위해 실시하는 것이다. 선발된 잠재 고객에게 일정 기간 무료로 사용하게 한 후에 나타난 여러 가지 오류를 수정하고 보완한다. 공식적인 제품으로 발매하기 이전에 최종적으로 실시하는 검사 작업이다.

✖ 키오스크(KIOSK)

공공장소에 설치된 무인 정보단말기

첨단 멀티미디어 기기를 활용하여 음성서비스, 동영상 구현 등 정보서비스와 업무의 무인·자동화를 통해 대중들이 쉽게 이용할 수 있도록 공공장소에 설치한 무인단말기를 말한다.

✖ 파이선(Python)

생산성 높은 프로그래밍 언어

네덜란드 개발자가 개발한 프로그래밍 언어로 문법이 간결하고 표현구조와 사람의 사고체계와 유사하여 초보자도 쉽게 배울 수 있다. 독립적인 플랫폼으로 다양한 플랫폼에서 사용이 가능하다.

✖ 양자컴퓨터(Quantum Computer)

양자역학의 원리에 따라 작동되는 미래형 첨단 컴퓨터

양자역학의 특징을 살려 병렬처리가 가능해지면 기존의 방식으로 해결할 수 없었던 다양한 문제를 해결할 수 있게 된다. 우리나라에서는 2001년 KAIST(한국과학기술원) 연구팀이 병렬처리 3비트 양자컴퓨터 개발에 성공하였고, 2003년에는 일본 NEC와 이화학연구소가 공동으로 양자비트 2개를 결합한 고체 논리연산회로로 동 작하는 양자컴퓨터의 제작에 성공하였다.

사이버 슬래킹(Cyber Slacking

업무시간에 인터넷과 E-메일 등 업무를 위해 설치한 정보인프라를 개인적 용도로 이용하면서 업무를 등한시하는 행위

인터넷을 업무에 활용하는 것이 보편화되면서 업무 이외의 용도로 사용하는 사례가 크게 늘고 있다. 특히, 최근에는 멀티미디어 콘텐츠의 대용량 정보가 많아지면서 사이버 슬래킹이 단순히 개인의 업무공백차원을 넘어 조직 내 전체업무에 차질을 주는 사태로까지 발전하고 있다. 이에 따라 기업과 공공기관을 중심으로 특정 사이트에 접속을 제한하는 사이버슬래킹 방지 소프트웨어 도입이 관심을 끌고 있다.

와이브로(Wibro : Wireless Broadband Internet

무선 광대역 인터넷 서비스, 무선 광대역 인터넷

초고속인터넷을 이동하면서 이용할 수 있는 무선인터넷으로 처음에는 고속데이터 통신기술을 가리키는 용어로 만들어졌지만 이동통신업체에서 기술이름을 서비스 이름으로 사용하며 우리에게는 서비스 이름으로 친숙하게 알려져 있다. 2.3GHz 주파를 사용하며 기존의 무선인터넷인 CDMA와 무선 랜의 장점만을 이용하여 새롭게 만들어졌다. 가장 큰 장점은 이동이 가능하다는 것이고 전파의 송수신거리가 와이파이에 비해 훨씬 넓다. 그러나 속도는 와이파이에 비해 느리다.

컴파일러(Compiler)

고급언어로 쓰인 프로그램을 즉시 실행될 수 있는 형태의 프로그램으로 바꾸어 주는 번역 프로그램

고급언어로 쓰인 프로그램이 컴퓨터에서 수행되기 위해서는 컴퓨터가 직접 이해할 수 있는 언어로 바꾸어 주어야 하는데 이러한 일을 하는 프로그램을 컴파일러라고 한다. 예를 들어 원시언어가 파스칼(Pascal)이나 코볼(Cobol)과 같은 고급언어이고 목적 언어가 어셈블리 언어나 기계어일 경우, 이를 번역해 주는 프로그램을 컴파일러라고 한다.

핵티비즘(Hacktivism)

인터넷이 일반화되면서 나타난 새로운 유형의 정치적 · 사회적 행동주의

기존의 정치 · 사회 운동가들이 인터넷 대중화 바람을 타고 인터넷 공간으로 활동영역을 넓히면서 나타나기 시작하였는데, 자신들의 정치적 목적을 달성하기 위한 수단으로 특정 정부 · 기관 · 기업 · 단체 등의 웹 사이트를 해킹해 서버를 무력화하는 일련의 행위 또는 그러한 활동 방식을 말한다.

✖ 코덱(Codec)

음성 또는 영상의 신호를 디지털 신호로 변환하는 코더와 그 반대로 변환시켜 주는 디코더의 기능을 함께 갖춘 기술

음성이나 비디오 데이터를 컴퓨터가 처리할 수 있게 디지털로 바꿔 주고, 그 데이터를 컴퓨터 사용자가 알 수 있게 모니터에 본래대로 재생시켜 주는 소프트웨어이다. 동영상처럼 용량이 큰 파일을 작게 묶어주고 이를 다시 본래대로 재생할 수 있게 해준다. 파일을 작게 해주는 것을 인코딩(Encoding), 본래대로 재생하는 것을 디코딩(Decoding)이라고 한다. 또 데이터 압축 기능을 사용하여 압축하거나 압축을 푸는 소프트웨어도 코덱에 포함된다.

✖ 프록시 서버(Proxy Server)

클라이언트와 서버 사이에서 데이터를 중계하는 역할을 하는 서버

시스템에 방화벽을 가지고 있는 경우 외부와의 통신을 위해 만들어놓은 서버이다. 방화벽 안쪽에 있는 서버들의 외부 연결은 프록시 서버를 통해 이루어지며 연결 속도를 올리기 위해서 다른 서버로부터 목록을 캐시하는 시스템이다. 웹에서 프록시는 우선 가까운 지역에서 데이터를 찾고, 만일 그곳에 데이터가 없으면 데이터가 영구히 보존되어 있는 멀리 떨어져 있는 서버로부터 가져온다.

✖ USB 킬러(USB Killer)

USB 형태의 전자 장치

USB 킬러는 컴퓨터를 비롯한 전자 기기의 USB 단자에 꽂으면 고전압을 발생시켜 순식간에 전자 기기의 주요 부품을 파괴하는, USB 형태의 전자 장치를 말한다. 2015년에 러시아의 보안 전문가가 서지(이상 전압)를 보호하는 회로가 제대로 작동하는지 테스트하기 위한 목적으로 개발하였고, 미국과 유럽에서 각각 FCC인증, CE인증을 받았다. 하지만 국내외에서 USB 킬러를 악용한 범죄 등 문제가 제기되고 있다.

✖ MVNO(Mobile Virtual Network Operator)

가상이동망사업자

이동통신서비스를 제공하기 위해 필수적인 주파수를 보유하지 않고, 주파수를 보유하고 있는 이동통신망사업자의 망을 통해 독자적인 이동통신서비스를 제공하는 사업자를 의미하며, MVNO는 고객의 가입 서비스에 대해 완전한 지배권을 갖는다. 또 자체 상표로 독자적인 요금체계를 설정할 수 있으며, 이용자 측면에서 마치 새로운 서비스 사업자가 생긴 것처럼 보이는 효과가 있다. MVNO가 도입될 경우 기대되는 장점은 고객의 선택권 확대, 서비스 종류의 다양화, 요금인하 효과 등 세 가지를 들 수 있다.

토르 네트워크(Tor Network)

인터넷 이용자의 흔적을 추적할 수 없도록 하는 서비스

가상 컴퓨터와 네트워크를 여러 번에 걸쳐 경유하여 인터넷 이용자의 접속 흔적을 추적할 수 없도록 하는 서비스이다. 네트워크 감시나 위치 추적, 인터넷 검열 등을 피할 수 있다.

웹 어셈블리(Web Assembly)

웹을 네이티브 애플리케이션처럼 빠르게 실행할 수 있도록 만들어지고 있는 차세대 바이너리 포맷 표준

개발자가 자바스크립트 대신 C언어 등으로 어느 브라우저에서든 돌아가는 프로그램을 만들어 배포할 수 있게 된다는 장점을 가진다. 모질라 개발자 루크 와그너가 여러 브라우저 개발사의 협력을 공식화했고, 구글 및 애플 개발자들이 표준화에 협력키로 했다. 이미 웹브라우저 중에선 크롬이 웹어셈블리를 구현했고, 여기에 파이어폭스와 마이크로소프트 엣지도 적용 준비를 하고 있다.

핑거프린트(Finger Print)

일종의 지문과 같은 데이터

원본 데이터에 삽입하여 편집되더라도 본인이 작성했음을 증명할 수 있는 데이터를 말한다.

구글세(Google Tax)

다국적 IT 기업을 대상으로 부과되는 세금

대표 포털사이트 구글의 이름을 붙인 세금이다. 포털사이트에 부과하는 세금으로 저작료 등을 일컫는다. 현재 국내에서는 게재료 명목으로 신문사 등에 콘텐츠 사용료를 부과하고 있다.

온디맨드(On Demand)

공급이 아닌 수요가 경제 시스템을 주도하는 것

모바일 기술 및 IT 인프라를 통해 소비자의 수요에 즉각적으로 서비스나 제품을 제공하는 것을 말한다. 공급자가 아닌 수요자가 주도하게 되는 경제 시스템이나 전략 등을 총칭하며, 가사노동, 차량 제공, 법률 자문, 전문 연구개발(R & D) 등 다양한 분야에서 활용되고 있다.

해커톤(Hackathon)

마라톤처럼 일정한 시간과 장소에서 프로그램을 해킹하거나 개발하는 행사

한정된 기간 내에 기획자, 개발자, 디자이너 등 참여자가 팀을 구성해 쉼 없이 아이디어를 도출하여 앱, 웹 서비스 또는 비즈니스 모델을 완성하는 행사를 말한다. 일반인에게 해킹은 불법적으로 컴퓨터를 공격하는 행위라는 의미로 많이 사용되나, 컴퓨터 프로그래머 사이에서는 난이도 높은 프로그래밍이란 뜻으로 쓰인다. IT기업에서 흔히 사용되며 페이스북은 개발자와 디자이너, 인사, 마케팅, 재무 등 모든 구성원에게 밤새 음식과 간식을 제공하면서 아이디어와 생각을 직접 만들어 보게 하는 해커톤을 개최하는 것으로 유명하다.

⌘ 허니팟(Honey Pot)

컴퓨터 프로그램의 침입자를 속이는 최신 침입탐지기법

해커 잡는 덫이란 의미로 크래커를 유인하는 함정을 꿀단지에 비유한 명칭이다. 컴퓨터 프로그램에 침입한 스팸과 컴퓨터 바이러스, 크래커를 탐지하는 가상컴퓨터이다. 침입자를 속이는 최신 침입탐지기법으로 마치 실제로 공격을 당하는 것처럼 보이게 하여 크래커를 추적하고 정보를 수집하는 역할을 한다.

⌘ 스캠 공격(Scam)

해킹하여 거래 대금을 가로채는 수법

기업의 정보를 해킹하여 거래처로 둔갑한 다음 거래 대금을 가로채는 사기수법을 말한다. 신종 범죄는 아니며 주로 피해 기업에 악성코드로 감염시킨 후 거래업체 간 대금이 오고갈 시기에 계좌정보를 변경하여 거래 대금을 빼돌린다.

⌘ 스트림 리핑(Stream Ripping)

스트리밍으로 흘러나오는 음악을 녹음해 해적판 음원 파일을 만드는 행위

스트리밍의 인기가 높아지면서 무단 음원 사용의 대표적 행태가 불법 다운로드에서 스트림 리핑으로 바뀌었다. 한국의 경우 스트리밍 사용 비율이 다른 나라에 비해 높은 편인 41%에 달하는 것으로 조사되었고, 대표 유료 스트리밍 시장으로 멜 론, 지니, 벅스 등이 있다.

⌘ 빅데이터(Big Data)

정형 · 반정형 · 비정형 데이터세트의 집적물, 그리고 이로부터 경제적 가치를 추출 및 분석할 수 있는 기술

기존 데이터보다 방대하여 기존의 방법으로는 수집 · 저장 · 분석 등이 어려운 정형 · 비정형 데이터를 뜻한다. 빅 데이터의 세 가지 V로 알려진 특징은 데이터의 크기, 속도 및 다양성이다.

⌘ 캐리어 이더넷(Carrier Ethernet)

도시 통신망을 위한 고속 이더넷

광역통신망에서 고속으로 데이터를 전송할 수 있는 차세대 인터넷 프로토콜 전송 기술이다.

⌘ 홍채인식(Iris Recognition)

안구의 홍채 정보를 이용하여 사람을 인식하는 기술

사람마다 고유한 특성을 가진 홍채 정보를 이용하여 사람을 인식하는 기술을 보안용 인증 기술로 응용한 것을 말한다.

네트워크 준비지수(NRI : Networked Readiness Index)

ICT 발전 및 활용도와 경쟁력 등을 평가한 지표

세계경제포럼이 국제적인 경영대학인 인시아드(INSEAD)와 공동으로 개인과 정부, 기업의 정보통신기술의 발전도와 경쟁력을 국가별로 평가한 지수이다.

데이터 사이언티스트(Data Scientist)

많은 데이터들 중 가치가 높은 데이터를 추출하여 분석하는 과학자

빅 데이터의 활용이 높아짐에 따라 데이터의 규모보다 데이터 자체의 가치에 초점을 두고, 분석하여 방향을 제시하는 사람을 말한다.

토렌트(Torrent)

P2P 방식의 파일 공유 프로그램

온라인에서 자료를 공유할 수 있는 프로그램이다. 전송 속도가 빠르고 파일용량의 제한이 없다는 장점을 악용하여 불법 다운로드를 주목적으로 이용하고 있다. 또한 별도의 성인인증이 없어 누구나 음란물에 접근할 수 있다는 문제도 함께 대두되고 있다.

부트키트(BootKit)

OS영역에서 활동하는 악성코드

관련된 파일을 제거해도 PC나 스마트폰을 재부팅해도 다시 감염되는 악성코드이다. 이는 한 번만 감염되도 시스템 손상으로 치료가 어렵다. 부트키트는 대부분 국외 사례가 많았으나 최근 국내에서도 안드로이드 운영체제를 겨냥한 부트키트가 확인되었다.

다층 나노튜브(MWNT : Multi Walled NanoTube)

탄소 나노튜브를 포개어 놓은 소재

열이나 전기를 전하는 성질이 좋고 단단하여 전기나 화학분야에서 많이 활용되고 있다.

하둡(Hadoop)

대용량 데이터 처리 기술

빅데이터를 효율적으로 다루기 위한 분산시스템으로 여러 개의 서버를 하나에 연 결하여 처리하는 기술이다.

타이젠(Tizen)

IOS와 안드로이드 외 다목적 운영체제 플랫폼

리눅스 재단이 주관하는 스마트폰이나 가전제품, 웨어러블 기기 등을 작동시키기 위한 운영체제이다.

⌘ 자동차 전자제어장치(ECU : Electronic Control Unit)

자동차를 컴퓨터로 제어하는 장치

기술의 발전과 더불어 엔진이나 자동변속기 등을 컴퓨터로 제어하여 기능의 최적화를 유지하는 장치이다.

⌘ 코드 커팅(Cord Cutting)

기존 방송에서 OTT 등 새로운 플랫폼으로 이동하는 현상

넷플릭스, 왓챠 등 OTT 등장으로 기존 방송 시청자들이 새로운 플랫폼으로 대규모 이동하는 현상을 말한다. 국내에서는 제로TV라는 용어가 보다 일반적으로 사용되고 있다.

⌘ 디지털 발자국(Digital Footprint)

인터넷 이용자들의 디지털 기록

온라인 사용자들이 온라인 활동을 하면서 남긴 구매 패턴, 검색어 기록, 홈페이지 방문 기록 등을 디지털 발자국이라고 하며 디지털 흔적이라고도 한다. 기업들은 이를 분석하여 광고나 프로모션을 할 수 있는 소프트웨어를 활용하여 소비자 맞춤형 광고를 노출한다.

⌘ 퍼지 컴퓨터(Fuzzy Computer)

인간 두뇌의 제어방법에 가까운 제어를 할 수 있는 컴퓨터

현재의 디지털 컴퓨터는 모든 정보를 2개의 값으로만 처리하기 때문에 모호성이 전혀 없는 것이 특징이다. 그러나 사람은 직감과 경험에 의해 융통성(퍼지)있는 행동을 한다. 이와 같이 사람의 행동과 동작을 컴퓨터에 적용하고자 하는 것이 퍼지 컴퓨터이다. 이전에는 인간의 뇌 중 계산능력이 뛰어난 왼쪽 뇌를 모방하여 개발되었다면, 퍼지컴퓨터는 이미지 묘사, 상상, 판단 기능을 수행하는 오른쪽 뇌를 모방 하여 인간적인 사고나 판단 기능을 특화시킨 것이다.

⌘ 캄테크(Calmtechg)

사용자가 필요한 순간에만 제공하는 기술

조용하다(Calm)과 기술(Technology)의 합성어로 필요한 정보를 알려주지만, 주의를 기울이거나 집중할 필요가 없는 기술을 뜻한다. 센서와 컴퓨터, 네트워크 장비 등을 보이지 않게 탑재하여 평소에는 존재를 드러내지 않고 있다가 사용자가 필요 한 순간에 각종 편리한 서비스를 제공하는 기술이다. 예를 들어 현관 아래에 서면 불이 들어오는 자동 센서, 자율주행차, 스마트 홈 등이 있다. 또한 애플의 시리와 같은 인공지능 캄테크도 등장하였다.

✹ 가상광고(Virtual Advertising)

가상 이미지를 TV 화면에 삽입하여 광고하는 것

컴퓨터 그래픽을 사용하여 가상의 이미지를 만들어 이를 광고에 사용하는 기법이다. 지나친 상업화와 시청권 침해를 우려하는 목소리도 크다.

✹ 스마트 그리드(Smart Grid)

차세대 지능형 전력망

전력산업과 정보기술(IT), 그리고 통신기술을 접목하여 전력 공급자와 소비자가 양방향으로 실시간 정보를 교환함으로써 에너지 효율성 향상과 신재생에너지공급의 확대를 통한 온실가스 감축을 목적으로 하는 차세대 지능형 전력망이다. 전력 공급자는 전력 사용 현황을 실시간으로 파악하여 공급량을 탄력적으로 조절할 수 있고, 전력 소비자는 전력 사용 현황을 실시간으로 파악함으로써 요금이 비싼 시간대를 피하여 사용 시간과 사용량을 조절한다. 태양광발전·연료전지·전기자동차의 전기에너지 등 가정에서 생산되는 전기를 판매할 수도 있으며, 전력 공급자와 소비자가 직접 연결되는 분산형 전원체제로 전환되면서 풍량과 일조량 등에 따라 전력 생산이 불규칙한 한계를 지닌 신재생에너지 활용도가 높아져 화력발전소를 대체하여 온실가스와 오염물질을 줄일 수 있어 환경문제를 해소할 수 있는 등의 장점이 있어 여러 나라에서 차세대 전력망으로 구축하기 위한 사업으로 추진하고 있다

✹ 폴더블폰(Foldable Phone)

디스플레이가 접히는 스마트 폰

접히는 디스플레이를 탑재한 스마트폰으로 접어서 사용하다가 펼치면 태블릿으로도 활용할 수 있다. 폴더블폰은 액정을 접을 수 있기 때문에 단말기에 충격을 가하 거나 떨어뜨려도 액정 손상의 위험이 줄어드는 장점이 있다. 삼성은 폰더블폰의 강자로 자리 잡았으며 현재까지 갤럭시 폴드, Z플립 등이 있다.

✹ 차세대 메모리 반도체(Next Generation Memory Semiconductor)

전원이 없어도 기억을 보존하는 성격을 지닌 메모리 반도체

D램과 낸드플레시의 단점을 보완한 것으로 빠른 속도와 기억보존 능력을 가지고 있다.

✹ 블루투스(Bluetooth)

근거리 무선 기술 표준

각종 디지털 기기를 하나로 묶어 통신환경을 구축한다는 의미로 바이킹 왕 해럴드 블루투스 이름에서 유래되었다.

FANG

미국 IT 산업을 선도하는 4개의 기업

페이스북(Facebook), 아마존(Amazon), 넷플릭스(Netflix), 구글(Google)을 일컫는다.

캡차(CAPTCHA)

자동 계정 생성 방지 기술

사람과 컴퓨터를 구별하기 위한 기술로 홈페이지 등에서 주로 회원가입 할 때 사용된다. 이는 악의적으로 사용되는 프로그램을 구별하는 역할을 한다.

상식은 "용어사전"

용어사전으로 중요한 용어만 한눈에 보자

1 시사용어사전 1200
매일 접하는 각종 기사와 정보 속에서 현대인이
놓치기 쉬운, 그러나 꼭 알아야 할 최신 시사상식
을 쏙쏙 뽑아 이해하기 쉽도록 정리했다!

2 경제용어사전 1030
주요 경제용어는 거의 다 실었다! 경제가 쉬워지
는 책, 경제용어사전!

3 부동산용어사전 1300
부동산에 대한 이해를 높이고 부동산의 개발과 활
용, 투자 및 부동산 용어 학습에도 적극적으로 이
용할 수 있는 부동산용어사전!

중요한 용어만 공부하자!

- 최신 관련 기사 수록
- 다양한 용어를 수록하여 1000개 이상의 용어 한눈에 파악
- 용어별 중요도 표시 및 꼼꼼한 용어 설명
- 파트별 TEST를 통해 실력점검